白居易

醉吟先生的風雅日常

江頭琵琶聲起，牡丹花開正盛
品味千年詩酒人生的真意

陳才智 著

春花秋月、愛恨離愁
詩中有景，景中有情

一城牡丹盛開時節，一曲琵琶江頭奏響
走進白居易筆下的人間景致

目 錄

入話　　　　　　　　　　　　　　　　　　　　005

章一　白居易的品格風範　　　　　　　　　　　011

章二　節氣流轉與自然風光　　　　　　　　　　035

章三　詩歌作為抒情與現實的交融　　　　　　　071

章四　散文的風骨氣韻　　　　　　　　　　　　129

章五　藏書空間的雅趣　　　　　　　　　　　　153

章六　學術史的縱向探微　　　　　　　　　　　193

結語　　　　　　　　　　　　　　　　　　　　271

參考書目　　　　　　　　　　　　　　　　　　281

目錄

入話

　　白居易是名人，不像陳才智，還需要自我介紹。白居易不需要介紹，他是聞名天下的大詩人。大到什麼程度呢？不妨與詩仙李白、詩聖杜甫做個參照。詩壇流行的排行次序是李、杜、白，就像現代文學的魯、郭、茅。不過在一衣帶水的東瀛，這一次序頗有不同。在日本，白居易一向被排在最前面。就像《昭明文選》可簡稱為《文選》；在日本，白居易的集子《白氏文集》可簡稱為《文集》，地位之尊，可見一斑。為什麼呢？

　　因為數量嗎？確實，若論總量和篇帙，白居易超過李、杜在內的所有唐代文人。而就文體之全面、詩文之並擅而言，白居易的成就，也絕不在李、杜之下。白居易的文章，包括詩歌，無論表現內容的廣泛性、深刻性，還是藝術成就的鮮明與個性，都不遜於其他任何一位唐代作家。作為唐代最多產的作家，白居易各體兼擅，取材廣泛，加之精勵刻苦，故作品數量之多，在唐代首屈一指；他的集子也是唐代保留最完整的詩文集，今存白居易散文 866 篇，詩歌 2,830 首。

　　因為品質嗎？在品質上，白居易也堪稱大家，不僅在當時文壇地位很高，對後代文壇影響也很大。白居易在世之際，不僅大唐婦孺皆知，雅俗通吃，而且其詩作走出中國，傳至東南亞，堪稱「中國文化走出去」的典範和先行者；去世以後，仰慕尊崇、效仿學習者不絕如縷，對東亞文化圈乃至歐美和全世界影響也很大，堪稱世界級文化名人。晚唐詩人張為的《詩人主客圖》稱白居易為「廣大教化主」，可謂恰如其分。

以上答案自然都是對的，但還有一點更為重要，那就是，白居易所獨具的人格。詩品出於人品，白居易不僅是一位偉大的詩人，更是文化名人。作為中國文人的典型代表，樂天型文化，與傳統儒釋道三教思想和文化交流密切而廣泛。白居易前期主張為政治為人生的文學觀，是平民知識分子的代表；後期樂天知命，對孟子「窮則獨善其身，達則兼濟天下」的思想加以實踐、發揮和改造，成為後代知識分子重要的思想財富，其人格滋養了中國後世文人的精神家園。宋人早有「李白為天才絕，白居易為人才絕」（錢易《南部新書》卷丙）的說法。樂天型人格，上承陶淵明，下啟蘇東坡，是中國文人三大人格中的重要一環。白居易曾自比「異世陶元亮」（〈醉中得上都親友書……詠而報之〉），其實陶淵明，晉代之白樂天也；蘇東坡，宋朝之白居易也。

可以毫不誇張地說，在盛唐李杜之後，白居易樹起又一座唐詩豐碑，具有詩歌史和文化史上「第三極」的意義。李白代表天上人間、神龍見首不見尾的詩界典型，追求狂放自由的人格形象，杜甫留下沉鬱頓挫、晚節漸於詩律細的詩學風範，濟世難成的悲壯之歌。在日月爭輝的李杜之外，步入中唐的白居易，更加注目於大地人間，不僅兼納李杜之光，而且開出融風流於日常的新路。與「氣岸遙凌豪士前，風流肯落他人後」的李白不同，白居易與晚年杜甫的心境更為契合，更加注重在衣食住行的日常生活裡，於細膩感受和冷靜觀察中，體會人生的滋味與境界，所謂「白傅風流造坦夷」。這位廣大教化之主，擅長放下官樣體段，以平實的筆調、樸質的面貌和詩人的襟懷，敘述、描寫身邊眼中的平凡世界，顯示出獲取物質和精神雙重享受的生命姿態。從中外影響的廣度和深度來看，白居易已經成為獨具魅力的文化符號。

讀者眼前的這本書，是筆者閱讀和研究白居易30年的一個小結。閱讀，貴在喜歡；研究，貴在比較和權衡。本書原擬題名為「白居易研究論衡」。漢代大儒王充《論衡·自紀》稱「論衡者，論之平也」，意謂力求戒除偏見的平正之論，而「平」者，正是白居易詩風的關鍵字眼；所以想兼用其意，自戒兼以自勉。不過，考慮讀者的接受，將原題改為了現題。閱讀白居易，是我近30年來的主要功課，早已由工作內容之一，轉為生活中的無處不在。閱讀白居易的作品，同時更是閱讀白居易這位作家；就像讀史意在閱世，讀書多半也是讀人。白居易也是讀書人，儘管兼具朝臣、作家和學者等多重身分，但精敏不懈閱讀，始終是醉吟居士生活中的主要內容，也是他擺脫生活中難以避免的困苦艱難的重要法寶，成就其隨緣自適、樂天知命人格的奧祕。閱讀就是照鏡子。隨著閱歷的增加，我感到也稍稍讀懂了同樣是讀書人的白居易。讀書和閱世，有時是一回事，就像生活和工作，並無涇渭分明的界線。只要喜歡，就可融而合一，比如醉與吟。

　　醉白，源自醉吟。宋、元、明、清以來，白居易的影響與接受，始終綿延未斷，匯成一條多姿多彩的醉白之路。「醉白」二字，貼切表達出我對這位醉吟居士的傾慕。歷代文人對白居易表達醉心景仰之意的醉白之路，已經構成唐詩之路的重要分支。從醉白堂、醉白樓，到醉白池，則是醉白之路上的重要關節點，乃至逐漸由地理勝蹟轉化為文學景觀和意象。所過者化，所存者神。其中，作為江南文人重要雅集之地的醉白池，與陶然亭南北對應，不約而同地取義於詩人白居易，可見醉吟詩風的遺響和餘波遍及華夏南北。醉白之路上的歷代文人，承繼醉吟詩風，將日常與風流組合為雙重變奏，在生活場景和日常心情的描寫中，容納

人生的反思和體悟,鋪就了詩歌史上一條融風流於日常的別有意味的醉白之路。

我的醉白之路,或者說與白居易的結緣,始於大學的學位論文,當時選擇的主題是白居易的〈長恨歌〉,那是在1992年,大學三年級的下學期,指導教師是2020年以105歲的高齡駕鶴而去的孟慶文先生。老人家年高德劭,學養深厚。這樣一位老先生,希望我跟著他研究古代文學,在猶豫了幾秒鐘之後,我決定了至今未變的研究方向。孟老先生高看我,我自忖:小子何能?不過,想到白居易,想到當年顧況獎掖「離離原上草」的作者,我感到一種榮耀和責任。慶文先生又把我舉薦給他的得意弟子,2021年春天駕鶴而去的朱明倫老師,老師把路都一一地為學生鋪好、設計好。這真是薪盡火傳的傳承,一脈相承的傳承。到北京以後,從學於陳鐵民老師,選擇以〈元白詩派研究〉為題撰寫博士論文,受到學界認可,並有幸獲得以社科院胡繩院長命名的學術獎勵。之後,陸續推出《元白研究學術檔案》和《白居易資料新編》,初步完成了蒐集和整理「有關白居易的一切」這樣的目標。一路走來,我的醉白之路,從〈長恨歌〉研究起步而走至今日,不能不感謝扶植、幫助和引導自己的幾位恩師。

師者,傳道、受業、解惑,而且構成學術史,形成文藝流派。白居易的偉大,不僅緣於深受前輩提攜;不僅源自他的早慧、出道較早,又精勵刻苦,作品多產,追求通俗平易的風格,獲得了最廣泛的讀者群;也不僅緣於年壽長、文學活動持續的時間長,並且特意把自己的作品整理後分藏多處;而且,與其善於團結同道,引領後學形成元白詩派有密切的關係。拙著《元白詩派研究》就是從詩歌流派的角度,梳理了白居易

的當代影響，此後出版的《元白研究學術檔案》，則意在評論20世紀以來的海內外研究成果，與之正相接續。《白居易資料新編》所輯文獻，則始自中唐，迄於近代。最近完成的《白居易接受史研究》則是在接受史視野下，梳理白居易對後世的影響，透過對評點、選輯、闡說等各類文獻的梳理比對，分析白居易接受、傳播和影響的歷史，以重新理解白居易的歷史地位，更準確地描畫其感召力，更全面地估量其影響力。

沒有接受史而僅有創作史的文學史，是不全面的文學史。白居易接受史研究的意義有兩層內涵。第一層內涵偏於內，包含以白集文獻整理者為主體的白集編纂史，以歷代白居易詩文選本與評點為主體的選本沉浮史，還有以普通讀者為主體的接受效果史，以文學作品為主體的作品效仿史，以文學評論家為主體的作品評論史，以地域空間為主體的詩跡傳播史，以作家為主體的接受影響史，這七個方面，大致涵蓋了白居易接受史研究的範圍，而意義即蘊於其中矣。梳理這七個問題，白居易的影響力也就不言自明矣。要而言之，從時間線索上展開的接受史研究，與從空間領域展開的詩跡研究加在一起，一縱一橫，則是未來白居易研究需要大力拓展的兩個方向。

第二層內涵偏於外，白居易接受史研究的作用和價值，在於承繼傳統，啟迪當下，總結以往，開展未來。詩歌史研究兼含創作史與接受史，與創作史不同，接受史更多與後世之建構相關，其「弔詭」之處在於，有時會將明明差別很大、難以同日而語者，例如年差七歲的「元、白」、年差十二歲的「李、杜」，在放大和放遠的詩歌史平臺之上加以並稱，建構起新的審美意義上的齊名和同尊。同時，與歌唱家不同，文學家的價值往往不能立刻得到展現，成功的歌唱家可以在劇場上第一時間

入話

享領觀眾的掌聲；文學家與運動員也不同，無法像成功的運動員那樣，可以在賽場上第一時間領受觀眾的歡呼。大多數文學家需要默默等待，等待超越空間的傳播，等待超越時間的考驗，等待超越偏見的評判，有時很久，或許是幾百年以後，可能才會迎來共鳴，得到「印可」（借用佛家語）。正所謂「千秋萬歲名，寂寞身後事」。

白居易是幸運的，沒有等那麼久。更為難得的是，他擁有持續未斷、格外眾多的異代知音，他們接受白居易其人其文滋養、融會於自身修養和創作的同時，也不斷提升拓展了白居易的影響力。而白居易研究也隨著漢語文化的傳播、漢學研究的拓展，隨著樂天的獨特魅力，走出東亞，擴及全球。萬古流雲，唯經典常新；世界漸小，而詩道正寬。新舊更替，而今古相承，今月曾經照古人，古今嬋娟是一輪，含蘊深厚的白居易接受史，其實具有豐富的當代價值。

洛陽白園唐少傅白公墓

這本閱讀白居易的心得和體悟，能夠出版，互文著白居易的人民性，在此，希望可以暫駐匆匆的時光和歷史腳步，向不朽的詩人獻上我的幾瓣心香。

章一　白居易的品格風範

章一　白居易的品格風範

回一　蓋棺論定說樂天

白居易（772～846），中國唐代文學家。字樂天，晚號香山居士、醉吟先生，行二十二。祖籍太原（今屬山西），曾祖父白溫遷居下邽（今陝西渭南），遂為下邽人。祖父白鍠罷鞏縣令，徙居新鄭（今屬河南）。唐代宗大曆七年正月二十（西元 772 年 2 月 28 日），白居易生於新鄭東郭宅。祖父白鍠、外祖陳潤俱善詩。其父白季庚（729～794），明經出身，歷任彭城縣令，徐州、襄州別駕。白居易自幼聰慧。六七個月略識之無，五六歲時學作詩，九歲解聲韻，「十歲解讀書，十五能屬文」（〈朱陳村〉），十五六歲時，知道可以考進士實現理想，於是苦節讀書。父逝母病，賴長兄白幼文微俸持家，生活艱難。二十歲前後，白天習賦，夜裡讀書，稍有空閒則學習作詩，無暇寢息，口舌成瘡，手肘成胝，終於通過宣州府鄉試。唐德宗貞元十五年（西元 799 年），他第一次到達長安。第二年正月，向給事中陳京（？～805）奉函，獻上雜文二十首、詩一百首，以求賞識。二月，一舉登進士第（第四名），為登第之十七人中最年少者。貞元十九年（西元 803 年）再登書判拔萃科（第三等），授祕書省校書郎，由此踏上仕途。因制舉為皇帝下詔或親臨主持以選拔人才之特殊科目，名望較高，登科後即授官，所授亦多美職或清要之官，升遷較快，於是在唐憲宗元和元年（西元 806 年）正月，罷校書郎，與好友元稹相約，同應制舉。二人閉戶累月，揣摩時事，習作《策林》七十五篇，對政治、經濟、軍事、教育、文化等提出治理應對方案，內容切實，見解精闢，且引古鑑今、析理深透。同年四月，二人同登才識兼茂明於體用科。元稹中第三次等（制科例無第一、第二等），白居易則因對策辭直

語切，屈居第四等。登科後，白居易被授為盩厔（今陝西周至）尉，撰有〈觀刈麥〉。十二月，與陳鴻、王質夫同遊仙遊寺，共話唐玄宗、楊貴妃事，白居易作〈長恨歌〉，旋即聞名於時。

元和二年（西元807年）秋，調任進士考官。考試完畢，被添補為集賢院校理。十一月五日，奉敕試制、書、詔、批答、詩五首，六日正式充任翰林學士。元和三年（西元808年）四月，被任為制策考官。四月二十八日，遷左拾遺，依前充翰林學士。元和五年（西元810年），改京兆府戶曹參軍，仍充翰林學士，草擬詔書。在任期間，經常上書論事，積極參政，直陳時弊，如請降繫囚、蠲租稅、放宮人、絕進奉、禁掠賣良人等，「有闕必規，有違必諫」（〈初授拾遺獻書〉）。因參與國家機要，曾取書詔批答詞等，撰為過程，為上中下三卷，上卷文武勳階等，中卷制頭、制肩、制腹、制腰、制尾，下卷將相、刺史、節度之類，禁中號〈白樸〉，每有新入翰林之學士，必加求訪，元稹〈酬樂天餘思不盡加為六韻之作〉稱為「白樸流傳用轉新」，而更為知名者為諷喻詩，如《秦中吟十首》、《新樂府五十首》等，象徵著詩歌創作進入黃金時期。這一時期，元稹、白居易及李紳，以新樂府詩歌為軸心，形成傾向、內容乃至風格相近的創作群體，近人為表彰其成就和意義，稱為「新樂府運動」。元和五年（西元810年），元稹貶官江陵，白居易卸任拾遺，新樂府創作趨於消歇。元和六年（西元811年），白居易因丁母憂而罷官返鄉，退居京畿下邽，結束前後六年的翰林學士職務。元和九年（西元814年），丁憂期滿，冬，召授太子左贊善大夫入朝。

元和十年（西元815年）六月，宰相武元衡被刺，白居易率先上疏請急捕凶手，卻被以越職言事之罪貶為江州（今江西九江）司馬。在江州，

章一　白居易的品格風範

撰有長篇敘事詩〈琵琶行〉、文論名篇〈與元九書〉；雖對政治失望，但並未辭官歸隱，而是選擇「吏隱」之路，一邊掛著閒職，一邊在廬山蓋起草堂，與僧朋道侶交遊，描寫閒靜恬淡境界、抒發個人情感的閒適詩、感傷詩隨之多了起來。元和十三年（西元818年）十二月，改任忠州（今重慶忠縣）刺史，仕途有了轉機。他率州民西澗植柳、東坡種果，深得百姓擁戴。元和十五年（西元820年）夏，召還長安，拜尚書司門員外郎，十二月改授主客郎中、知制誥。唐穆宗長慶元年（西元821年），進中書舍人，又轉上柱國。時元稹先後任祠部郎中、知制誥及翰林學士，白居易與元稹倡議詔制文體改革。而此時朝中朋黨傾軋，國事日非。為避免捲入政治漩渦，長慶二年（西元822年）七月，白居易請求外任，出為杭州刺史，疏濬六井，修築湖堤，蓄水灌田千餘頃。離任時，留官俸於州庫，作為公家緩急之需，還將治水要領寫成〈錢塘湖石記〉，刊於石上，使繼任知曉。長慶四年（西元824年）五月，改除太子左庶子分司東都洛陽（今屬河南）。敬宗寶曆元年（西元825年）三月，出任蘇州刺史，深受愛戴。次年九月，任滿離蘇，郡中父老涕泣相送十里。

　　唐文宗大和元年（西元827年），白居易拜祕書監，回到長安。大和二年（西元828年）二月，授刑部侍郎。大和三年（西元829年）三月，以太子賓客分司洛陽，從此長別長安，在洛陽度過近十八年的晚年生涯。次年十二月，為河南尹，後任太子少傅分司洛陽，世稱白傅、白太傅。在洛陽所居履道里疏沼種樹，又在香山構石樓，嘗與胡杲等燕集，皆高年不仕者，人慕之，繪為〈九老圖〉。這一時期，「詩豪」劉禹錫成為他在元稹逝後的新詩友。二人放意山水，朝觴夕詠，相互唱和，時稱「劉白」。唐武宗會昌二年（西元842），白居易以刑部尚書致仕。會昌四年

（西元844年），四處遊說，籌募資金，開鑿龍門八節險灘，留下燦爛一筆。會昌六年八月十四日（西元846年9月8日），以七十五歲高壽在洛陽辭世。遵其遺囑，家人在十一月安葬其於洛陽龍門香山寺北側琵琶峰頂，詩人李商隱撰墓碑銘。唐宣宗親自以詩弔唁：「綴玉聯珠六十年，誰教冥路作詩仙。浮雲不繫名居易，造化無為字樂天。童子解吟長恨曲，胡兒能唱琵琶篇。文章已滿行人耳，一度思卿一愴然。」又贈尚書右僕射，諡曰文，世稱白文公。

身為唐代首屈一指的多產作家，白居易各體兼擅，取材廣泛，見解超卓，生前曾自編《白氏文集》（初名《白氏長慶集》），自分其詩為諷喻、閒適、感傷、雜律四類。他在去世前一年所作《白氏集後記》稱：「白氏前著《長慶集》五十卷，元微之為序。《後集》二十卷，自為序。今又《續後集》五卷，自為記。前後七十五卷，詩筆大小凡三千八百四十首。」在自己整理編集作品的唐代詩人中，白居易是較早且典型者；他的集子也是唐代保留最完整的詩文集；作品數量之多，居唐人之冠。白居易不僅在當時文壇地位很高，對後代文壇影響也很大，這既與其精勵刻苦、作品多產有關係，也與他的早慧、出道較早，深受前輩提攜有關係，還與他年壽長、地位高、創作時間久、精品多，並且特意把作品整理後分藏多處有關係，更與他追求通俗平易的風格，善於團結同道，引領後學形成元白詩派有關係。

白居易是繼李白、杜甫之後又一位偉大的詩人，同時也是重要的文藝思想家，晚唐張為《詩人主客圖》稱其為「廣大教化主」。他前期強調文藝反映現實，為政治為人生服務，主張「文章合為時而著，歌詩合為事而作」，詩歌應「補察時政」，「洩導人情」（〈與元九書〉），後期則樂

章一　白居易的品格風範

天知命,對獨善與兼濟思想加以實踐、發揮和改造,傾向詩歌隨性情而發,其思想滋養了中國文藝的發展,成為後代文人重要的思想財富。他繼承漢儒以美刺言詩的傳統,強呼叫詩歌來評論當時的社會和政治,在元和初所寫《策林》談到采詩以補察時政的措施,分析詩歌創作中的情感時說「大凡人之感於事,則必動於情,然後興於嗟嘆,發於吟詠,而形於歌詩矣」(《策林》六十九),又說「樂者本於聲,聲者發於情,情者繫於政」(《策林》六十四)。在〈讀張籍古樂府〉、〈寄唐生〉詩中,指出詩歌創作「上可裨教化,舒之濟萬民;下可理情性,卷之善一身」,「非求宮律高,不務文字奇;唯歌生民病,願得天子知」。基於這種理論思想,他寫出《新樂府五十首》、《秦中吟十首》等優秀的諷喻詩,強調「為君、為臣、為民、為物、為事而作,不為文而作」(《新樂府序》)。在江州司馬任上所寫〈與元九書〉,是他論詩主張的系統化,其中把詩歌比作果樹,提出「根情、苗言、華聲、實義」的著名論點。白居易自稱以「窮則獨善其身,達則兼濟天下」(《孟子·盡心上》)為指導思想,立身行事帶有濃厚的儒釋道三家雜糅的色彩。人生際遇的轉變,並沒有對他成年後既已確立的上述人生觀產生太大的影響,政治態度和熱情的轉變,也並不意味著上述人生觀的根本改變。心態會隨處境改變而調整,但其人生哲學則一以貫之,所謂「窮通與遠近,一貫無兩端」(〈答崔侍郎、錢舍人書問,因繼以詩〉)。

白居易的諷喻詩以《新樂府五十首》、《秦中吟十首》最為著名,對中唐社會生活各個方面有廣泛深刻的反映,對於現實黑暗和人民痛苦,以及不合理的現象痛下針砭,如「地不知寒人要暖,少奪人衣作地衣」(〈紅線毯〉),措辭激切,毫無顧忌,在某種程度上突破了儒家「溫柔敦

厚」詩教的框架。在表現形式上，多採用直賦其事的方法。〈賣炭翁〉、〈新豐折臂翁〉、〈井底引銀瓶〉等，敘事完整，情節生動，刻劃人情物態皆細緻傳神，對中國敘事詩的發展積極貢獻。有些則採用寓言託物的手法，借自然物象以寄託政治感慨。

白居易的感傷詩以長篇敘事歌行〈長恨歌〉和〈琵琶行〉最為膾炙人口。一「歌」一「行」，皆為長慶體，敘事生動，描寫細膩，語言優美。〈長恨歌〉歌詠唐玄宗李隆基和貴妃楊玉環的愛情故事，由「愛恨」和「生死」兩大人生主題，引申至天人之際，熔鑄政治和情愛，跨越歷史與現實，溝通夢想與仙幻，投射著百年大唐興衰的回眸，其文字清婉動人，氣度從容不迫，聲調婀娜哀豔，讀來一氣舒卷，令人蕩氣迴腸。詠寫知音之嘆的〈琵琶行〉亦是絕作，透過琵琶女的不幸身世，寄託作者的仕途失意，遣詞秀麗，聲畫並美，真摯悱惻，情韻雙絕，字字從心胸流出，誠為絕唱，當時即已風靡宮廷里巷，千百年來仍傳頌未衰，有人稱其為「古今長歌第一」（明何良俊《四友齋叢說》卷二五），後世之唱和仿擬續者甚多，顯示出強大的藝術生命力。從「歌」到「行」，由渭水之濱來到潯陽江畔，見證了白居易從青年步入中年，春花之勝轉為秋實之美，〈長恨歌〉的歷史傳奇有詩人早年身世和初戀的投影，〈琵琶行〉中的現實，則投射著一段中唐世態人心的歷史側影。「即無全集，而二詩已自不朽」（清趙翼《甌北詩話》卷四）。其他感傷詩，還有不少親朋間酬贈的篇什，也都寫得情真意切、樸摯動人。

白居易的閒適詩多表現閒情逸致，抒寫對田園寧靜生活的嚮往、潔身自好的志趣，〈夜雪〉、〈晚望〉等小詩，頗有禪趣及直中見曲的回味。描寫田園風光和自然景物者亦多佳作，如〈觀稼〉、〈歸田三首〉寫農村

景象，質樸而清新。〈遊悟真寺詩一百三十韻〉以遊記筆法，依次記敘五日遊山的經過，令人有身臨其境之感。雜律詩在白居易詩作中數量最多，或吟詠性情，或詩酒酬唱，比較耐人尋味的是那些抒情寫景小詩，如〈賦得古原草送別〉、〈錢塘湖春行〉、〈西湖留別〉、〈暮江吟〉、〈問劉十九〉等，以白描手法，寥寥幾筆勾勒出生意盎然的境界，歷來膾炙人口。

　　元和、長慶之際，白居易和元稹以平暢自然、通俗淺切的詩風獨樹一幟，他們的社會政治詩及元和體，成為時人仿效的典範。新樂府理論與創作實踐，推動了新樂府詩歌革新。元白詩派因新樂府、元和體及長慶體、元白體而形成獨樹一幟的詩歌體，與韓孟詩派並峙於中唐詩壇。晚唐的《詩人主客圖》所列六派之中的第一派「以白居易為廣大教化主，上入室楊乘，入室張祜、羊士諤、元稹，升堂盧仝、顧況、沈亞之，及門費冠卿、皇甫松、殷堯藩、施肩吾、周元範、祝元膺、徐凝、朱可名、陳標、童翰卿」，其領袖、群體、主旨皆大體具備。儘管入選詩人未必全面恰當，但其時代之近足資參考，開創之功更宜獨置高標。

　　白詩風格以平易為主，《唐國史補》卷下謂：元和以後為詩者「學淺切於白居易」，《冷齋夜話》記敘他作詩令老嫗能解的傳說，不一定真有其事，但「言淺而思深，意微而辭顯」（清薛雪《一瓢詩話》），少用典故和古奧詞句，極煉如不煉，拙中見工巧，在平易切近中蘊含深遠的思想情趣，故流傳廣泛，影響深遠，則是有目共睹的事實。劉熙載《藝概‧詩概》說：「常語易，奇語難，此詩之初關也；奇語易，常語難，此詩之重關也。香山用常得奇，此境良非易到。」白詩在當時廣泛流傳於宮廷和民間，歌伎唱他的詩，寺廟、旅舍貼有他的詩，僧侶、官

人、寡婦、少女讀他的詩，長安歌伎以誦得〈長恨歌〉而自負，並且因此增價。荊州街卒葛清，在身上刺滿白詩，體無完膚，還兼有配畫，被進士陳至稱為「白舍人行詩圖」；四明胡抱章《擬白氏諷諫五十首》，行於東南；後蜀楊士達亦撰五十篇，頗諷時事。不但如此，白詩還遠播日本、北韓、越南、暹羅。白詩風格平易、議論直切的特點，影響了後代以文為詩的新風氣。晚唐的羅隱、皮日休、韋莊、聶夷中、黃滔、陸龜蒙、吳融、杜荀鶴、鄭谷，宋代的徐鉉、徐鍇、李昉、宋白、田錫、張詠、李至、晁迥、王禹偁、梅堯臣、歐陽脩、蘇軾、黃庭堅、張耒、陸游，金元時期的王若虛、元好問、王惲等，元末的楊維楨，元代西域詩人馬祖常、迺賢等，明人宋濂、吳寬、唐寅、文徵明及公安「三袁」，一直到清代的吳偉業、吳嘉紀、張英、趙執信、唐英、陳文述、俞樾、王闓運、黃遵憲等，都在不同方面、不同程度上受到白居易的啟示。元、明、清許多劇作家取白居易敘事詩為題材編寫戲曲，如取自〈長恨歌〉的元代白樸《梧桐雨》、清代洪昇《長生殿》，依據〈井底引銀瓶〉改編的白樸《裴少俊牆頭馬上》，取自〈琵琶行〉的元代馬致遠《青衫淚》、明代顧大典《青衫記》、清代蔣士銓《四弦秋》、清代趙式曾〈琵琶行〉及佚名之子弟書〈琵琶行〉等。白居易的詩文佳句，也有很多被宋、元、明話本所採用。

　　身為與李、杜齊名的文學家，白居易在文體全面、詩文並擅方面，成就不在李、杜之下。《舊唐書》強調元和主盟為元稹、白居易的基礎上，特別指出二人在制策奏議這類政論文方面的功績和影響。作為文章大家，白居易在記、序、書、論、傳、賦等非公文性文體寫作中，無施不可，窮極變化，留下一批膾炙人口的作品；而在奏狀、詔

章一　白居易的品格風範

誥、判、策、表等公文性文體中，更將視野拓展到生活的各個領域，生動展現出中唐的政治面貌、軍事形勢、經濟狀況、生活圖景、風俗畫卷、倫理道德、哲學思潮，以及自己豐富的內心世界和思想軌跡。由於包含豐富內容且保留完整，白居易的文章，不僅是其一生經歷與思想情感的寫照，同時也可窺見有唐一代的社會面貌以及生活點滴，無論內容的廣泛性、深刻性，還是藝術成就的鮮明與個性，都不遜於其他任何一位唐代作家。其今存散文近九百篇，無論是數量，還是體裁種類的多樣化，都很突出。

白居易文集中，除「檄」外，詩、賦、策、論、箴、判、贊、頌、碑、銘、書、序、表、記等唐代主要文體皆有收錄。《文苑英華》有38種文體分類，竟錄有白居易25類作品，這是絕無僅有的。白居易的文學性散文，較多的是記、書、序這三類文體。《草堂記》、《冷泉亭記》、《三遊洞序》等，文筆簡潔，真切凝練，旨趣雋永，是不遜於韓、柳的優秀山水小品；〈江州司馬廳記〉、〈序洛詩〉、〈醉吟先生傳〉等，抒寫性情，敞開心扉，抑揚起伏，委婉達意，兼有詩性詩情；〈晉謐恭世子議〉、〈漢將李陵論〉等，條分縷析，議論警醒；〈與元九書〉闡述詩歌的生命意義，情真意切，披肝瀝膽，是古代不可多得的詩學文獻。其賦作也很有影響，〈性習相近遠〉、〈求玄珠〉、〈斬白蛇〉等賦，新進士競相傳於京師，被士人當作學習仿效的標準。白居易還積極參與新興文藝樣式——曲子詞的寫作。其〈憶江南〉、〈浪淘沙〉、〈長相思〉等，為文人詞的發展開拓了道路。

《白居易文集》共七十五卷，生前寫五本分藏各處。宋時所傳，出於廬山東林寺藏本，僅前後集完備，《續後集》僅存一卷，乃重編為七十一

卷本《白氏長慶集》，有南宋初紹興間刻本。明清刊白集或白詩，以明馬元調刊《白氏長慶集》七十一卷和清汪立名《白香山詩集》四十卷影響較大。日本有那波道圓活字本《白氏文集》，保留了白集初編前後集分次編輯之貌。日存白集古抄本數量較多，頗可參考。白居易年譜以宋陳振孫《白文公年譜》為最早，清汪立名《白香山年譜》、朱金城《白居易年譜》較通行。

白居易曾編撰《白氏六帖事類集》，原名《經史事類》，又名《事類集要》，因取資典實而自備，與《北堂書鈔》、《初學記》、《藝文類聚》並稱「唐代四大類書」。《舊唐書·白居易傳》關於白居易文稿記載曰：「有《文集》七十五卷、《經史事類》三十卷，並行於世。」《新唐書·藝文志》把《經史事類》稱為《白氏經史事類》，下注：「又名《六帖》。」陳振孫《直齋書錄解題》曰：「《醉吟先生墓誌》云：又著《事類》三十卷，時人目為《白氏六帖》，行於世。」《楊文公談苑》載，《六帖》的編纂過程是白居易帶領門生，首先採集經籍，採集史傳，分別事類，區分匯聚，事提其要，類歸其門。然後列置七層書架，上置陶瓶，多達數千，其上標寫門目名類，將寫好的紙條放入分好類別的陶瓶中，編輯前從陶瓶中倒取，輯錄成書。在抄本時代，《六帖》無疑是作家援引典故、擷取詞藻的寶庫，在當時被稱許為「不語先生」。至宋，有晁仲衍為之作注。入南宋，孔傳撰《孔氏六帖》，時人合二書於一，合稱《白孔六帖》。

舊題白居易所著《金針詩格》，徐衍《風騷要式》引白居易詩云：「鴛鴦繡了從教看，莫把金針度與人。」陳振孫《直齋書錄解題》謂：「《金針詩格》一卷，白居易撰。《續金針詩格》一卷，梅堯臣撰，大抵皆假託也。」《郡齋讀書志》稱：「居易自謂與劉禹錫、元稹皆以詩擅名當世，

章一　白居易的品格風範

撮詩之體，要為一格，病得針而癒，詩亦猶是也，故曰《金針集》。」胡仔《苕溪漁隱叢話》前集卷八引《詩眼》云：「世俗所謂樂天《金針集》，殊鄙淺。」學者多認為唐末五代、宋初人託名偽撰之作，以「金針」名書，即度人以金針之謂，白居易生平即甚重視自己的作品，生平雖未自言曾撰詩格一書，但白居易之為文章，事前曾有文章參考書之編撰，是其特有之習慣。趙璘《因話錄》載：白居易等五人「為場中詞賦之最，言程序者，宗此五人」，其中四人均有詩格類著作。因此，即使《金針詩格》不全出於白居易之手，從《二南密旨》、《風騷要式》之沿襲來看，其成書年代亦不會在晚唐以後。

唯其在流傳過程中頗有散佚，又經後人重編，故現存者往往摻雜他書，如「詩有八病」及「詩有六對」，乃出於沈約與上官儀，「詩有數格」則出於鄭穀等人之《新定詩格》，顯然為雜湊之跡。

舊題白居易所著《文苑詩格》，陳振孫《直齋書錄解題》以為「稱白氏，尤非也」。今人以所論意境、屬對、文辭藻飾皆不類白氏原旨，斷為五代或宋初人偽託。但明人胡應麟《詩藪》則不以為然。書中凡十七目，前七目頗類崔融《唐朝新定詩格》所標「十體」。其內容除論詩外，還兼及文。如「精順以事」條：「若古文用事，又傷浮豔；不用事，又不精華。用古事似今事為上格。」論文雖多「褒讚國風」、「宣暢騷雅」之語，但具體論述每依詩之結體、擬象、用事展開，尤重詩意表達，如「為詩須創入意，解題目，然後放曠辭理」，要求「語盡意未窮」，並探討意與文、意與境、意與用事等問題。雖不脫詩格類著作瑣屑之病，然間有新見。

白居易頗以書法著稱。《宣和書譜》卷九「行書」立有專條，謂「白居易以文章名世，至於字畫，不失書家法度，作行書妙處，與時名流相

後先」，並記宋徽宗御府存有行書〈豐年帖〉、〈洛下帖〉、〈生涯帖〉、〈劉郎中帖〉、〈送敏中歸邠寧幕〉等五幅「觀其書，〈豐年〉、〈洛下〉兩帖，與夫雜詩，筆勢翩翩」。宋黃伯思《東觀餘論·跋白傅書後》云：「樂天書不名世，然投筆皆契繩矩，時有佳趣，乃知唐士書學之盛如此。」雖書跡今多失傳，但頗為宋人見重。

清殿本白樂天像

章一　白居易的品格風範

回二　樂天是不是詩王

　　杜甫對白居易影響如此之大，以致後人將本屬於杜甫的「詩王」之稱，誤置給白居易。比如《莫礪鋒講唐詩課》第一講有「詩王白居易」一節，下面具體解釋：「白居易的詩歌雅俗共賞，在他生前就獲得了巨大的名聲，其影響甚至深入社會底層與大唐的鄰國。到了晚唐，張為在《詩人主客圖》中稱白居易為『廣大教化主』，正是著眼於其影響之大。到了近代，人們稱頌白居易為『詩王』。」大概主要是意在普及，所以沒有注明近代何人開始稱頌白居易為「詩王」。[01] 聯想起從前瀏覽網路資訊，談及白居易，也常見稱其為「詩王」，但一律語焉不詳。

　　近年坊間的各類出版品中，「詩王白居易」的說法也屢見不鮮。這裡希望能夠追本溯源，看看這一說法的原始出處在哪裡。據拙編《白居易資料新編》，參照現有的電子檢索工具，檢得下面這條較早的出處——《雲仙散錄》「陳芳國」（又作文星典吏）一則：

《文覽》曰：杜甫十餘歲，夢人令採文於康水。覺而問人，此水在二十里外。乃往求之。見峨冠童子，告曰：「汝本文星典吏，天使汝下謫為唐世文章海，九雲誥已降，可於豆壟下取。」甫依其言，果得一石，金字曰：「詩王本在陳芳國，九夜捫之麟篆熟，聲振扶桑享天福。」後因佩入蔥市，歸而飛火入室，有聲曰：「邂逅穢吾，令汝文而不貴！」（中華書局1998年版，第20～21頁）

　　《雲仙散錄》一名《雲仙雜記》，傳為後唐馮贄所作，雖有疑為宋人偽託者，然所舉諸證尚不足以定讞。拋開小說家荒誕不經的色彩（如認為

---

[01]　值得留意的是，專門評說白居易的《莫礪鋒評說白居易》反倒未曾提及「詩王白居易」的說法。

杜甫是文星典吏下凡，因佩刻有天誥之石入蒐市，故文而不貴），看來「詩王」冠冕應屬杜甫。《雲仙散錄》之後，「詩王本在陳芳國」成為詩歌典故，為詩家常用。《詩話類編》和《唱經堂杜詩解》、《杜詩詳注》等，均承其說而無異議。對此，《漢語大詞典》、《中國詩學大辭典》、《全唐詩大辭典》、《事物異名分類詞典》等專門設有「詩王」詞條的辭書，也是據《雲仙散錄》釋「詩王」為杜甫。陳尚君《全唐詩續拾》（中華書局 1992 年版，第 879 頁）卷十五還據之將「詩王本在陳芳國」三句詩，按照舊說視為唐人之作，附存杜甫名下。

在清代，歙縣（今屬安徽）吳綺（1619～1694）《謝晉侯詩品序》說：「《三百篇》以來，詩獨盛於仙李；《十九首》以後，格莫老於浣花。蓋開元之時，亂離多有；而少陵之世，艱險備嘗。故矢諸詠歌，多情深而意厚；見之慨嘆，常旨遠而思真。所以天貺神符，有詩王之目；人推傑作，得詩史之稱。」（《林蕙堂全集》卷四，清康熙三十九年刻本）天貺神符即《雲仙雜記》裡的故事，「詩王」無疑指杜少陵，與「詩史」之稱彼此互補。

清代學者齊召南（1703～1768）《李太白集輯注序》曾云：「詩至李杜，齊名方駕，一如飛行絕跡，乘雲馭風之仙，一如永珍不同，化工肖物之聖。」（《李太白全集》，中華書局 1977 年版，第 1681 頁）認為李杜齊名但各有所長。其〈濟寧南池杜工部新祠詩為沈椒園同年作〉也意在比較李杜異同，詩云：

太白酒樓何砐硪，檻前坐見千檣過。南池故是少陵跡，可憐野水環陂陀。記我年前步池上，正逢泥滑愁雙靴。東嶽之雲羃列岫，城隅溝洫成黃河。高槐疏柳半臨水，人家戶外聯舳舸。今年十月重到此，忽覺勝概清羅羅。池堤既類彩虹偃，池水亦似青銅磨。旛旛老樹雜新樹，葉雖落盡留枝柯。三間瓦屋照寒日，門榜高揭字擘窠。問誰為此祀工部，座

章一　白居易的品格風範

斫山骨陳象犧。守祠老人說顛末，昔歲使者來仁和。東陽裔孫癖好古，南池百度停驂。嘆息杜公舊遊地，無人構屋理則那。捐金誅茅闢荒穢，架木築土成盤薖。高齋西蜀非一處，此添東郡新行窩。伐石刻詩置兩壁，俾傳久遠期無他。維時落成值孟夏，花葉旖旎紛芰荷。瑤觴進拜巫屢舞，蒲牢殷地麏靈鼉。彷彿鄭公出小隊，林間絡驛鳴珠珂。風淜水檻映冠蓋，一州人士來奔波。共詫草堂得壯觀，竟與酒樓齊嵯峨。瘦容骨立尚戴笠，無乃飯顆還譏呵。我知沈侯有深意，非為閒眺蠲煩苛。風騷以降作者眾，大海詎計蚌與螺。有唐獨見兩夫子，光焰萬丈爭義娥。囊括百家奮巨筆，俯視余子真麼麼。況論忠愛出肺腑，詩仙又遜詩王多。流離渾忘身凍餓，但愁海宇森干戈。萬間廣廈豈虛語，得志應起生民痾。篇篇立意追大雅，不止逸藻媲汨羅。稷契心期合俎豆，便私所好原非阿。精神千載倘記憶，應招太白同吟哦。當時嗜酒今得地，官河酒舫馳輕舸。岱山迢迢拱戶牖，朝霞朗對朱顏酡。堪笑主簿附享祀，姓許名字知誰何。沈侯沈侯好文墨，眼見醉草迎神歌。他年有客考古蹟，定撫碑刻千摩挲。（《寶綸堂詩文鈔》詩鈔卷四，清嘉慶二年刻本）

顯然與《李太白集輯注序》不一樣，大概是因應詩題而重加抑揚，於是認為若論「忠愛出肺腑」，詩仙李白要遜於詩王杜甫。

同樣是議論評析李杜之爭，駐呂宋總領事陳日翔（1860～1913）的五言排律〈賦得李杜文章在〉云：「萬丈光何在，遺徽溯盛唐。大才推李杜，曠代擅文章。一曲清平譜，三篇典禮襄。氣凌滄海闊，歌引塞雲長。豔麗生花筆，神靈護草堂。江山留酒聖，今古拜詩王。春月瓊筵醉，秋風幕府涼。淵源誰付託，鼎足有潮陽。」末句所云，正道出「李杜文章在」的前潮州太守韓愈。明末清初《西遊補》的作者董說（1620～1686）有詩曰：「乍道詩王依杜甫，更從字母入華嚴。」（《國朝詩人徵略二編》卷四，清道光二十二年刻本）

清代內閣學士祁寯藻（1793～1866）《海帆先生〈荷舟聽雨圖〉》「詩王已屬陳芳國，星使真乘太乙舟」（《䜱䜪亭集》卷二十二），〈臘八日長椿寺如月長老餉粥〉「詩王聲振陳芳國，寺藏國朝諸老詩幅」，〈白蘭巖侍御示觀祝枝山草書〉，即用卷中〈梅花歌〉韻題之「乃知世有陳芳國，天女亦解參詩王」（《䜱䜪亭後集》卷十二），皆用《雲仙散錄》之典。

明代莆田女詞人林少君〈浣溪沙·贈程村〉「麟篆知從九夜捫。詩王金誥佩隨身」，清代陽湖（今江蘇常州）女詞人左錫嘉（1830～1889後）〈滿江紅·浣花草堂〉「甚而今、景仰說詩王，君知否」（《冷吟仙館詩稿》），顯然也是指杜甫。清代四川學政何紹基（1799～1873）〈丹稜張梧岡大令約遊龍鶴山，因雨不果〉：「子真自築巽巖室，涪老來題大雅堂。尚有長編傳史席，更無片石記詩王」（《東洲草堂詩鈔》卷十六），〈耒陽謁杜工部祠〉「今夜孤鐙千載思，一江風月弔詩王」（《東洲草堂詩鈔》卷二五），所云「詩王」，指代明確，都是對杜甫的頌稱。清代山東巡撫覺羅崇恩（1803～1870）〈前韻見答覆小書便面以贈稱許過情感愧交至迭韻奉報〉中間寫道：「險韻蘇黃最善押，盛名元白亦飛跨」，結尾「翱翔文海拜詩王，麟篆降祥捫九夜」，則以《雲仙散錄》之典，用杜甫收束全詩。

清代道光十五年（1835）進士，浙江嵊縣人錢世瑞的《李謫仙才論》比較李杜二人詩名和地位，談道：「李、杜二公詩俱臻極品，而應制詩無傳，蓋皆其所絀也。顧杜工部亦以獻《三大禮賦》而後擢用，非由貢舉而升，後世稱為詩王、詩聖，又為詩史，王居其大，聖造其極，史則有包含有論斷，此其所以獨出冠時也。但王也聖也史也，猶人事也，仙則超乎王聖史之外，而別標一格。然則宇宙間有少陵之詩名，即當有謫仙之才，以顯其異；太白唯有才而無遇，故率以謫仙傳人，皆以其負才不用

章一　白居易的品格風範

而惜之。夫古今人才之可惜者，亦豈獨一謫仙哉。」(《常惺惺齋文集》卷六，清道光三十年刻本)辨析詩仙與詩王、詩聖、詩史的不同含義，也是肯定「詩王」是杜甫，儘管主題是講李白。

清道光十八年(1838)進士，滿洲旗人寶鋆(1806～1891)在詩中頗喜用「詩王」一詞，例如「禪伯共疑香國界，詩王遠邁洞仙材」(〈醇邸招飲適園即事並和元韻〉，《文靖公遺集》卷五，清光緒三十四年羊城刻本)，「霞蔚雲蒸露氣含，詩王興味我深諳」(〈恭和醇邸東園小集元韻〉，《文靖公遺集》卷五)，「天心似助詩王興，金粟花濃酒滿缸」(〈醇邸以中秋感懷詩示即步元韻〉，同上卷七)，「詩王更快詩仙並，嘉會期同海屋籌」(〈自笑一首疊十一尤韻〉，同上卷七)，「詩王句健鯨鍾叩，香國神驚羯鼓催」(〈西園主人以園梅將放作詩催花並約花朝小酌洵雅話也敬步元韻〉，同上卷八)，「詩王昔駐五雲驄，想見英姿邁世風」(〈響塘廟讀壁間醇邸訪老農王某作即步元韻〉，同上卷八)，「滿城風雨前宵聽，天助詩王豪氣來」(〈和醇邸即事元韻〉，同上卷八)，「聖世廣開仁壽域，詩王珍具綺羅筵」(〈醇邸於南園招飲詩以志謝〉，同上卷八)，「多謝詩王嘉貺厚，致勞白鶴駛紅塵」(〈適園主人遣青猿致詩柬並惠食品即步元韻〉，同上卷九)，「合許鵝冠童子侍，超超元箸拜詩王」(〈葆光道人屬題歌唐集句圖敬賦二律‧其二〉，同上卷十)，「瓊筵大啟饒佳興，雅紹詩王面贈詩」(〈賞梅即席醇邸面示佳章歸途次韻〉，同上卷十一)，「幸得詩王欣賞識，吟樽傾倒助低徊」(〈恭邸以遊半畝園詩見示步韻奉和〉，同上卷十一)，「飽德詩王珍饌美，神仙興趣喜天成」(〈醇邸惠餚饌詩以致謝〉，同上卷十一)，「帝裡鳩安承帝澤，詩王鳳起結詩盟」(〈疊元旦韻答謝玉照亭主〉，同上卷十二)，「詩王詩興知蟠鬱，遠邁長庚酒百篇」

(〈樸庵主入園花盛開置酒招飲讀簡有作〉，同上卷十二)，「少陵真孝子，天寶舊詩王」(〈少陵無海棠詩得棠字‧其二〉，《文靖公詩鈔》吟梅閣試帖詩存卷一，清光緒三十四年羊城刻本)。以上16處用例，多指稱杜甫。值得注意的是，寶鋆對白居易也很喜歡，其〈養痾即事〉寫道：「絲綸閣下文書靜，白傅吟成趣自怡」(《文靖公遺集》卷四，清光緒三十四年羊城刻本)，但畢竟未視其為詩王。反倒是同代能詩堪承老杜衣缽者，如上云「適園主人」(〈適園主人遣青猿致詩柬並惠食品即步元韻〉)，被尊以「詩王」之稱。清人陳壽祺(1771～1834)〈黃樓詩和梁芷林藩伯二首‧其二〉「詩王生本陳芳國，宦隱居宜宏景樓」(《絳跗草堂詩集》卷五，《續修四庫全書》影印清刻本)，也是這樣的恭維之辭。與之相配，和詩其一也用了白居易的典故──「白社人開九老會，綠楊春接兩家園」，前一句自注云：「公辭官，適符白香山歸洛之年，朋舊過從無虛月，亦與香山同。」後一句自注云：「白樂天〈欲與元八卜鄰〉詩：『綠楊宜作兩家春。』余宅與藩伯隔垣，前後亦有兩小樓，然不如公文采風流遠甚，愧無以張之也。」聯用杜白，表達與梁芷林之詞賦交誼，其流風傳承，可堪懷思。

　　清代雲南按察使李元度(1821～1887)〈新建小田杜工部墓祠落成紀事得百韻〉「相去閱千年，詩王開壁壘。有唐工部郎，襄陽杜子美。生本陳芳國，文薄雕蟲技」(《天嶽山館詩存補》)及《杜工部墓考》「詩王遺蛻，攢瘞汨江，魂魄安此已久」(《天嶽山館文鈔》卷三八)，清代兩江總督樊增祥(1846～1931)〈黃牡丹‧其五〉「杜陵枉自號詩王，只解花溪詠四娘」(《樊山續集》卷十四)，清代湘潭學者胡元儀(1848～1907)《論詩絕句四首》其二「百代詩王讓少陵，橫流滄海浩無津」(張翰儀編《湘雅摭殘》卷十三)，禮部右侍郎郭曾炘(1858～1928)〈雜詩‧其三〉

章一　白居易的品格風範

「千載一詩王，牛酒不飫飢」（《晚晴簃詩匯》卷一七二），這些詩作中的「詩王」，顯然也是指杜甫。成都杜甫草堂詩史堂所懸楹聯曰：「千古此詩王，流寓遍襄陽煙水，蜀道雲山，故國有思，常感秋風懷杜曲；五陵孰年少？知交只隴右詞臣，咸陽節度，京華在望，每因淚雨憶長安。」此楹聯為樊蔭孫所題。樊榕（1861～1942），字蔭孫，號退庵，直隸清苑人，早年受業於蓮池書院黃彭年、張裕釗、吳汝倫三山長，工書，光緒十九年（1893）舉人，授山西知縣。喜金石書畫收藏。主張廣開民智，實業救國，是著名實業家，有〈退庵老人墨跡〉、〈靜寄軒詩鐘〉等，事蹟見《河北清苑志》。此聯一出，「詩王」之稱，自屬杜甫無疑。聯中之「咸陽節度」，當指嚴武，「隴右詞臣」當指李白。

以上即「詩王」一稱見於中國歷代典籍的梳理。遺憾的是，尚未找到將「詩王」這一稱呼置於白居易的用例，無法為《莫礪鋒講唐詩課》添上令人滿意的出處注釋。當然，說有易說無難，只好姑且闕疑。宕開一筆，「詩王」一稱，讓人聯想到「詩天子」或「詩家天子」的同位語或同義語。盛唐詩人王昌齡（698～757），當世就曾獲得這樣的美稱，劉克莊《後村詩話》即云：「唐人琉璃堂圖以王昌齡為詩天子。」可惜「天子」，更有可能只是「夫子」之形近而訛。[02]

另一位王姓詩壇大家——王維也有「詩天子」的美譽。北宋晁說之《成州同谷縣杜工部祠堂記》云：「苟不矜實而務名，則當時王維之名出杜之上，蓋有天子、宰相之目。」南宋初葉廷珪《海錄碎事》卷十九有「詩

---

[02]《唐才子傳》：「昌齡工詩，縝密而思清。時稱『詩家夫子王江寧』，蓋嘗為江寧令。」按唐人〈琉璃堂墨客圖〉（殘本收入《吟窗雜錄》）有「王昌齡，詩夫子」之稱，應為《唐才子傳》所本，意指王昌齡詩名早著，所以因其詩名而在任上廣收徒侶，以詩法傳授於當時的訪客，擔當起詩家領域之夫子的實務。參見土夢鷗〈王昌齡生平及其詩論：王昌齡被殺之謎試解〉（《中華文化復興月刊》第13卷第7～8期，又收入《唐代研究論文集》第三輯）、卞孝萱《唐代文史論叢‧〈琉璃堂墨客圖〉殘本考釋》（山西人民出版社1986年版）。

天子」一則，引《王昌齡集》亦云：「王維詩天子，杜甫詩宰相。」[03] 有學者懷疑「似出後人依託」[04]，但參照上引晁說之的說法，即使非《王昌齡集》原文，最晚亦當為宋人語。「詩宰相」一則又謂「王禹偁云：杜甫且為詩宰相」。對此，頗有打抱不平者。如明代馮復京《說詩補遺》卷七：「古人或評云：『王維詩天子，杜甫詩宰相。』杜豈可屈居王下？若曰：『杜甫詩天子，王、高、岑詩宰相。』而乙太白為客卿，如東方生傲睨漢廷，翱翔十洲者。」清代吳喬《圍爐詩話》卷四亦曰：「唐人謂『王維詩天子，杜甫詩宰相』（按二語見《吟窗雜錄》）。今看右丞詩甚佳，而有邊幅，子美浩然如海。」沈德潛〈尚寶音農部詩序〉也說：「昔杜少陵詩，比之江河之水，葭莢泥沙，魚龍怪物，無所不有，得稱大家。而王右丞、孟襄陽，清微閒遠，並稱於天寶、大曆間，而當時品詩者，轉以右丞為詩天子，少陵為詩宰相。」（《沈歸愚全集·歸愚文續》卷八，清乾隆刻本）言外之意，頗不以為然。

當然，也有認可王維是「詩天子」者，如清人徐增（1612～?）《而庵說唐詩》卷二：「人稱摩詰『詩天子』，天子者，憑我指揮，無不如意之謂也。此真有天子氣。」同書卷二十一評〈奉和聖制上巳於望春亭觀禊飲應制〉又云：「右丞是詩，自由性格，若法不能以拘之者，此之謂詩天子。」焦袁熹（1661～1736）《論詩絕句五十二首》其七：「王維自是詩天子，穆穆垂裳宣玉音。好教杜甫作宰相，李白終當入翰林。」其八：「王維自是詩天子，天表龍姿眾目驚。人王卻拜空王座，一事還將累聖明。」（《萬首論詩絕句》，人民文學出版社1991年版，第1冊，第277頁）熊寶泰

---

[03] 李之亮校點本《海錄碎事》卷十九，中華書局2002年版，第844頁。馮惠民、李肇翔、楊夢東點校本《稱謂錄》卷二九引《小知錄》：「王昌齡、王維詩天子，杜甫詩宰相。」（中華書局1996年版）頓號當為冒號。
[04] 陳尚君《全唐詩補編》續拾卷十三，中華書局1992年版，第849頁。

章一　白居易的品格風範

(1742～1816)〈閒居戲吟・其一〉:「王維是詩天子,沈生乃意聖人。幻境空言水月,佛說亦是波旬。」[05] 洪繻(1867～1929)《洪棄生先生全集・寄鶴齋詩話》卷二:「時人稱王摩詰為詩天子,稱杜子美為詩宰相,蓋由王詩各體皆工,詞復極圓美,人人易愛。杜詩硬語盤空,措詞輒多老手頹唐,不能人人皆愛也。然至於今,讀杜者多,則唯知有詩王、詩聖,而不復知有詩天子矣。」頗有替詩天子王摩詰叫屈之嘆。

還有不置可否者,如譚獻(1832～1901)《鷗堂詩敘》:「唐人雅言:『子美為詩宰相,摩詰為詩天子。』若以輞川為度越草堂者,其旨安在?豈不以少陵言薄蘇、李,氣吞曹、劉,而以當右丞之玄箸超超,會於風雅。雖同為群言之主宰,而一出自然,一有作用。蓋近世王貽上尚書知之矣,所撰《神韻集》不傳於世。《三昧集》之指歸,實舉右丞為職志,別(黑)白而定一尊,是在心知其意者焉。」(羅仲鼎、俞浣萍點校《譚獻集・復堂文》卷一,浙江古籍出版社2012年版,上冊,第27頁)以唐人雅言和王漁洋之尊王為商榷對象,意在平衡「一出自然,一有作用」的不同特質。玄箸超超,指高超而玄妙的言論。玄箸,一作玄著,有玄遠、玄勝之意。玄,微妙;著,明顯。超超,形容高超。《世說新語・言語》:「裴僕射善談名理,混混有雅緻;張茂先論《史》、《漢》,靡靡可聽;我與王安豐說延陵、子房,亦超超玄箸。」徐震堮校箋引劉辰翁曰:「玄箸猶沈著也。」《晉書・王戎傳》作「玄著」。譚獻《明詩錄序》:「鄺露、邢昉,可謂超超玄箸矣。」玄箸又作元箸,如袁枚《隨園詩話》卷八所謂「如作近體短章,不是半吞半吐,超超元箸,斷不能得弦外之音,甘餘之味」。鄧鎔(1872～1932)《論詩三十絕句》其十九也曾以此評說元白長

---

[05] 清嘉慶性餘堂刻本《耦頤類稿》卷八,《清代詩文集彙編》第403冊,第75頁。由雲龍《定庵詩話》卷上(《民國詩話叢編》第三冊,第560頁)將此詩歸為范金鏞之作,「幻境」作「道境」。其實,范詩當為題畫之作,僅略改一字而已。

回二　樂天是不是詩王

慶集:「意雖淺陋語艱深,無限詩中揚子雲。元箸超超長慶集,白描高手畫觀音。」(《萬首論詩絕句》,人民文學出版社1991年版)而前引寶鋆(1806～1891)〈葆光道人屬題歌唐集句圖敬賦二律·其二〉所謂「合許鵝冠童子侍,超超元箸拜詩王」(《文靖公遺集》卷十,《續修四庫全書》影印遼寧省圖書館藏清光緒三十四年羊城刻本),不知所題歌唐集句圖的主角是哪個詩王。常言道,文無第一,武無第二,爭論究竟誰是詩王,並非關公戰秦瓊,其意其實是辨析後人眼中的一朝之內、兩代之間詩壇領袖的變遷。如果放在中國詩歌的發展史上看,前輩杜子美當然可以當仁不讓。儘管如此,但有一點,還是值得我們思考,為什麼白樂天也會被誤認為是「詩王」?只是因為兩位詩歌大家,不僅創作品質均屬上乘,而且數量也在伯仲之間?[06] 這是《雲仙散錄》中引錄的「聲振扶桑享天福」所引起的誤解嗎?還是廣大教化主白居易,只是在老一代「詩王」之後,被新一代文壇所推舉出來的2.0版的「詩王」?江山代有詩王出,各領風騷數百年!

---

[06]　蕭滌非主編《杜甫全集校注》收詩1,453首,謝思煒《杜甫集校注》收詩1,455首。謝思煒《白居易詩集校注》收詩2,962首。

033

章一　白居易的品格風範

章二　節氣流轉與自然風光

章二　節氣流轉與自然風光

■ 回一　憐此皓然質 —— 春隨樂天賞牡丹 ■

　　四時最好是春天。白居易筆下的大唐之春，更分外令人懷戀。他的成名作就是描寫春天的，「春風吹又生」可謂他走入大唐詩壇的第一張名片。〈錢塘湖春行〉則是杭州西湖的最佳代言。翻開《白氏文集》還會發現，春天最受詩人偏愛，單就詩題而論即可見一斑（春150首，夏35首，秋112首，冬31首）；而對「春盡日」的獨創性描寫，更熔鑄著其惜春的別樣感受，影響深遠。作為春天當仁不讓的主角，春花當然最是搶眼，正所謂春風催放春花鮮。孰非過客？花是主人。白居易是多情之人，愛花惜花是其多情的自然流露和表現。「樂天長於情，無一春無詠花之什」（宋陳振孫《白文公年譜》引《唐闕史》），這是毫無誇張的禮讚。

　　二十四番花信風。白居易詩中直接詠花者110多首，既有白槿花、白蓮花等象徵純潔的白色之花，也有紅辛夷花、紅櫻桃花等象徵熱情的火紅明豔之花，更有傲霜鬥雪、迎寒怒放的梅花。不像陶淵明僅愛菊，也不似陳子昂、張九齡獨以蘭若、桂華自比，白樂天是愛花「不限桃杏梅」（〈東坡種花二首·其一〉），「逐處花皆好」（〈櫻桃花下嘆白髮〉）。其中，作為大唐真國色的牡丹，格外為白樂天所青睞。

　　「牡丹篇詠，至唐人始盛。」（宋趙與虤《娛書堂詩話》）牡丹栽培史很早，但驚動朝野、舉世為之瘋狂，還是在大唐，所謂「自李唐來，世人甚愛牡丹」（周敦頤〈愛蓮說〉）。李樹桐、費海璣、翁俊雄、郭紹林、劉航、李雄等學者論之詳矣。然唐代牡丹詩130餘篇，白樂天一人即有12首，數量奪冠。「牡丹令人豪」（張潮《幽夢影》），白樂天曾經稱許

好友劉禹錫為詩豪，而他自己也屢為後人稱作詩豪，詩豪筆下的牡丹，風神獨妙，堪稱聲色與性情完美融合的大唐精神之寫照。

（一）直詠牡丹

「最好花常最後開」（歐陽修答王君貺句），在群芳鬥豔的花季，國色天香的牡丹總是姍姍開遲，待到她獨斷春光的時候，一春花事即告謝幕，正所謂「牡丹最貴唯春晚」（詳見拙作《白氏集還是百氏集？——兼論「牡丹最貴唯春晚」是否為白居易詩佚句》，《古籍研究》第61卷，鳳凰出版社2015年版）。多愁善感的詩人，因之倍加傷春而惜花。白居易110多首詠花詩中，詩題有「惜」字者就有12首，其中直接以「惜」字開頭者多達9首。其中最知名的就是〈惜牡丹花〉二首。其自注云：「一首翰林院北廳花下作，一首新昌竇給事宅南亭花下作。」詩云：

惆悵階前紅牡丹，晚來唯有兩枝殘。明朝風起應吹盡，夜惜衰紅把火看。

寂寞萎紅低向雨，離披破豔散隨風。晴明落地猶惆悵，何況飄零泥土中。

日月忽其不淹，春與秋其代序。唯草木之零落兮，恐美人之遲暮。花落意味著季節的輪換，連繫著歲月易逝、青春難駐之感。「可憐顏色經年別，收取朱闌一片紅」（元稹〈贈李十二牡丹花片因以餞行〉），花落往往令人倍起惜花之情，詩即以此立意。兩首分別作於不同的牡丹花下，一是值夜班時看到的「唯有兩枝殘」的衰紅，一是去同事家裡看到的「破豔散隨風」的萎紅，前者由今夜之衰想到明朝之萎，乃把火夜照，令

章二　節氣流轉與自然風光

人想起《古詩十九首》所云「人生不滿百，常懷千歲憂。晝短苦夜長，何不秉燭遊」。李白〈春夜宴諸從弟桃李園序〉徑襲為：「古人秉燭夜遊，良有以也。」在引起李白「浮生若夢，為歡幾何」深慨的桃花、李花開後，已是「一年春色摧殘盡」的暮春時節，獨看衰紅之際，白居易既無《古詩十九首》及時行樂的態度，亦無李白《古風》「三萬六千日，夜夜當秉燭」那般瀟灑浪漫，與之相似的，是好友元稹的〈牡丹二首‧其二〉「繁綠陰全合，衰紅展漸難。風光一抬舉，猶得暫時看」，以及同調王建的〈惜歡〉「歲去停燈守，花開把燭看」。白居易兩首〈惜牡丹花〉詩，兩個「惆悵」，深深隱含著詩人的哀傷。這惆悵和哀傷，後來繼續飄蕩，衍為李商隱的「客散酒醒深夜後，更持紅燭賞殘花」（〈花下醉〉），情調變得淒豔迷惘；衍為司空圖的「五更惆悵回孤枕，自取殘燈照落花」（〈落花〉），格致越加惆悵衰殘。至宋代，蘇東坡有「只恐夜深花睡去，故燒高燭照紅妝」（〈海棠〉），一下子又轉為豁達開朗；范成大有「欲知國色天香句，須是倚闌燒燭看」（〈與至先兄遊諸園看牡丹三日行遍〉），更為斬絕，真是創造性地反仿！

但不應忘記，是白樂天筆下那簇夜照衰紅的燭光，將李商隱、司空圖、蘇東坡和范成大點亮。

永貞元年（西元 805 年），34 歲的白居易在長安任校書郎，有〈看渾家牡丹花戲贈李二十〉：

香勝燒蘭紅勝霞，城中最數令公家。人人散後君須看，歸到江南無此花。

詩末所謂「歸到江南無此花」，即晚唐李咸用〈同友生題僧院杜鵑花得春字〉「牡丹為性疏南國」及其〈牡丹〉「少見南人識，識來嗟復驚」之

意。渾家，指渾瑊（736～800）家。香勝燒蘭，比喻牡丹花香氣豔麗濃烈，勝過燒燃蜜膏所製成的燒蘭，典出庾信〈燈賦〉「香添然（燃）蜜，氣雜燒蘭」。「紅勝霞」，與白居易〈憶江南〉「日出江花紅勝火」異曲同工。「令公」指中書令渾瑊。《唐兩京城坊考・卷三》朱雀門街東第四街大寧坊：「河中節度使、兼中書令渾瑊宅。」注云：「白居易有〈看渾家牡丹花〉詩，疑渾令之宅也。」劉禹錫有〈渾侍中宅牡丹〉：「徑尺千餘朵，人間有此花。今朝見顏色，更不向諸家。」又有〈送渾大夫赴豐州〉，中云：「其奈明年好春日，無人喚看牡丹花。」後一首詩題之「渾大夫」即渾瑊第三子渾鎬。可見渾家牡丹花，亦馳名長安，宜劉、白一再以之為詩料也。李二十，指李紳。元稹有〈贈李十二牡丹花片，因以餞行〉詩云：「鶯澀餘聲絮墮風，牡丹花盡葉成叢。可憐顏色經年別，收取朱欄一片紅。」李十二是「李二十」之倒錯。同為以牡丹為題寄贈李紳，同樣兩句詠物，兩句抒懷，白詩的格調氣韻明顯略勝一籌，這與白詩後兩句將視野推開不無關係，這後兩句——「人人散後君須看，歸到江南無此花」，還被後人王直方推為與「唯有牡丹真國色，花開時節動京城」媲美的描寫牡丹的佳句。

〈秋題牡丹叢〉也是直詠牡丹：

晚叢白露夕，衰葉涼風朝。
紅豔久已歇，碧芳今亦銷。
幽人坐相對，心事共蕭條。

此詩白居易集歸為感傷類，所謂「有事物牽於外，情理動於內，隨感遇而形於嘆詠者」（白居易〈與元九書〉）。作於元和五年（西元810年）秋，白居易39歲，在長安任京兆戶曹參軍、翰林學士。在一個晚秋的黃

章二　節氣流轉與自然風光

昏時分,詩人獨對牡丹花叢,只見紅豔久歇,碧芳盡銷,回想剛剛逝去的絢爛花季,令他倍起蕭條之感。幽人,一作憂人,頗有杞人憂天、我憂牡丹之意。他的好友元稹時在江陵被貶為士曹參軍,有〈和樂天秋題牡丹叢〉:「敝宅豔山卉,別來長嘆息。吟君晚叢詠,似見摧色。欲辨識後容,勤過晚叢側。」摧,意同摧頹,指摧折衰敗。敝宅即元稹靜安坊之宅,宅中植有數株牡丹。此前的元和五年(西元810年)春,時任左拾遺的白居易曾專門撰有〈微之宅殘牡丹〉:

殘紅零落無人賞,雨打風摧花不全。諸處見時猶悵望,況當元九小亭前。

所謂「殘牡丹」不是殘破之牡丹,乃剩餘未謝之牡丹。殘者,剩也。與上面提到的「晚來唯有兩枝殘」和「更持紅燭賞殘花」之「殘」同義。小亭,一作小庭。後兩句用對比和遞進,倍進一層寫微之宅之牡丹不同別處,蓋因白居易深知其好友也是多情人、惜花人。如今身在江陵貶所,元稹憶起故宅的牡丹,憶起好友的〈微之宅殘牡丹〉,憶起曾經紅妝豔麗、如今摧香銷的絕世花王,於好友之詩同聲相應、同氣相求、惺惺相惜之外,恐怕傷心人別有獨懷,別有加倍之傷懷吧。

以上是紅牡丹,白居易詩直詠牡丹的還有〈白牡丹〉:

白花冷淡無人愛,亦占芳名道牡丹。應似東宮白贊善,被人還喚作朝官。

這一首作於元和十年(西元815年),白居易44歲,正在長安任太子左贊善大夫。唐代長安豪貴多喜紅牡丹、紫牡丹,即所謂「君看入時者,紫豔與紅英」(白居易白牡丹〈和錢學士作〉),「一叢深色花,十戶中人賦」(白居易〈買花〉),不太在意素樸的白牡丹。天下文宗王維有

回一　憐此皓然質──春隨樂天賞牡丹

〈紅牡丹〉：「綠豔閒且靜，紅衣淺復深。花心愁欲斷，春色豈知心。」大曆才子盧綸有〈裴給事宅白牡丹〉：「長安豪貴惜春殘，爭玩街西紫牡丹。別有玉盤承露冷，無人起就月中看。」時稱絕唱。儘管有人以為「語句凡近」，卻正是唐代牡丹市場重深輕淺世風的真實寫照。其「無人起就月中看」的寂寞之感，正與白贊善「白花冷淡無人愛」的蕭條冷落異代而同調。南唐李中〈書小齋壁〉詩云：「其誰肯見尋，冷淡少知音。」此情此景，也是宋代詞人李光〈減字木蘭花〉所道「冷淡誰看，月轉霜林怯夜寒」的情與境，儘管憐賞的對象換成了梅花。異代不同時，懷才不遇之感，乃如斯之類似。

吳仰賢《小匏庵詩話》評云：「詠花詩刻劃顏色，易落下乘，唯唐賢最工此體。如裴士淹詠白牡丹云：『別有玉盤承露冷，無人起向月中看。』此烘托之法也。薛能詠黃蜀葵云：『記得玉人初病起，道家裝束壓襠時。』此比喻之體也。陸魯望詠白蓮花云：『無情有恨何人覺，月曉風清欲墮時。』此傳神之筆也。白樂天詠白牡丹云：『應似東宮白贊善，被人還喚作朝官。』則現身說法，自寫寄託。後操觚家，大率不能脫此諸窠臼。喜塗澤者，每用紫玉、綠珠、絳仙、息夫人等字以為效。廣平之詠梅花，其實皆筌蹄也。王漁洋詠白蓮花云：『香來月白風清裡，花放叢祠水驛前。』不脫不黏，最為高致。金匱孫平叔詠綠牡丹云：『千葉相扶不辨花。』此句不用渲染，自然移置他花不得，然亦意盡句中，不若王又曾詠白蓮花云：『莫怪花容渾似雪，看花人亦鬢成絲。』洗盡鉛華，遂推絕唱。」在白居易現身說法、自比己喻之後，白牡丹乃為素心人所留意。至晚唐，徐夤有〈追和白舍人詠白牡丹〉：「蓓蕾抽開素練囊，瓊葩薰出白龍香。裁分楚女朝雲片，剪破姮娥夜月光。雪句豈須徵柳絮，粉腮應恨帖梅妝。檻邊幾笑東籬菊，冷折金風待降霜。」其〈惜牡丹花〉，與前

引白居易〈惜牡丹花二首・其一〉韻腳相近，立意相仿，詩題亦云「惜牡丹花」，也可視為變相的追和。王貞白有〈白牡丹〉：「穀雨洗纖素，裁為白牡丹。異香開玉合，輕粉泥銀盤。時貯露華溼，宵傾月魄寒。家人淡妝罷，無語倚朱欄。」描畫更加細膩，但遠不如白詩的知名度高。正如清人吳銘道〈沈石田畫白花牡丹一枝〉所云：「老筆狂居士，清於剪水刀。白香山妙句，最潔最孤高。」

（二）借花抒情

其實，所謂直詠，並非單純詠寫牡丹，只是側重點在花而已。而借花抒情，則側重點在人。上面分析的〈秋題牡丹叢〉、〈微之宅殘牡丹〉，已顯露白居易牡丹詩裡寄寓著的與好友元稹的深摯友情。微之宅植種的牡丹，還見於白居易元和五年（西元810年）的另兩首詩。一首是元和五年春任左拾遺時所撰〈見元九悼亡詩因以此寄〉：「夜淚暗銷明月幌，春腸遙斷牡丹庭。人間此病治無藥，唯有楞伽四卷經。」另一首是元和五年秋任京兆戶曹參軍時所撰〈和元九悼往（感舊蚊幬作）〉，中云：「舊宅牡丹院，新墳松柏林。」悼亡對象是元和四年（西元809年）去世的元稹髮妻韋叢。此前的永貞元年（西元805年），白居易有〈西明寺牡丹花時憶元九〉：

前年題名處，今日看花來。
一作慈恩吏，三見牡丹開。
豈獨花堪惜，方知老暗催。
何況尋花伴，東都去未回。

詎知紅芳側，春盡思悠哉。

　　當時白居易在長安任祕書省校書郎。「前年」指貞元十九年。「一作藝香吏」，宋陳景沂《全芳備祖前集》作「一作雲遊吏」，「藝香吏」即校書郎。元、白二人俱貞元十九年（西元803年）登科，授校書郎，至永貞元年，正好三年整。去年冬，元稹赴洛陽，本年春末，猶未回長安，故詩云：「何況尋花伴，東都去未回。」西明寺，位於長安外郭城北部，在朱雀門街西第二街街西，自北向南第七坊延康坊西南隅，日僧空海曾居於此寺。西明寺的牡丹，豔絕長安，元和元年（西元806年）以前，元稹有〈西明寺牡丹〉：「花向琉璃地上生，光風炫轉紫雲英。自從天女盤中見，直至今朝眼更明。」元和四年（西元809年），白居易《新樂府‧牡丹芳》有「西明寺深開北廊」之句。〈西明寺牡丹花時憶元九〉中，真正讓作者「春盡思悠哉」者，並非牡丹花，而是昔日同尋共賞牡丹花的「尋花伴」，牡丹在這裡退居配角，成為元白友誼的見證。此詩白居易集歸為感傷類。感傷詩注重表現聚散喪亡等使人悲悼之事，意在自我排遣或與親朋摯友交流，展示的是「本我」的一面；閒適詩注重表現兼濟之志以外的獨善之義、閒適之情，意在公諸同僚，展示的是「自我」的一面；諷喻詩注重反映社會現實問題，意在奉呈皇帝進行諷諫，展示的是「超我」的一面。直到五年後的元和五年（西元810年）春，白居易在長安任左拾遺、翰林學士時，又有〈重題西明寺牡丹〉，白居易集歸為律詩，其自注云：「時元九在江陵。」

往年君向東都去，曾嘆花時君未回。
今年況作江陵別，惆悵花前又獨來。
只愁離別長如此，不道明年花不開。

章二　節氣流轉與自然風光

　　錢泳《履園談詩》云：「詠物詩最難工，太切題則黏皮帶骨，不切題則捕風捉影，須在不即不離之間。」詠物詩一般應該是體物言志，形神兼備，不黏不脫，既緊扣所詠之物的特點，又在其中有所寄寓。

　　這樣的作品，白居易集亦有，例如〈晚桃花〉：「一樹紅桃亞拂池，竹遮松蔭晚開時。非因斜日無由見，不是閒人豈得知。寒地生材遭較易，貧家養女嫁常遲。春深欲落誰憐惜，白侍郎來折一枝。」全詩著眼詩題中的「晚」字，自寫襟期，滿懷秋士遲暮之感，讀之令人惘然。王揖唐《今傳是樓詩話》稱許說：「詠物之工，此為絕調。」但〈重題西明寺牡丹〉和五年前的那首〈西明寺牡丹花時憶元九〉一樣，擺脫習規定套，捨去物態刻劃，唯存情語抒寫，不見詠物寫景，讀者難覓詩題中「牡丹」的蹤影，即使它是西明寺的驕傲、大唐春色的代表。這也可以理解吧。當我們面對良辰美景，讚嘆玩賞之餘，恐怕第一念頭就是，若能和家人親屬或知音摯友同玩共賞，那該多爽！為何當年冠蓋滿京華，而斯人獨憔悴？因為沒有太白，子美焉能不寂寞？元白貞元十九年春同登科第，俱授祕書省校書郎，始相識也，並定交分，自此「行止通塞，靡所不同；金石膠漆，未足為喻。死生契闊者三十載，歌詩唱和者九百章」（白居易〈祭微之文〉）。有過同賞牡丹花經歷的元白二人，理同境近，情亦相似。元白同賞牡丹不僅在西明寺，還有崇敬寺。元和五年，白居易〈代書詩一百韻寄微之〉「唐昌玉蕊會，崇敬牡丹期」句下自注：「唐昌觀玉蕊，崇敬寺牡丹，花時多與微之有期。」唐昌玉蕊會，還涉及元和年間的一段奇聞。康駢《劇談錄》「玉蕊院真人降」條載：

　　上都安業坊唐昌觀，舊有玉蕊花，其花每發，若瑤林瓊樹。元和中，春物方盛，車馬尋玩者相繼。忽一日，有女子，年可十七八，衣繡綠衣，乘馬，峨髻雙鬟，無簪珥之飾，容色婉約，迥出於眾。從以二女

冠，三女僕，僕者皆丱頭黃衫，端麗無比。既下馬，以白角扇障面，直造花所，異香芬馥，聞於數十步之外。

觀者以為出自宮掖，莫敢逼而視之。佇立良久，令小僕取花數枝而出。將乘馬，回謂黃冠者曰：「囊者玉峰之約，自此可以行矣。」時觀者如堵，咸覺煙霏鶴唳，景物輝煥，舉轡百步，有輕風擁塵，隨之而去。須臾塵滅，望之已在半天，方悟神仙之遊。餘香不散者，經月餘日。時嚴給事休復、元相國、劉賓客、白醉吟，俱有〈聞玉蕊院真人降〉詩。嚴給事詩曰：「味道齋心禱至神，魂消眼冷未逢真。不如滿樹瓊瑤蕊，笑對藏花洞裡人。」又云：「羽車潛下玉龜山，塵界無由睹蕣顏。唯有無情枝上雪，好風吹綴綠雲鬟。」元相國詩曰：「弄玉潛過玉樹時，不教青鳥出花枝。的應未有諸人覺，只是嚴郎卜得知。」劉賓客詩云：「玉女來看玉樹花，異香先引七香車。攀枝弄雪時回首，驚怪人間日易斜。」又云：「雪蕊瓊絲滿院春，羽衣輕步不生塵。君王簾下徒相問，長記吹簫別有人。」白醉吟詩云：「嬴女偷乘鳳去時，洞中潛歌弄瓊枝。不緣啼鳥春饒舌，青瑣仙郎可得知。」

這如真似幻的奇聞，也是元、白共同擁有的美好回憶。只是奇聞發生的時間「元和」當為「大和」，具體而言應是大和三年（西元829年）。二人集中歌詠牡丹之作都很多，正源於其中多有二人的美好回憶。良辰美景獨自賞，賞心樂事誰堪伴？五年前，君在洛陽，吾在長安。如今，吾再訪牡丹，君更遠在江陵。牡丹再好，可奈何無君共賞；重逢有日，猶難料可值花期？「眼看吹落地，便別一年春」，這是元稹〈牡丹二首·其一〉的詩句，適可移栽此處，聊解樂天的「惆悵花前又獨來」。

「今年況作江陵別」之「況」字，頗堪玩味，白居易詩頗愛用此連詞，在對比之間更遞進一層。如前面〈微之宅殘牡丹〉「況當元九小亭前」，有時徑曰「何況」，如前面〈西明寺牡丹花時憶元九〉「何況尋花

章二　節氣流轉與自然風光

伴」,〈惜牡丹花・其二〉「何況飄零泥土中」。

　　散見於白居易集中的詠牡丹詩句,也多是借花抒情,作為背景或點綴。例如「應過唐昌玉蕊後,猶當崇敬牡丹時」(〈自城東至以詩代書戲招李六拾遺崔二十六先輩〉)、「數日非關王事系,牡丹花盡始歸來」(〈醉中歸盩厔〉)、「奔車看牡丹,走馬聽秦箏」(〈鄧魴、張徹落第〉)、「攀枝摘櫻桃,帶花移牡丹」(《秦中吟十首・傷宅》)、「醉嬌勝不得,風裊牡丹花」(《燕子樓》詩序)、「荔枝非名花,牡丹無甘實」(〈嘆魯二首・其二〉)、「花房膩似紅蓮朵,豔色鮮如紫牡丹」(〈畫木蓮花圖寄元郎中〉)等,從元和元年(西元806年)到元和十四年(西元819年),從長安到盩厔,再到江州、忠州,牡丹的國色天香,始終伴隨著白居易。

■ (三) 意在諷喻

　　「樂天因事託諷,殆得風人之遺者,又不獨以其善詠物也。」(佟賦偉《二樓紀略》卷四)白居易詩在後世詩歌發展史上重要的影響和貢獻有二:一是早年倡導諷喻詩創作,掀起一場新樂府運動;二是晚年實踐閒適詩創作,樂天知命,獨善其身,對孟子「窮則獨善其身,達則兼濟天下」加以實踐、發揮和改造。所謂諷諭,亦作諷喻,是指託辭婉勸,也就是用委婉的言語進行勸說。

　　把諷喻引入牡丹詩,並非白居易首創,但是發揚光大之功,舍白莫屬。白居易詠寫牡丹之詩十餘首,篇幅較長的三首均為諷喻詩。先來看〈白牡丹(和錢學士作)〉:

　　　　城中看花客,旦暮走營營。素華人不顧,亦占牡丹名。
　　　　閒在深寺中,車馬無來聲。唯有錢學士,盡日繞叢行。

憐此皓然質，無人自芳馨。眾嫌我獨賞，移植在中庭。
留景夜不暝，迎光曙先明。對之心亦靜，虛白相向生。
唐昌玉蕊花，攀玩眾所爭。折來比顏色，一種如瑤瓊。
彼因稀見貴，此以多為輕。始知無正色，愛惡隨人情。
豈唯花獨爾，理與人事並。君看入時者，紫豔與紅英。

錢學士，指翰林學士錢徽。此詩元和三年至六年作於長安。如果說前面那首七絕〈白牡丹〉「白花冷淡無人愛，亦占芳名道牡丹」，是寫給自己的，自況自嘲，借白牡丹受到的冷淡，對眼下的境遇發一發牢騷，對未來的仕途一擔杞憂，那麼這首五古〈白牡丹〉則是寫給同事的，已經因同病相憐而推己及人，由花而入人情，再由人情推至物理，即詩中所云「豈唯花獨爾，理與人事並」。白居易的諷喻詩，特別善於運用對比手法。這首〈白牡丹〉亦然，一層對比是在「看花客」與「錢學士」之間，另一層對比是在白牡丹和深色牡丹之間──「彼因稀見貴，此以多為輕」。入時者乃紫豔與紅英，攀玩眾所爭；我獨賞者乃素華皓然質，正色自芳馨。其中「留景夜不暝」四句，刻劃出錢學士對白牡丹的傾情之戀，值得圈點。「留景夜不暝」與白居易「夜惜衰紅把火看」的愛之狂堪相比，「迎光曙先明」點出白有白的特點，不亞於「紫豔與紅英」的光芒，「對之心亦靜，虛白相向生」，賞花而能入人心，悟道理──虛白，典出《莊子‧人間世》「虛室生白，吉祥止止」，謂心中純淨無欲。

再來看《秦中吟十首》中的〈牡丹〉：

帝城春欲暮，喧喧車馬度。
共道牡丹時，相隨買花去。
貴賤無常價，酬直看花數：

章二　節氣流轉與自然風光

> 灼灼百朵紅，戔戔五束素。
> 上張幄幕庇，旁織笆籬護。
> 水灑復泥封，移來色如故。
> 家家習為俗，人人迷不悟。
> 有一田舍翁，偶來買花處。
> 低頭獨長嘆，此嘆無人喻：
> 一叢深色花，十戶中人賦！

　　詩題從《才調集》，白居易集題為〈買花〉。元和三年或四年作於長安，時任左拾遺、翰林學士。這是一首頗有敘事因素的諷喻詩，在主角──面朝黃土背朝天的「田舍翁」出現之前，是敘事發展的第一個階段，寫京城貴遊買花。「帝城」點出事件發生的地點，「春欲暮」點出時間。芳春欲暮之時，田裡正青黃不接，農事加倍繁忙，而京城貴遊所在的長安城中，卻是車馬喧喧，雜遝馳過，爭相買花，一派男顛女狂，笑語歡呼。這景象可以引白居易《新樂府・牡丹芳》「花開花落二十日，一城之人皆若狂」、劉禹錫〈賞牡丹〉「唯有牡丹真國色，花開時節動京城」、白派及門弟子徐凝〈寄白司馬〉「三條九陌花時節，萬馬千車看牡丹」、王叡〈牡丹〉「牡丹妖豔亂人心，一國如狂不惜金」共參，白居易晚輩李肇《唐國史補》亦可互證：「京城貴遊，尚牡丹三十餘年矣。每春暮，車馬若狂，以不耽玩為恥。執金吾鋪官圍外寺觀，種以求利，一本有值數萬者。」灼灼，形容鮮豔光彩，戔戔，典出《易經・賁卦》「六五，賁於丘園，束帛戔戔」。朱熹本義：「戔戔，淺小之意。」一說為堆積貌，形容眾多的樣子，見李鼎祚集解引馬融注。這裡應取後一種解釋。一株開了百朵花的紅牡丹，價值相當於五束白絹，何等昂貴！那麼「上張幄

幕庇，旁織笆籬護。水灑復泥封，移來色如故」，其珍惜無異珠寶，自不言而喻。「上張幄幕庇」，即《新樂府·牡丹芳》所云「共愁日照芳難駐，仍張帷幕垂陰涼」。以上均為客觀描繪，至「人人迷不悟」，始露作者傾向。酒不醉人人自醉，花不迷人人自迷。正如馮班評《才調集》所云：「白公諷刺詩，周詳明直，娓娓動人，自創一體，古人無是也。凡諷喻之文，欲得深隱，使言者無罪，聞者足戒。白公盡而露，其妙處正在周詳，讀之動人，此亦出於《小雅》也。」

敘事發展的第二個階段，田舍翁，也就是莊稼漢出場，他一句話都沒說，但一聲長嘆，卻蘊含著身後觀察者白居易作為左拾遺、翰林學士的全部深思。如果這深思，戛然而止於此，作為詩人已經可以收筆了。不過作為「忝備諫官位」的左拾遺、作為翰林學士，他還需要盡而又露，才能使聞之者戒，「權豪貴近者相目而變色」，因此也就「但傷民病痛，不識時忌諱」（〈傷唐衢·其二〉）了。不僅如此，結尾十字，揭出作詩本旨，乃振聾發聵之名言，「勁直沉痛，詩到此境，方不徒作；若概以淺率目之，則謬矣」（潘德輿《養一齋詩話》卷十）。《漢書·文帝紀》載：「百金，中人十家之產也。」，「中人」語本此。《新唐書·食貨志》載，唐初，授田一頃者，每年輸粟二斛，稻三斛，絹二匹，綾二丈，棉三兩，麻三斤；不產絲麻之地，折銀十四兩。此外還有徭役，中唐之後，剝削更多。以此推算，十戶中人的賦稅錢以萬計（千錢為一貫）。後來鄭遨樂府舊題短詩〈富貴曲〉「美人梳洗時，滿頭間珠翠。豈知兩片雲，戴卻數鄉稅」，正從「一叢深色花，十戶中人賦」而來。而從謝賜履〈帝京元夕〉尾句「莫道驕奢讓往年，一燈尚費中人產」，也可看出《秦中吟》的諷喻精神在清代得以重光！這正如清人王必達〈牡丹三絕句〉所云：「一叢深色中人賦，

章二　節氣流轉與自然風光

試詠看花白傅篇。」

最後來看《新樂府·牡丹芳》：

牡丹芳，牡丹芳，黃金蕊綻紅玉房。千片赤英霞爛爛，百枝絳點燈煌煌。照地初開錦繡段，當風不結蘭麝囊。仙人琪樹白無色，王母桃花小不香。宿露輕盈泛紫豔，朝陽照耀生紅光。紅紫二色間深淺，向背萬態隨低昂。映葉多情隱羞面，臥叢無力含醉妝。低嬌笑容疑掩口，凝思怨人如斷腸。濃姿貴彩多媚體信奇絕，雜卉亂花無比方。石竹金錢何細碎，芙蓉芍藥苦尋常。遂使王公與卿士，遊花冠蓋日相望。庫車軟輿貴公主，香衫細馬豪家郎。衛公宅靜閉東院，西明寺深開北廊。戲蝶雙舞看人久，殘鶯一聲春日長。共愁日照芳難駐，仍張帷幕垂陰涼。花開花落二十日，一城之人皆若狂。三代以還文勝質，人心重華不重實。重華直至牡丹芳，其來有漸非今日。元和天子憂農桑，恤下動天天降祥。去歲嘉禾生九穗，田中寂寞無人至。今年瑞麥分兩岐，君心獨喜無人知。無人知，可嘆息。我願暫求造化力，減卻牡丹妖豔色。少回卿士愛花心，同似吾君憂稼穡。

這是白居易詠牡丹詩最長的一首，也是唐牡丹詩篇幅之冠，長達49句327字。元和四年（西元809年），白居易在長安任左拾遺、翰林學士時所作。詩序云：「美天子憂農也。」諷喻詩將「所遇所感」發於「美刺興比」，並非都是投槍匕首，直刺現實，揭露黑暗，也有頌美，也就是委婉地進諫。平心而論，白居易進諫的對象唐憲宗算是個奮發有為的皇帝，在元和初年，憲宗勵精圖治，廣開言路，信用裴垍、李絳等忠介之士，一改德宗時代廢相權一攬天下細務的做法，推心委政事於宰相。同時，察納雅言，虛心求諫，故而白居易等人雖常常言語激切，仍獲憲宗優容。國家政治因此一度回到正軌，史稱「元和中興」。詩中所云「元和天

子憂農桑，恤下動天天降祥」、「去歲嘉禾生九穗」、「今年瑞麥分兩岐」，稽之史籍無可考實，唯《唐會要》載「元和二年八月，中書門下奏，諸道草木祥瑞及珍禽異獸等，准永貞元年八月敕。自今以後，宜並停進者。伏以貢獻祥瑞，皆緣臘饗告廟，及元會奏聞，若例停奏進，即恐闕於盛禮，准儀制令。其大瑞即隨表奏聞，中瑞下瑞，申報有司。元日聞奏，自今以後，望准令式，從之。七年十一月，梓州上言，龍州界嘉禾生，有麟食之。每來，一鹿引之，群鹿隨焉，光華不可正視，使畫工就圖之，並嘉禾一函以獻」，或可參看。

　　全詩用三分之二篇幅極寫牡丹之穠麗，「絕道花之妖豔」（《容齋隨筆》卷二），雕鏤萬狀，如化工肖物，其中「紅紫二色間深淺，向背萬態隨低昂」，形態與色澤並勝，「映葉多情隱羞面，臥叢無力含醉妝」，反李白〈清平調〉以花寫人之道，而擬人寫花，花容將人意同醉，為詩評家所津津樂道。直至「花開花落二十日，一城之人皆若狂」兩句精彩絕倫之筆，方稍稍收束了這場大唐牡丹的饗餮之賞。以下轉入美刺興比，《唐宋詩醇》析云：「忽接『三代以還文勝質』四句，迂腐語聳然奪目。下乃接『元和天子憂農桑』一段正意，便覺峭折有波瀾。若低手為之，則一直說下耳。」這首詩可謂全面反映了中唐社會牡丹在世人，尤其是文人士子中的不二地位。首先，人們對牡丹的觀感更加細膩，牡丹的嬌豔與姿容無不展現得更為細微。其次，人們對牡丹的熱愛堪超盛唐，「花開花落二十日，一城之人皆若狂」，這種滿城迷狂，即使盛唐詩人筆下也未看到。再次，對牡丹的痴迷反映的是人心的尚華不實，所謂「重華直至牡丹芳，其來有漸非今日」，華而不實的風氣是逐漸累積下來的，到了中唐漸至頂峰，這樣的社會風氣對於農業社會來說弊害可想而知。對於李唐這樣

章二　節氣流轉與自然風光

一個農業大國，對農桑的重視應該遠超過對牡丹的重視，這是本和末問題。最後，白居易身兼左拾遺和翰林學士，同時又是心靈敏感的年輕詩人，更清楚地感覺到不良的社會動向，意識到應該加以調整。從頌美天子的角度來提出，比自己站出來疾呼，要有效得多。而「我願暫求造化力，減卻牡丹妖豔色」，希望藉助造化的神力，減卻牡丹的妖嬈之色，使社會戒除奢靡浮華的不良風氣，而對農桑更加重視，自是詩人浪漫之口吻。在白居易和同代詩人其他牡丹詩中，這一立意也有不同程度的表達，只是在《新樂府・牡丹芳》中表現得尤為完整和真切。紅牡丹與白牡丹、華與實、牡丹與農桑、奢靡與節儉，一組組鮮明的對比，正是中唐社會的真實寫照。

　　唐憲宗沒有回應白居易的頌美，倒是千年後的清高宗在詩歌史上獨一無二地回應了白居易的「願」。弘曆在避暑山莊長夏消暇之餘，撰〈用白居易新樂府成五十章並效其體〉，序云：「白居易新樂府五十章，少即成誦。喜其不尚辭藻，而能記事實，具美刺；一代政要，略見梗概，有《三百篇》之遺意，所謂為君臣民物而作，不為文而作，非虛言也。⋯⋯諸政之餘，積以月餘而成，讀者亦不必以重儓議之矣。」其〈牡丹芳〉詩云：「牡丹芳，世人甚愛牡丹自李唐。譜傳其名，蓋不可以屈指數。縱有繪事，誰能貌其豐韻與豔香。上始紫禁下朱邸，無論寺觀及村莊。開落二十日之內，舉國遊人誠若狂。牡丹芳，元和天子憂農務，不賞牡丹，唯是農務覈。一念之誠天降祥，瑞麥兩岐為表揚。是以白傅因有牡丹芳之章，乃至願減牡丹色，以回卿士愛花心。心其君心憂稼穡，我聞此語增嘆息。白傅豈弗列乎卿士中，豈弗聞風行草偃，君令而臣從，弗愛牡丹唯憂農。君心如是臣心猶弗格而移，世道人心日流日下斯可知。」臣子頌美其作「洵足藻金石，而絣萬祀」，但歷史證明，其詩品之庸劣，堪與

其書品共比,這裡就不予置評了。還是宋代翰林學士李昉說得好:「白公曾詠牡丹芳,一種鮮妍獨異常。眼底見伊真國色,鼻頭聞者是天香。」

另,有一首〈牡丹〉:「絕代只西子,眾芳唯牡丹。月中虛有桂,天上謾誇蘭。夜濯金波滿,朝傾玉露殘。性應輕菡萏,根本是琅玕。奪目霞千片,凌風綺一端。稍宜經(一作霑)宿雨,偏覺耐春寒。見說開元歲,初令植御欄。貴妃嬌欲比,侍女妒羞看。巧類鴛機織,光攢麝月團。暫移公子第,還種杏花壇。豪士傾囊買,貧儒假乘觀。葉藏梧際鳳,枝動鏡中鸞。似笑賓初至,如愁酒欲闌。詩人忘芍藥,釋子愧旃檀。酷烈宜名壽,姿容想姓潘。素光翻鷺羽,丹豔挩雞冠。燕拂驚還語,蜂貪困未安。倘令紅臉笑,兼鮮翠眉攢。小長呈連萼,驕矜寄合歡。息肩移九軌,無脛到千官。日曬香房拆,風披蕊粉乾。好酬青玉案,稱貯碧冰盤。璧要連城與,珠甚十斛判。更思初甲坼,那得異泥蟠。騷詠應遺恨,農經只略刊。魯般雕不得,延壽筆將殫。醉客同攀折,佳人惜犯干。始知來苑囿,全勝在林巒。泥滓常澆灑,庭除又綽寬。若將桃李並,方覺效顰難。」唐牡丹詩中,這首五言排律篇幅僅次於白居易《新樂府・牡丹芳》,前兩句流傳頗廣。據「見說開元歲」、「貴妃嬌欲比」,乃追敘開元間李楊情事,當為中晚唐詩。明代薛鳳翔《亳州牡丹史》卷四、明代王志慶編《古儷府》卷十二、清代汪灝等撰《御定佩文齋廣群芳譜》卷三四、清代陳夢雷編《古今圖書整合・博物彙編・草木典》卷二八九「牡丹部・藝文二」四均署名白居易作,但《白居易集箋校》及《白居易詩集校注》皆未收。考此詩最早出處乃《文苑英華》。《文淵閣四庫全書》本《文苑英華》卷三二一題李商隱作。中華書局影印本(宋殘本補配明本)《文苑英華》卷三二一此詩詩題處標「同前」,作者處空白,前一首詩題處標〈牡丹〉,作者處亦空白,核對內容應為李商隱詩。《文淵閣四庫全書》

章二　節氣流轉與自然風光

本誤讀「同前」，於是歸於李商隱名下。而中華書局影印本《文苑英華》目錄則署名盧肇作，所據應為傅增湘《文苑英華校記》：「同前，下有盧肇。」陳尚君《全唐文續拾》卷三一亦收錄於盧肇名下。《文苑英華》卷三二一李商隱〈牡丹〉詩之前為白居易〈惜牡丹花〉二首，李商隱〈牡丹〉詩未署名，薛鳳翔等誤讀「同前」，於是歸於白居易名下。

　　綜上，狀物、抒情與諷喻，這三點就是白居易筆下的 12 首詠牡丹詩的主要招數，這也可以說是《全唐詩》全部 140 餘篇牡丹詩的主要招數。但白詩自有其獨特個性，例如手法上，善用對比，愛用遞進，側面烘托，多方比喻，傳神寫照，現身說法，自寫寄託，巧用擬人，不脫不黏，詩風淺切，語詞平易。牡丹本是一種自然存在物，而成為詩歌意象，便有了詩人的審美過濾和情感投入。詩中的牡丹意象，不僅呈現著詩人對牡丹的讚賞，而且寄託著詩人特殊的人生感慨和社會思考。同時，牡丹意像在唐詩中的發展變化，反過來也折射了唐代不同時期的士子文化心態。值得補充的是，白居易不僅愛牡丹，惜牡丹，賞牡丹，詠牡丹，而且還親自動手移栽牡丹。其〈移牡丹栽〉云：

　　金錢買得牡丹栽，何處辭叢別主來？紅芳堪惜還堪恨，百處移將百處開。

　　牡丹栽，也叫牡丹栽子，或稱花篦子，即野生牡丹幼株，加以嫁接，培植一年，開花更佳。歐陽脩《洛陽牡丹記》載：「大抵洛人家家有花，而少大樹者，蓋其不接則不佳。春初時，洛人於壽安山中斫小栽子賣城中，謂之山篦子。人家治地為畦塍，種之，至秋乃接。」有人以為這是一首諷喻詩，借花喻人，諷刺那些棄舊恩媚新主者，這未免深文周納了。作為名貴花卉，被人買賣移栽、培育欣賞，自是無可非議。非要將紅芳理解為屈於金錢、樂意任人擺布者，未免堪惜堪恨。

回一　憐此皓然質─春隨樂天賞牡丹

　　唯有牡丹真國色，詩豪吟詠妙風神。杭州虛白堂前的牡丹，相傳是白樂天手植。唐范攄《雲溪友議》所載頗具傳奇色彩的徐凝、張祜較文公案，開篇就事關杭州牡丹。本來杭州並無牡丹，長慶中，開元寺僧惠澄自京師查德一本，始栽植於庭，謂之洛花。時春景方深，惠澄設油幕以覆其上，牡丹自此東越分而種之。徐凝〈題開元寺牡丹〉云：「此花南地知難種，慚愧僧閒用意栽。海燕解憐頻睥睨，胡蜂未識更徘徊。虛生芍藥徒勞妒，羞殺玫瑰不敢開。唯有數苞紅萼在，含芳只待舍人來。」張祜亦有〈杭州開元寺牡丹花〉：「濃豔初開小藥欄，人人惆悵出長安。風流卻是錢塘寺，不踏紅塵見牡丹。」白居易來到開元寺看牡丹花，乃命徐凝同醉而歸。「唯有數苞紅萼在，含芳只待舍人來」，可謂是恰到好處的恭維。至宋代，杭州牡丹漸多，而吉祥寺獨盛。蘇軾通判杭州時，有《牡丹記敘》，略云：「熙寧五年三月二十三日，予從太守沈公觀花於吉祥寺僧守璘之圃。圃中花千本，其品以百數。酒酣樂作，州人大集，金盤彩籃，以獻於座者五十有三人。飲酒甚樂，素不飲者皆醉。自輿臺皁隸，皆插花以從，觀者數萬人。」可謂盛矣。歷史上，蘇軾是白居易詩風最合適的承繼者，即使僅僅限於牡丹這個小小的窗口，也可領略大唐的無限春光，以及那一脈相承的絕世花王真國色的風神！

杭州醉白樓

章二　節氣流轉與自然風光

回二　明月照千古 —— 與樂天相約中秋

　　時光之輪滾滾向前，轉眼又是一年的秋天。中秋在即，秋分亦將至。漢代大儒董仲舒《春秋繁露·陰陽出入上下》裡說：「至於中秋之月，陽在正西，陰在正東，謂之秋分。秋分者，陰陽相半也，故晝夜均而寒暑平。」是的，這是寒暑平衡的節點，陰與陽勢均，夜與晝等長，光明與黑暗在此平分秋色，正所謂「半江瑟瑟半江紅」，在呈現均衡之美的同時，也悄悄提醒著人到中年的你我 —— 人生至此過半，節候今日秋分。

　　年年歲歲秋相似，歲歲年年月不同。值此中秋佳節，欣逢三五夜中的新月，正所謂「此夜十分滿，中秋萬古情」（王寂〈中秋月下有感戲效樂天〉）。東坡曾云：「何夜無月？」不妨引申一下：何地無月？由時間轉為空間，為的是引出這裡要談的，在琵琶亭裡賞月。

　　距今 1205 年前，深秋的一個傍晚，一帆客船，停泊在潯陽江岸。船篷裡透出燈光，微弱而慘淡。寒蟬悽切，漁舟唱晚，岸邊的楓樹上紅葉絢爛。與水中蘆荻一起，點綴著秋色，映襯著離帆。這時，被貶為江州司馬的白樂天，送客來到江邊。主客登船飲酒，酒過三巡，珍重的話，恰好已經說完；但離別的悲嘆，似乎還壓在心田。推窗望去，水波微瀾，寒江茫茫，一輪明月浸在江間。

　　忽然，水上傳來動人的琵琶聲。詩人和他的朋友都聽得入迷了，一彈流水一彈月，半入江天半入雲。順著聲音找去，原來是一位獨守空船的婦人，用琵琶排遣自己的寂寞和哀愁。於是，詩人移船相近，邀請她過來相見，並且撥亮燈火，重新安排了酒宴。這琵琶女帶著幾分羞怯，推辭著，遷延著，醞釀著，「千呼萬喚始出來，猶抱琵琶半遮面」……彼

此不交一言,琵琶代替了交談。隨著「大珠小珠落玉盤」,最後轉為「此時無聲勝有聲」,江邊的背景,也由「別時茫茫江浸月」轉為「唯見江心秋月白」,琵琶女自述身世,又轉為「春花秋月何時了」,「春江花朝秋月夜」。幾度出現的月色,烘托著詩意,映襯著詩情,成為這首千古名篇的一個亮點。

一曲琵琶萬古情。白居易的〈琵琶行〉流傳千古,於是又有了琵琶亭。琵琶亭在江西九江,正是「潯陽江頭夜送客」那個地方,正因白居易〈琵琶行〉而修建。建亭時間最遲是在北宋,因為北宋仁宗朝的宰相夏竦已有〈題江州琵琶亭〉詩作,留存至今。緣事成詩,因詩建亭;亭借詩宣,詩因亭傳。在白居易留下的眾多詩跡中,琵琶亭的知名度可謂首當其選。

登亭四望,極目長天;前臨長江,後對廬山;左有千重古木,右為萬井人煙。亭園迴廊旋繞,境極幽曠。凡舟過九江,多半要來琵琶亭踏訪。據拙編《白居易資料新編》,今存琵琶亭詩詞近千首,其中以琵琶亭為題者近半;圍繞敘寫故事與遺跡詠懷兩大主題,從〈琵琶行〉原作所抒發的天涯淪落之感,逗惹出不同身世境遇詩人的千姿百態的情感取向,是白居易接受史上一道亮麗的風景線。

近千年前,歐陽脩落第還鄉途中,經過九江,寫下〈琵琶亭上作〉:

九江煙水一登臨,風月清含古恨深。溼盡青衫司馬淚,琵琶還似雍門琴。

抒發登臨懷古之情,雖情調略有感傷,但詩人當時畢竟年輕,哀而無怨。「雍門琴」用雍門子周以善琴見孟嘗君的典故,借指哀傷的曲調。

章二　節氣流轉與自然風光

今徐州城東南有雍門村，相傳即其鼓琴之地。昔雍門子以琴見孟嘗君，陳辭通意，撫心發聲，孟嘗君為之增欷歍唈，流涕交橫，韓娥曼聲，哀哭十里，老幼悲愁，垂涕相對，三日不食；還為曼聲，長歌十里，長幼喜躍抃舞，難以自禁。白樂天溼盡青衫，傾情之程度，歐陽脩認為不亞於此。九年後，歐陽脩被貶夷陵（今湖北宜昌），途經長江，再過潯陽，中秋節前不久，重登琵琶亭，又寫下一首〈琵琶亭〉詩：

〔明〕仇英人物故事冊《潯陽琵琶》

> 樂天曾謫此江邊，已嘆天涯涕泫然。今日始知予罪大，夷陵此去更三千。

和樂天相似，歐陽脩被貶也是因為「越職言事」，所以同病相憐，不免倍感淒涼。根觸天涯的遷謫之恨，意在言外，十分顯豁，可謂哀而含怨。若非真情流露，何以如此傷感？連繫歐陽脩〈玉樓春〉亦有「露溼潯陽江上月，不知商婦為誰愁」之慨，於是奠定了琵琶亭裡賞月的一個基調——同情之理解。

宋代女詩人葉桂女，也對白樂天報以同情之理解——「樂天當日最多情，淚滴青衫酒重傾。明月滿船無處問，不聞商女琵琶聲」[07]。江西人劉敞（西元1019～1068）則寫道：「江頭明月琵琶亭，一曲悲歌萬古情。欲識當時斷腸處，只應江水是遺聲。」（《公是集》卷二八〈琵琶亭〉）南

---

[07] 劉攽《中山詩話》引：《歷代詩話》，中華書局1997年版，第297頁。《宋詩紀事》卷八十七題為〈琵琶亭〉，《御選宋詩》卷七十五題為〈題琵琶亭〉。《中山詩話》於「葉氏女」注云：「名桂女，字月流。」不聞，《詩話總龜前集》卷十五〈留題門〉上引《古今詩話》作「更聞」。

宋詞人張孝祥（1132～1170）詠嘆說：「江州司馬舊知音，流落江湖感更深。萬裡故人明月夜，琵琶不作亦沾襟。」（《于湖集》卷十一〈琵琶亭二首・其一〉）可見，因地近長江的空間之便，在琵琶亭裡吟賞明月，相沿成為琵琶亭詩詞的常見之景。

今月曾經照古人，古今嬋娟是一輪。琵琶亭賞月，最好當然是在中秋。相比於春月，例如〈春江花月夜〉裡「落月搖情滿江樹」的春情氾濫，中秋之月，更加溫馨清亮，最適宜家人團聚，也適合思索人生。就像前人說的那樣：琵琶一樣聽來慣，聽到潯陽便有情。人類的情思總有著適合其發展的空間和時間。一年四季，十二個月，每個月都有月圓，但只有中秋的月圓，最為特別；因為它不僅是整個秋季的中間點，也是一年寒暑轉換的關節點。所以白居易寫到中秋，〈八月十五夜聞崔大員外翰林獨直對酒玩月……〉就說：

秋月高懸空碧外，仙郎靜玩禁闈間。歲中唯有今宵好，海內無如此地閒。

這是在長安，賞月地點是翰林院，清景如現，且意境遙深。「歲中唯有今宵好」，點題點得真妙。還有也是在長安的〈華陽觀中八月十五日夜招友玩月〉：

人道中秋明月好，欲邀同賞意如何？華陽洞裡秋壇上，今夜清光此處多。

賞月地點轉到了華陽觀，也是白居易年輕時寫下的。詩味雋永，且渾健有力。中秋月，既是時間上的八月十五夜晚，又是空間上的圓月夜空，兩者之間有著必然連繫，圓月當空的清境，是人們對八月十五夜最為深刻的印象，而華陽觀這一地點，對白居易而言又有著不同尋常的紀

章二　節氣流轉與自然風光

念意義，他和好友元微之應試制舉，就在長安華陽觀。所以，一提到和朋友中秋賞月，首先就會想到約在華陽觀。還有〈八月十五夜禁中獨直對月憶元九〉：

銀臺金闕夕沉沉，獨宿相思在翰林。三五夜中新月色，二千里外故人心。

掛念遠在兩千里地之外江陵的好友元稹，所謂明月千里寄相思，雖清光不同見，然心意無兩端。中年時期，元和十二年（西元817年），白居易在江州作有〈中秋月〉：

萬里清光不可思，添愁益恨繞天涯。誰人隴外久征戍？何處庭前新別離？失寵故姬歸院夜，沒蕃老將上樓時。照他幾許人腸斷，玉兔銀蟾遠不知。

中間兩聯四句，備述雖值佳節，然世間每每有失意者，最後，以照人腸斷的明月來開解人世間的遺憾。正所謂：悲歡人自爾，月是一般明。

第二年，元和十三年（西元818年），白居易又作有〈八月十五日夜湓亭望月〉：

昔年八月十五夜，曲江池畔杏園邊。今年八月十五夜，湓浦沙頭水館前。西北望鄉何處是，東南見月幾回圓？臨風一嘆無人會，今夜清光似往年。

詩題中的湓亭，應該正是後來琵琶亭的原型，這是他在江州回憶在京城長安的曲江池畔、杏園之邊的同一輪明月。結尾，那淡淡的感嘆，雖歷經一千二百多年的風煙，依然迴盪在每個有心的知音者心頭。

大和八年（西元834年），晚年的白樂天安居洛陽，又寫下〈八月十五日夜同諸客玩月〉：

月好共傳唯此夜，境閒皆道是東都。嵩山表裡千重雪，洛水高低兩顆珠。清景難逢宜愛惜，白頭相勸強歡娛。誠知亦有來年會，保得晴明強健無？

暮年心境，又別是一番風景。人間無歲不中秋，明月看人漸白頭。可見，中秋之月，是白樂天創作生涯裡貫穿始終的一個意象，其中寄寓著他的親情，他的友情，他的鄉情⋯⋯人有悲歡離合，月有陰晴圓缺，此事古難全。所以，但願人長久，千里共嬋娟，這是千百年來人們共同的美好心願。

琵琶亭裡話中秋，難以避開適與白樂天同壽的一位清代九江關督，他就是唐英（1682～1756），這位清代罕見的全才型官員，在詩文、戲曲、書畫、篆刻、陶藝、收藏和語言學等眾多領域均頗有建樹。他素仰樂天文章風雅，稱其「文章風雅即吾師」（〈琵琶亭樂天祠小跋〉），來到江州任職，駐節琵琶亭附近，不忍古蹟荒落，於是捐出自己的俸祿，重葺琵琶亭，在亭園裡還興建了樂天先生祠，壁刊樂天先生遺像，說：「余茲建此祠，而範此道貌者，實由仰其才德，寓私淑於瓣香，為天下後世之才德似先生者，留一風雅楷模。」（〈琵琶亭樂天先生祠像告竣小詩志事序〉）唐英不僅重修琵琶亭，而且還撰有〈重建琵琶亭自記〉，並手書〈琵琶行〉，勒諸石，左建樓，手書「到此忘機」、「江天遺韻」、「忘機閣」以及「殘月曉風」、「大江東去」等，榜於琵琶亭。

其自撰琵琶亭詩100多首，還在琵琶亭壁間左右懸置詩板，供文人雅士、遊人過客留題，上懸匾額「風雅長留」，不愧是「喜附人文作勝遊」的一位風雅關督。身為優秀的藝術家，唐英是琵琶亭物質文化與精神文化的雙重建設者，樂樂天之所樂，而無須憂樂天之所憂，由此以文采風流著稱於世。

章二 節氣流轉與自然風光

〔明〕董其昌〈琵琶行〉

275年前的中秋,唐英接連寫下三題四首七律(〈中秋日同事諸君子有琵琶亭之遊余以病目不得附驥悵而有作〉二首、〈中秋病目憶琵琶亭用張蕉衫中秋讌集原韻〉、〈和前韻送別〉),表達因為眼病,無法偕同事諸君子至琵琶亭共賞中秋之月的遺憾,嗟嘆道:「一年好景成虛度。」同時宣稱:「但有照心千古月,何須放眼半分秋。」在匡山潯水間處處留下遺跡的先賢白樂天,對在此間任職多年的唐英影響至深。他編刻的《輯刻琵琶亭詩》(清乾隆十一年古柏堂刊本),也拉近了我們與大唐詩壇教化主白居易的距離。

人間無歲不中秋,明月看人漸白頭。不久前,與一位女編輯相識,她剛剛編輯了《一陽來復》這本書,作者是去年過世的井波律子,一位博學、溫情又充滿生活樂趣的日本女作家。詢問讀後感的同時,女編輯發來問卷,希望談一談,秋分這一節令,會想起哪首古詩哪位古人,這個時節會做些什麼有趣的事情,會喚起怎樣的情感和記憶。答曰:人間素秋方半,天上明月正圓。和「一陽來復」相對,秋分真是一個恰如其分的

美好時節,它立刻令我想起「半江瑟瑟半江紅」的詩句,也勾起幾年前與三五好友在琵琶亭賞月的美好回憶。《輯刻琵琶亭詩》的壓卷之作,正是此情此景:

> 琵琶亭子夕陽邊,紅粉青衫已窅然。江上月明秋最好,於今司馬正芳年。

斯亭斯月,斯景斯情;秋月高懸碧空,頓惹懷古之思。揚州文人方夢騏(1700～?)〈遊琵琶亭唱和〉這首詩,當時引發了唐英等十八人的酬和,是一場規模不小的文人雅集,從此牢牢奠定了琵琶亭這一名勝在文學與文化「雙遺產」的不朽地位。由於人傑地勝,又因為詩歌、故事、勝景等諸多元素的融入,琵琶亭從詩歌勝蹟逐漸衍為文學意象,並透過琵琶亭唱和文字的不斷疊加,從物質空間(第一空間)和歷史空間(第二空間),升格為真實與想像交織的「第三空間」,一個真正永垂不朽的空間。中秋明月琵琶亭,千古風流千古情。樂天風流亦長垂未朽,映徹千古。當空間之琵琶亭,與時間之中秋、節令之秋分邂逅,便是歷史與美好恰如其分的佳偶天成。

章二　節氣流轉與自然風光

回三　寒深春水生 —— 大寒與樂天相伴

　　大寒深處春水生，千山萬徑閱枯榮。按照中國傳統節令，二十四節氣裡壓軸的是大寒，過了大寒，意味著又過了一年。古人講，有始者必有終，自然之道也。但是，靡不有始，鮮克有終。大寒的意義之一，就是善始善終。《授時通考·天時》引《三禮義宗》說：「大寒為中者，上形於小寒，故謂之大……寒氣之逆極，故謂大寒。」大寒的物候有三個，一是雞始乳，二是征鳥厲疾，三是水澤腹堅。就是說，母雞提前感知到春氣，開始孵蛋了；鷹隼之類遠飛之鳥正處於捕食能力極強的狀態，盤旋於空中到處尋找食物，以補充能量抵禦嚴寒；在一年的最後五天，寒至極點，水中的冰一直凍到水中央，最厚最結實。而物極必反，堅冰深處春水生，凍到極點，也意味著開始走向消融了。過了大寒，就是立春，氣溫回暖，新的一年也即將開始。

　　在大寒這個節令，不妨與樂天相伴，看一看這位廣大教主如何與大寒相處，怎樣樂於應命順天。白居易，字樂天。《禮記·中庸》云：「君子居易以俟命。」這是白居易名的來歷。《周易·繫辭上》云：「樂天知命，故不憂。安土敦乎仁，故能愛。」這是白居易字的來歷。從字面上看，「樂天」就是樂於順應天命，「居易」則是安土之意，而二者是密切相關的，因為《禮記·哀公問》云：「不能安土，不能樂天；不能樂天，不能成其身。」從反方面解釋了安土與樂天的關聯。漢代經學大師鄭玄注曰：「不能樂天，不知己過而怨天也。」蘇軾〈大寒步至東坡贈巢三〉說「努力莫怨天，我爾皆天民」，怨天尤人，怨恨命運，不反思己過，就會責怪別人，非君子之道也。明代王廷相《慎言·作聖篇》云：「隨所處而安，日

『安士』；隨所事而安，曰『樂天』。」再來看《孟子‧梁惠王下》：「唯仁者為能以大事小，是故湯事葛，文王事昆夷⋯⋯以大事小者，樂天者也。」與鄭玄同時代的經學家趙岐注云：「聖人樂行天道，如天無不覆也。」將樂行天道這層意思再引申一步，「樂天」還可以理解為安於處境而無憂慮，也就是陶潛〈自祭文〉所謂：「勤靡余勞，心有常閒。樂天委分，以至百年。」以上這些典籍均可幫助我們理解「樂天」一詞的內涵。

身為唐代最有生活情調的大詩人，白樂天可謂人如其字，對節令物候非常留意和關注。如果調查一下白居易筆下的節令物候描寫，就會發現，他的詩歌基本上涵蓋了二十四節氣，這當然與他的詩作留存數量是唐代之冠有關，但他留心身邊日常，勤於創作，也是不可或缺的重要原因。這裡想和大家分享兩首他筆下與大寒相關的詩作。先來看〈村居苦寒〉：

八年十二月，五日雪紛紛。竹柏皆凍死，況彼無衣民！回觀村閭間，十室八九貧。北風利如劍，布絮不蔽身。唯燒蒿棘火，愁坐夜待晨。乃知大寒歲，農者尤苦辛。顧我當此日，草堂深掩門。褐裘覆絁被，坐臥有餘溫。幸免飢凍苦，又無壟畝勤。念彼深可愧，自問是何人。

據《白居易年譜》，這首詩作於元和八年（西元813年）十二月，地點是在下邽，也就是今天的陝西渭南市北下邽鎮東南。當時白居易因母親逝世，回家居喪，退居於下邽渭村老家。退居期間，白居易身體多病，生活也十分困窘，多虧得到元稹等友人的大力接濟，雪中送炭，才倖免飢凍苦。

這是一首諷喻詩。在當時文壇上，白居易最早出名就是憑藉著諷

章二　節氣流轉與自然風光

喻詩。什麼是諷喻詩呢？白居易自己的界定和理解是：「凡所遇所感，關於美刺比興者；又自武德迄元和，因事立題，題為〈新樂府〉者，共一百五十首，謂之諷喻詩。」，「謂之諷喻詩，兼濟之志也。」，「至於諷喻詩，意激而言質。」可見，所謂諷喻詩，內容的規定性是旨意可觀，稍存寄興，與諷為流，凡所遇所感，關於美刺比興；其創作意圖是要成兼濟之志；其藝術特徵是意激而言質。按照這個理解，我們來對照著閱讀這首〈村居苦寒〉。

在白居易題材廣泛的諷喻詩中，這一首〈村居苦寒〉敘寫流暢，不事藻繪，而格外真切感人，具有紀實的史詩性質，在當時確實屬於「意激」，意見很激烈，思想很前衛，其中包含著熱烈的心腸、偉大的抱負，閃爍著推己及人的人道主義光輝。這首詩的寫作年代正處於唐代中期，當時雖然相對安穩，但內有藩鎮割據，外有吐蕃入侵，中央政府控制的地域已經大為減少，可是還要供養大量軍隊，加上官吏、地主、商人、僧侶、道士等，不耕而食的人甚至占到人口的一半以上。在這種情形下，農民負擔之重、生活之苦，可想而知。來自普通世家的白居易對此深有體會，詩中所寫「回觀村閭間，十室八九貧」，同他在另一首〈夏旱詩〉中所寫的「嗷嗷萬族中，唯農最辛苦」一樣，正是他親眼目睹的現實生活的實錄。

開篇「八年十二月，五日雪紛紛」，據宋人王楙《野客叢書》卷二三：「樂天詩有記年月日者，於以見當時之氣令，亦足以裨史之闕，如曰：『皇帝嗣寶曆，元和三年冬。自冬及春夏，不雨旱爞爞。』有以見憲宗即位三年，久旱如此。又詩曰：『元和歲在卯，六年春二月。月晦寒食天，天陰狅飛雪。連宵復竟日，浩浩殊未歇。』又以見元和六年二月晦為寒食，

當和暖之時,而霂大雪,其氣候乖謬如此。又詩曰:『八年十二月,五日雪紛紛。竹柏皆凍死,況彼無衣民!』又見元和八年十二月五日大雪寒凍,民不聊生如此。僕按《東漢書》延熹間大寒,洛陽竹柏凍死,襄楷曰:『聞之師曰,柏傷竹槁,不出三年,天子當之。』樂天此語,正所以紀異也。」可見白居易詩歌具有很強的寫實性。

〈村居苦寒〉這首詩的結構十分簡單,完全可以分成兩大部分。前一部分主要寫農民,後一部分主要寫自己,二者同樣是處於北風如劍、大雪紛飛的寒冬,可是冷暖對比十分明顯。農民缺衣少被,夜不能眠。而自己在這樣的大寒天卻是深掩房門,有吃有穿,又有好被子蓋,既無挨餓受凍之苦,又無下田勞動之勤。詩人把自己的生活與農民的痛苦作了對比之後,深感慚愧和內疚,以至發出「自問是何人」的慨嘆,自剖自責,這不能不說難能可貴。「乃知大寒歲,農者尤苦辛」二句,可謂畫龍點睛之筆,突顯出詩人對農民飢寒交迫的深切同情。查慎行《初白庵詩評》卷上評論道:「詩境平易,正以數見不鮮。」正因為眼中屢次所見,所以敘寫流暢,情真意實,展現出白詩獨特的平易通俗的藝術風格。

白居易不但諷喻詩平易通俗,其他類型的詩也具有同樣的特色。比如同樣是在大寒之節撰寫的〈問劉十九〉:

綠螘新醅酒,紅泥小火爐。晚來天欲雪,能飲一杯無?

這是一首知名度極高的邀請朋友喝酒的詩,作於元和十二年(西元817年),白居易時年46歲,已經從中央朝廷的高官,被貶為地位卑微的江州司馬。劉十九大概是作者在江州時的朋友,「十九」,是指排行,名字不詳。很多選本認為是彭城人劉軻,據朱金城考證,非也。元和十二年白居易另有〈劉十九同宿(時淮寇初破)〉詩,從「唯共嵩陽劉處

士，圍棋賭酒到天明」可知劉十九為嵩陽（今屬河南）人。淮西吳元濟誅於元和十二年十一月，此詩作於淮寇初破之時。元和十三年（西元818年）春，白居易在江州又有〈雨中赴劉十九二林之期及到寺劉已先去因以四韻寄之〉、〈薔薇正開春酒初熟因招劉十九張大崔二十四同飲〉，其中的「劉十九」，應該都是指白居易在江州時的友人──嵩陽劉處士。

在詩體上，這是一首五言絕句。作為篇幅和字數最少的一種詩體，如何以少納多，值得考量。此詩堪稱典範。全詩簡練含蓄，輕鬆灑脫，信手拈來，即成妙作，而其間脈絡十分清晰。從層次上看，首句先點出酒，二句再示溫酒之具，三句又說寒天飲酒最好，末句問對方能否來共飲，而且又點破詩題中的「問」字。從關係上看，首末句相呼應，二三句相承遞。詩句之間，意脈相通，一氣貫之。詩作寫盡人情之美，從日常生活中的一個側面落筆，以如敘家常的語氣、樸素親切的語言、富於生活氣息的情趣，不加雕琢地寫出朋友間懇誠親密的關係。至今讀來，仍有餘溫。

對這首詩的意境和情調，後代的評論家在欽羨之餘，可謂好評如潮。比如，明代黃周星《唐詩快》評論說：「豈非天下第一快活人。」清代孫洙《唐詩三百首》評價：「信手拈來，都成妙諦。詩家三昧，如是如是。」鄒弢《精選評注五朝詩學津梁》曰：「氣盛言直，所謂白詩婦孺都解也。」王文濡《唐詩評注讀本》卷三曰：「用土語不見俗，乃是點鐵成金手段。」俞陛雲《詩境淺說》曰：「尋常之事，人人意中所有，而筆不能達者，得生花江管寫之，便成絕唱。此等詩是也。即以字面論，當天寒欲雪之時，家釀新熟，爐火生溫，招素心人清談小飲，此境正復佳絕。」

白居易〈招東鄰〉詩云：「小櫥二升酒，新簟六尺床。能來夜話否？

池畔欲秋涼。」梁啟超批點《白香山詩集》認為,〈招東鄰〉與〈問劉十九〉「晚來天欲雪,能飲一杯無」是「同一意境」。讀〈招東鄰〉、〈問劉十九〉二詩,可知白居易之好客,有酒則呼友同飲。今存長沙窯瓷器有兩首題詩:「二月春豐酒,紅泥小火爐。今朝天色好,能飲一杯無?」,「八月新風酒,紅泥小火爐。晚來天色好,能飲一杯無?」(田申、劉鑫《全唐詩補:長沙窯唐詩遺存》,湖南美術出版社 2017 年版,第 56、63 頁)可以明顯地看出擬仿改寫白居易原詩的痕跡,這正是此詩流行一時的最佳案例。原跡字形的俗寫,乃至訛誤,充分透露出白詩在走入世俗民間時產生的變形軌跡,這一點頗有《詩三百》重章疊韻的遺韻。

「願保喬松質,青青過大寒。」(耿湋〈晚登虔州即事寄李侍御〉)在自己遠貶江州之際,46 歲的詩人白居易能夠苦中作樂,寒中送暖,期盼一份最最平凡的友情,這與他 42 歲時,在村裡的農民苦寒之際,願意站出去,寫下來,同情並呼喊,其實是心同此理、情同此懷的,皆歲寒然後知喬松之後凋也。從這裡,我們可以領會到,讀詩的更高境界,是讀人。被視為充滿「寒氣」的魯迅,在〈為了忘卻的記念〉裡面曾說:「天氣愈寒了,不知道柔石在那裡有被褥嗎?我們是有的。」也和白居易〈村居苦寒〉一樣,是對比著自己來寫的,這不僅是面向已逝友人的亡靈,也是面向所有需要溫暖的天下蒼生。魯迅慣於在浩歌狂熱之際中寒,但寒的極點後面就是春天,所以他也曾說:寒凝大地發春華。時當歲末,今在大寒,願我們運轉春華至,歲來嫩蕊青。

章二　節氣流轉與自然風光

章三　詩歌作為抒情與現實的交融

章三　詩歌作為抒情與現實的交融

回一　生死・愛恨・天人 ──〈長恨歌〉的謎與魅

　　世間偉大作品其實不多，而〈長恨歌〉是其中一個，無愧且獨特。這篇長詩直面人生兩大主題 ── 生死與愛恨，又由二者引申至天人之際，帶給我們故事，也帶引我們思考。故事裡有帝王和美人，有戰爭和相思，熔鑄政治和情愛，觸及肉體和靈魂，跨越歷史與現實，溝通夢想與仙幻，投射著百年大唐興衰的回眸，激盪起超越千載輪迴的反思，其文字清婉動人，氣度從容不迫，聲調婀娜哀豔，讀來一氣舒卷，令人蕩氣迴腸。

（一）主題之謎

　　〈長恨歌〉是史，更是詩，以「漢皇重色思傾國」這樣的史筆開篇，以「天長地久有時盡，此恨綿綿無絕期」這樣的詩筆收尾，用概括性的語言點明詩題「長恨」，可謂詩與史的珠聯璧合。當安史之亂掀起的歷史塵埃，伴隨李隆基、楊玉環纏綿天地的愛情悲劇，在白居易筆下飄然落定，而詩的傳奇卻剛剛開始。李楊故事本身便戲劇元素多多，加之詩豪樂天深於詩，多於情，運以絕妙生花之筆，自然有聲有情，可歌可泣。一聽漁陽鼓，何人不黯然。恨同天地久，歌假樂天傳。其才調風致，旖旎悠揚，無愧「才人之冠」（清賀貽孫《詩筏》卷上），無愧「古今長歌第一」（明何良俊《四友齋叢說》卷二十五）。不僅文人學士嘆為不可及，婦孺歌姬亦喜聞而樂誦，可謂雅俗通賞，於是不脛而走，遠播雞林海外。白居易由此被呼為「〈長恨歌〉主」。

回一 生死‧愛恨‧天人─〈長恨歌〉的謎與魅

但「〈長恨歌〉主」恐未料到，關於這個長歌的主題，至今仍是未解之謎。一篇長恨有風情，風情關處幾紛爭。主要觀點有愛情說，兼含純情說、同情說、惋惜說、感慨說、自傷說、歌頌說，又細別為帝妃愛情說、典型或普遍愛情說、作者寄託說、人生感嘆說、愛情品格說等；諷喻說，兼含無情說、懲戒說、政爭說、暴露與批判說、解剖制度說、有情婉諷說、婉轉勸諷說等；感傷說，兼含時事變遷說、人生或生命創痛說、終極意義說等；隱事說，兼含逃日說、女冠說、流落民間說、背叛愛情說等；雙重主題說，兼含諷喻與愛情兼有說、帶諷喻的同情說、帶同情的諷喻說、矛盾主題說、主題轉移說、形象大於思想說、正副主題說、表層深層主題說等，又有多重主題說、無主題說、泛主題說……或乾脆稱為風情說，或長恨說。

而歸納起來，愛情說、諷喻說、雙重主題說，歷來是爭論的主要焦點。一篇詩歌受到如此廣泛關注，出現如許糾葛，如許分歧，異乎尋常，前所未有。值得留意的是，日本學者大都持愛情說。他山之石，未必儘可攻玉。但若了解白居易和〈長恨歌〉在日本文化史上無可替代的重要地位，則這個傾向不容無視。回溯〈長恨歌〉研究史，現代意義上的論文亦始自東瀛──1912 年 6 月松尾樂山在國學院大學出版部《國學院雜誌》第 18 卷第 6 期發表的《〈長恨歌〉的楊貴妃》。就中國而言，則始於俞平伯 1927 年 11 月 15 日撰寫的《〈長恨歌〉及〈長恨歌傳〉的傳疑》，1929 年 2 月發表於《小說月報》第 20 卷第 2 期。此後迄今，研究者隊伍中不乏陳寅恪、胡適、岑仲勉、夏承燾、馬茂元、卞孝萱、黃永年、王運熙、吉川幸次郎、松浦友久等中日文史名家。據拙著《元白研究學術檔案》，中外學界留下 20 餘部相關學術著作、600 餘篇學術論文，目前為止，這是任何其他中國詩歌作品都未曾享受的待遇。

章三　詩歌作為抒情與現實的交融

■（二）風情之魅

　　一部作品，尤其是涵融抒情元素的敘事詩，其價值，其魅力，自然絕非止於「主題」。僅從作者本人的創作意圖來看，〈長恨歌〉者，即「歌長恨」也，歌詠愛之長恨也。白居易自編詩集，〈長恨歌〉被置於感傷詩，而非諷喻詩；編成後自題詩又稱「一篇長恨有風情」，說明他寫〈長恨歌〉是為歌「風情」而作。

　　一般認為，「一篇長恨有風情」的「風情」，是指男女相愛之情。南唐李煜〈柳枝〉詞：「風情漸老見春羞，到處芳魂感舊遊。」《太平廣記》卷六九《封陟》（出《傳奇》）：「仙姝遂索追狀曰：『不能於此人無情。』遂索大筆判曰：『封陟往雖執迷，操唯堅潔，實由樸戇，難責風情。宜更延一紀。』」卷二七三《杜牧》（出《唐闕史》）：「僧孺於中堂餞，因戒之曰：『以侍御史氣概達馭，固當自極夷途。然常慮風情不節，或至尊體乖和。』」《奉天錄》卷一：「時有風情女子李季蘭上（朱）泚詩，言多悖逆。」柳永〈雨霖鈴〉詞：「便縱有千種風情，更與何人說。」以上「風情」之用例，皆指男女相愛之情。不過，在白居易的時代和唐以前，風情主要有三種含義，其一，指風采、神情。如《晉書·庾亮傳》：「元帝為鎮東時，聞其名，闢西曹掾。及引見，風情都雅，過於所望，甚器重之。」《南史·齊衡陽元王鈞傳》：「衡陽王飄飄有凌雲氣，其風情素韻，彌足可懷。」其二，指懷抱、志趣。如《晉書·文苑傳·袁宏》：「宏有逸才，文章絕美，曾為〈詠史〉詩，是其風情所寄。」鮑照〈送從弟道秀別〉詩：「以此苦風情，日夜驚懸旗。」其三，指風雅的情趣、韻味。如元稹〈上令狐相公詩啟〉：

「常欲得思深語近,韻律調新,屬對無差,而風情宛然,而病未能也。」

白居易自己的詩中,「風情」一詞前後出現過16次,〈編集拙詩成一十五卷因題卷末戲贈元九李二十〉是首見。此後有〈薔薇正開春酒初熟因招劉十九張大崔二十四同飲〉:「試將詩句相招去,倘有風情或可來。」〈湖亭與行簡宿〉:「潯陽少有風情客,招宿湖亭盡卻回。」〈三月三日懷微之〉:「良時光景長虛擲,壯歲風情已暗銷。」〈題峽中石上〉:誠知老去風情少,見此爭無一句詩?」〈湖上招客送春泛舟〉:「欲送殘春招酒伴,客中誰最有風情?」〈奉和汴州令狐相公二十二韻〉:「眷愛人人遍,風情事事兼。」〈題籠鶴〉:「豈是風情少,其如塵事多。」〈酬劉和州戲贈〉:「政事素無爭學得,風情舊有且將來。」

〔元〕錢選〈貴妃上馬圖〉

〈憶夢得〉:「年長風情少,官高俗慮多。」〈想東遊五十韻〉:「志氣吾衰也,風情子在不?」〈座中戲呈諸少年〉:「縱有風情應淡薄,假如老健莫誇張。」〈侍中晉公欲到東洛先蒙書問期宿龍門思往感今輒獻長句〉:「聞說風情筋力在,只如初破蔡州時。」〈酬夢得以予五月長齋延僧徒絕賓友見戲十韻〉:「不唯忘肉味,兼擬減風情。」

章三　詩歌作為抒情與現實的交融

〈夢得前所酬篇有煉盡美少年之句因思往事兼詠今懷重以長句答之〉：「生事縱貧猶可過，風情雖老未全銷。」〈寄黔州馬常侍〉：「可惜風情與心力，五年拋擲在黔中。」這 15 處用例，皆非特指男女之情或兒女之情。因此，不能孤立地將「一篇長恨有風情」的風情，侷限於男女之情。應結合以上用例和此詩的語境，連繫下一句加以綜合考慮。筆者以為，這首詩中的「風情」一詞，主要是與「正聲」（雅正之聲）並舉對稱的風人之情，合而為風、雅兩種詩歌。

〈長恨歌〉、《秦中吟》皆為白居易平生得意之作，是其詩集中感傷詩、諷喻詩兩類作品的代表，〈長恨歌〉具有風詩之性情，《秦中吟》接近雅詩之聲調，這兩句詩在某種程度上有互文的意義，整體意思是說自己的詩具有風雅比興的內容，也即高仲武《中興間氣集序》所云「體狀風雅」[08]，因而特地拈出。

1200 多年前，臨近歲末的某天，白居易與兩位朋友——秀才陳鴻、道士王質夫，同遊仙遊寺，談起五十多年前的天寶往事，一片痛來一片柔，時時常掛在心頭。湧上心頭的，首先是唐玄宗與楊貴妃纏綿悱惻、可歌可泣的愛情悲劇。而這一代的愛情悲劇背後，還有白居易自己早年的戀愛經歷，詩人與少女湘靈相戀，後雖忍痛分手，但仍未忘懷，〈寄湘靈〉、〈寒閨夜〉、〈生離別〉、〈潛別離〉、〈感情〉等皆可參證，與〈長恨歌〉同時所作〈冬至夜懷湘靈〉寫道：「豔質無由見，寒衾不可親。何堪最長夜，俱作獨眠人！」足可與〈長恨歌〉「芙蓉如面柳如眉」、「翡翠衾寒誰與共」彼此互文。白居易筆下的這代傳說，飽含著對愛情超越生死的謳歌，也暗寓著詩人借他人酒杯澆自家塊壘的深衷。

---

[08] 高仲武《中興間氣集序》：「今之所收，殆革斯弊。但使體狀風雅，理致清新。觀者易心，聽者竦耳。則朝野同取，格律兼收。」格律，即白居易〈編輯拙詩成一十五卷因題卷末戲贈元九李二十〉「每被老元偷格律」之「格律」。

同時，史學家陳寅恪認為，〈長恨歌〉還有彌補元稹〈會真記〉的缺陷之意。[09]「會真」，在唐代確指遇仙。華陽真人施肩吾即有《西山群仙會真記》，雲臺峰女仙〈會真詩〉五首（《全唐詩》卷八六三據李復言《續玄怪錄》收錄），亦寫遇仙。〈長恨歌〉後半段對於仙界的描寫，看來並非空穴來風。何況二者在不同層面上追問著一個共同的問題——問世間情為何物。可以想見，在陳鴻和王質夫之後，風流才子元稹讀到〈長恨歌〉，心中必定百味雜糅，別有會心。後來在寫給這位知音和摯友的信中，白居易特別舉出歌姬因能唱〈長恨歌〉而增價的事例，可見在當時民間的流行度，既驚又喜的語氣，也透露出其自矜自愛，言外恐怕還有與好友旗亭畫壁之意。

不過，我認為世間之美好，大概有三個要素：其一，時間忌太長，要短暫一些，如鏡花水月才美好，世間美好不堅牢，彩虹易散琉璃脆；其二，空間忌過近，須隔河相望，可望而難即，如蒹葭之境才美好；其三，結局忌圓滿，略有遺憾才美好。[10] 在白居易筆下，於李楊二人而言，那是一場毀於愛情的政治，也是一段毀於政治的愛情，政治與愛情的雙料悲劇，因種種因素、種種制約而成千古遺憾，方鑄就〈長恨歌〉帶給讀者那超越時空的心靈震撼。

長詩先寫熱戀，突出貴妃之美、玄宗之戀，對因此而誤國之事，雖有譏諷，但絕未遮掩主幹。相當複雜的歷史情節，只用刪繁就簡的幾句詩就交代過去，裁剪開來，而著力在情的渲染。雖然從反思的角度點出造成悲劇的原因，但對悲劇的主角主要是寄予同情和惋惜。次寫兵變妃

---

[09] 見劉隆凱整理《元白詩證史之〈鶯鶯傳〉》，《廣東社會科學》2003 年第 4 期，又收入《陳寅恪「元白詩證史」講席側記》，湖北教育出版社 2005 年版，第 20 頁。

[10] 作家木心 (1927～2011) 說：「快樂是小的，緊的，一閃一閃的。」（引自馮唐〈敦煌〉，收入其《如何成為一個怪物》，新星出版社 2011 年版，第 209 頁）其意亦與此相似。

章三　詩歌作為抒情與現實的交融

死，悲劇鑄成，玄宗腸斷。這是悲歡榮辱極端對比的寫法。再寫物是人非，刻骨銘心，思念無望。刻骨之相思，乃衍為不絕之長恨。筆調婉轉細膩，卻不失雍容華貴，全無半點纖巧之病。明明是悲劇，卻寫得那樣超脫。此時，恐只有入仙，方能一抒主角之長恨。於是過渡到寫天人永隔之長恨。人世間破滅的愛情，只能在仙界延續；在仙界裡，再沒有任何力量可以阻隔這真摯的愛情。在仙界裡，人間真情得到寄託，愛情從而獲得永恆。雖然是藝術虛構，但包含著對人生的肯定、對愛情的謳歌。由樂而悲，而思，而恨，構成全詩的感情脈絡，其間因果關係密切而分明，跌宕卻自然。

於是，在〈長恨歌〉的結尾，李楊悲劇昇華為普天下癡男怨女的共同際遇。李楊二人的永恆分離與痛苦思戀，使讀者感到：越是飽含淚水不懈地追求與思戀，其分離就越具悲劇意義，感傷的心靈就越沉重，使人冥冥之中感到的那份無可奈何的心靈負荷就越豐富。在這一意義上講，「天長地久有時盡，此恨綿綿無絕期」，已然帶領讀者將政治和愛情悲劇放大，上升到人生悲劇、時代悲劇、宇宙悲劇的境界。

生死、愛恨、天人，正堪稱〈長恨歌〉三重境界的關鍵詞，引導我們揭底〈長恨歌〉的謎與魅。

唐玄宗和楊貴妃的甜蜜愛情，從李白〈清平調〉和杜甫〈麗人行〉中可見彷彿，而馬嵬之變將這段帝妃之戀匆匆畫上句點。杜甫〈北征〉以「不聞夏殷衰，中自誅褒妲」的詩句為帝王諱，將楊貴妃比作禍國的褒姒、妲己，送上祭臺，也透露出當時大部分文人的立場；陳鴻為〈長恨歌〉總結的意旨，也是「懲尤物，窒亂階，垂於將來」，但〈長恨歌〉絕未板起面孔來作政治說教。悽婉迷離的抒情，充盈在字裡行間，普天下有

情有義的讀者，都可感受到，詩人始終徘徊在愛恨之間，理難清，言難明。朦朧而豐富的意韻，自然也使不同的讀者對〈長恨歌〉產生不同的感受和評價。所以，在中國詩史上，〈長恨歌〉的主題和意旨，相伴著其藝術魅力，恐怕永遠都是說不完的話題。

■（三）千古絕唱

接續曾在這一話題耕耘的眾多前賢，筆者喜愛並專研白居易近三十年，起步即始於〈長恨歌〉主題研究。此後撰寫《元白詩派研究》，探討和梳理廣大教化主在唐代的影響。近年承之而下延，希望理清白居易對後世的啟迪和影響。出版《白居易資料新編》，意在建構全面詳備的白居易研究資料庫，為白居易接受史奠定基礎。知人論世，披文入情之際，再次回觀〈長恨歌〉這篇 120 行的詩作，不禁感慨萬端。

在頓挫淋漓、風華掩映的絕美詩句背後，不僅可以感知那曾改變一代歷史走向的安史之亂，更可體會詩人對愛情、對人生的超越性思考。對當年這位 35 歲的年輕縣尉而言，山水盤曲而深厚的盩厔歷史文化，也是成就這部經典所不容忽視的地域因素。盩厔地近馬嵬，是馬嵬兵變後，玄宗西幸的必經之地。天寶十五載（西元 756 年），馬嵬喋血之後半個世紀以來，為世人豔稱的李楊悲劇在這一地區廣為流傳，也成為「家於是邑」的王質夫、陳鴻的談資，進而成為〈長恨歌〉撰寫的契機。正是呼吸彼地當時的文化氣息，白居易才能在風雲際會的歷史瞬間，將李楊故事超越其具體性、個別性，凝鑄為具有普遍意義的世間傳奇，貫其才情，凝於筆端，寫就這詞清意摯的千古絕唱。

章三　詩歌作為抒情與現實的交融

　　但是,〈長恨歌〉的接受史,絕非一路鮮花,皆為讚美,它曾受到詩旨與詩藝的雙重責難。宋代詩評家主要是非難〈長恨歌〉的露骨和失禮,如魏泰《臨漢隱居詩話》拈出「六軍不發爭(無)奈何,宛轉蛾眉死馬前」的詩句,指斥詩人「豈特不曉文章體裁,而造語蠢拙,抑已失臣下事君之禮矣」(《歷代詩話》,中華書局 1997 年版,第 324 頁),並與惠洪《冷齋夜話》一樣,同舉杜甫〈北征〉加以對比,張戒《歲寒堂詩話》則舉杜甫〈哀江頭〉為例,稱讚杜詩識君臣之大體,其詞婉而雅潔,其意微而有禮。從曾鞏、蘇轍、洪邁、張邦基、陸游,直到宋末的陳模、趙與峕、俞文豹、車若水,亦頗有質難。

　　不過歷史是公正的,汪立名就對此種質難有所辯駁,其論略云:「此論(指魏泰《臨漢隱居詩話》)為推尊少陵則可,若以此貶樂天,則不可。論詩須相題,〈長恨歌〉本與陳鴻、王質夫話楊妃始終而作,猶慮詩有未詳,陳鴻又作《長恨歌傳》,所謂不特感其事,亦欲懲尤物、窒亂階,垂於將來也,自與〈北征〉詩不同。諱馬嵬事實,則『長恨』二字便無著落矣。讀書全不理會作詩本末,而執片詞肆議古人,已屬太過,至謂歌詠祿山能使官軍云云,則尤近乎鍛鍊矣。宋人多文字吹求之禍,皆釀於此等議論。若唐人作詩,本無所謂忌諱,忠厚之風,自可慕也。然陳(鴻)傳中敘貢妃進於壽邸,而白詩諱之,但云『楊家有女初長成,養在深閨人未識。天生麗質難自棄,一朝選在君王側』,安得謂樂天不知文章大體耶!倘有詆其謬以羅織少陵者,必將以少陵〈憶昔〉詩『張後不樂天子忙』句,為失以臣事君之禮;『百官跣足隨天王』句,為歌詠吐蕃追逼代宗,又豈通論乎?」(《白香山詩‧長慶集》卷十二〈長恨歌〉後批)此可謂通達之論。

回一　生死・愛恨・天人—〈長恨歌〉的謎與魅

　　〈長恨歌〉公認的名句「梨花一枝春帶雨」，因入選「四雨」而受到稱賞。即使如此，也有人嫌其有脂粉氣，此言出自宋人陳善的《捫蝨新話》：「予與林邦翰論詩及四雨字句，邦翰云：『梨花一枝春帶雨』句雖佳，不免有脂粉氣。」（《說郛》卷二十二上）還有人認為，「梨花一枝春帶雨」不免氣韻近俗，如宋人周紫芝《竹坡詩話》就說：「白樂天〈長恨歌〉云：『玉容寂寞淚闌干，梨花一枝春帶雨。』人皆喜其工，而不知其氣韻之近俗也。東坡作送小人詞云：『故將別語調佳人，要看梨花枝上雨。』雖用樂天語，而別有一種風味，非點鐵成黃金手，不能為此也。」（《歷代詩話》，中華書局 1997 年版，第 346 頁）不過，清人薛雪《一瓢詩話》駁之云：「白香山『玉容寂寞淚闌干，梨花一枝春帶雨』，有喜其工，有詆其俗。東坡小詞『故將別語調佳人，要看梨花枝上雨』，人謂其用香山語，點鐵成金，殊不然也。香山冠冕，東坡尖新，夫人婢子，各有態度。」應該說，東坡此二句不是尖新，實屬儇薄，遠不如香山原句之麗而正也。方回云：「淡處藏美麗，處處著工夫。」香山之句足以當之。

　　宋元通俗文藝的興起，悄悄改變了〈長恨歌〉的命運。描寫這一題材的作品，金院本有《擊梧桐》，元雜劇有庾吉甫《楊太真霓裳怨》、《楊太真浴罷華清宮》、關漢卿《唐明皇哭香囊》、岳伯川《羅光遠夢斷楊貴妃》，宋元南戲有《馬踐楊妃》。元諸宮調王伯成《天寶遺事諸宮調》中，也有楊貴妃遺骸被馬蹄踐踏的記述。伴隨李楊故事成為熱門題材，元曲四大家之一白樸取〈長恨歌〉「春風桃李花開夜，秋雨梧桐葉落時」之句，敷演君妃之間纏綿悱惻的愛情故事，賦予唐明皇悲劇人物之定位，對後來洪昇的傑作《長生殿》多有啟發。進入明代，在新的文藝風氣中，敘事詩學視角悄然興起，評家開始以全新眼光看待這一長篇，相對適宜

章三　詩歌作為抒情與現實的交融

的時空之間隔，促使〈長恨歌〉邁入經典之列。

明初瞿佑得風氣之先，其《歸田詩話》評價說：「樂天〈長恨歌〉凡一百二十句，讀者不厭其長；元微之〈行宮詩〉四句，讀者不覺其短，文章之妙也。」針對宋人長不如短的偏見，主張長短各宜，進而認為〈長恨歌〉已臻文章妙境。此後雖仍不乏非議，但〈長恨歌〉作為「古今長歌第一」的經典地位已然確立；不僅在民間傳誦，也為詩歌選家所重視，頻頻進入各類詩選。明人唐汝詢雖然批評〈長恨歌〉「格極卑庸，詞頗嬌豔；雖主譏刺，實欲借事以騁筆間之風流」，《唐詩品彙》收〈琵琶行〉而未收〈長恨歌〉，就是因為「其多肉而少骨也」，但其《唐詩解》卷二十卻表彰〈長恨歌〉乃「長篇之勝」，「余採而箋釋之，俾學者有所觀法」，特別強調其典範意義。《刪補唐詩選脈箋釋會通評林》的編者周珽（1565～1645）自己更有高度評價：「作長篇法，如構危宮大廈，全須接隼合縫，銖兩皆稱。樂天〈琵琶行〉、〈長恨歌〉幾許膽力，覺龍氣所聚，有疑行疑伏之妙，讀者未易測其涯岸。」清代以降，賀貽孫、黃周星、吳喬、徐增、沈德潛、宋宗元、吳北江等詩選者、詩評家大都給予〈長恨歌〉讚美之評，趙翼更斷言：「〈長恨歌〉自是千古絕作」；就作者而言，「蓋其得名，在〈長恨歌〉一篇」；僅憑〈長恨歌〉和〈琵琶行〉，白居易即已聲名不朽，「況又有三千八百四十首之工且多哉！」（《甌北詩話》卷四）賴學海（1815～1893）《雪廬詩話》也有相似感慨：「人有一詩之傳，遂足千古者，白香山之〈長恨歌〉是也。有此才筆，遇此佳題，而又恰與才稱。香山一生遭際，無過此矣，況翼之以〈琵琶行〉哉！」這位布衣才子，與趙翼這位文史兼勝的大家，皆堪稱白居易和〈長恨歌〉的知音。

不同於〈琵琶行〉詠寫知音之嘆，〈長恨歌〉詠寫天人之恨——生死

回一　生死・愛恨・天人—〈長恨歌〉的謎與魅

脫蒂於愛恨，愛恨長縈於天人，這大概是〈長恨歌〉的不朽魅力所在。〈長恨歌〉之魅，與〈長恨歌〉之謎，其實是一個問題的兩個方面。〈長恨歌〉之謎在其主題，〈長恨歌〉之魅在其視角。主題之謎是身在廬山的困惑，視角之魅是跳出廬山的解惑。視角的意義，正如太陽（主題）始終如一，但於地球上的我們而言，冬日與夏陽卻有溫暖與炙熱之別。〈長恨歌〉的作者，其視角偏於客觀，敘述中蘊含抒情，相對知性一些；〈琵琶行〉的作者，其視角側重主觀，敘述乃為了抒情，相對感性一些。二者均有敘事成分，只是〈琵琶行〉的故事，事出偶然，偶然遇到陌生的異性知音，是現實題材；〈長恨歌〉的故事，事出必然，必然因重色而思傾國之恨（《唐詩三百首》評「思傾國，果傾國矣」），是歷史題材。現實題材的〈琵琶行〉，在偶然中亦因主角白居易之「多於情」（陳鴻《長恨歌傳》）而存在必然；歷史題材〈長恨歌〉，在必然中亦因作者視角的別樣而存在偶然。

不過一「歌」一「行」，皆以長慶體，又多有相通之處。明人黃姬水（1509～1574）即云：「〈琵琶行〉即〈長恨歌〉之流也。」（《憨齋珍藏書法集》，嶺南美術出版社2006年版，第19頁）而「歌」先「行」後，

〈琵琶行〉的構思和撰就，其實在白居易心中，又頗有欲在〈長恨歌〉這一成名作基礎之上，加以取捨避讓之意，後來居上之願。〈長恨歌〉節節之間往往音韻蟬聯，〈琵琶行〉則在蟬聯之外，頗留意節奏之頓挫。從「歌」到「行」，由渭水之濱來到潯陽江畔，見證了白居易從青年步入中年，春花之勝轉為秋實之美，而恰如〈長恨歌〉的歷史傳奇有詩人早年身世和初戀的投影，〈琵琶行〉中的現實，其實也投射著一段中唐世態人心的歷史側影，其間正可互文！而引其先聲的〈長恨歌〉，也正是在

章三　詩歌作為抒情與現實的交融

歷史與現實、真實與虛構、生死與愛恨、天地與人世的多重互文中，以一代詩豪之高才深情，驚豔了那段時光，牽動起永恆之美，令人百讀而未厭。

回二　八面受敵法——
論〈琵琶行〉之閱讀與理解

　　古典詩歌的閱讀與理解，並非不言自明。拙作《唐宋詩詞鑑賞縱論》曾就此略陳管見，而題外尚有餘意，故再接舊文而續論之。樂莫樂兮新相知，歡莫歡兮舊相識。樂自外生，歡從內發。一部作品由陌生而漸成熟識，恰如新知而變為舊交，其間，正是透過有效的閱讀與理解。閱讀文學作品的更高境界，是理解作品背後的作家。與運動員不同，詩人及其詩歌的價值經常不能立刻獲得展現，大多數詩人需要默默等待，等待超越空間的傳播，等待超越時間的考驗，等待超越偏見的評判，等待有效的閱讀與理解，很久，有時或許是千百年以後，才會等來知音，得到印可，正所謂「千秋萬歲名，寂寞身後事」。

　　白居易當然是幸運的，沒有等那麼久。更為難得的是，他擁有持續未斷的眾多異代知音，他們接受白居易文學遺產滋養、融會於自身創作的同時，也不斷提升、拓展了白居易的影響力。那麼，是什麼因素，何種機緣，哪些標竿，使哪些經典得以成立？成立之後的一部經典作品，讀者如何閱讀，才能回溯、重構原有的語境？如何理解，才能體會其用意，而共鳴，而深思，而感動？這既是經典化研究的議題，也是接受史研究的意義。因為經典的影響之風，或許來自同一個方向，而不同的接受者，由於自身理解的差異、迎受角度的不同，具體的接受樣態自然有別。這裡以白居易的〈琵琶行〉為例。

　　作家與作品的經典化存在互動關係，有些時候，是作品成就作家之經典，如〈長恨歌〉成就年輕的白居易「〈長恨歌〉主」的聲名，而有些則

章三　詩歌作為抒情與現實的交融

是作家成就作品之經典,如〈琵琶行〉。〈琵琶行〉,無疑是經典作家的經典作品。它在詩史上,已經與〈長恨歌〉齊名,被公認為白居易詩中的雙璧。即使沒有其他作品,只憑這兩首詩,白居易就足以千秋不朽。這個觀點,出自清代文史兼通的著名學者趙翼(1727～1814),他在《甌北詩話》卷四裡說:「香山詩名最著,及身已風行海內,李謫仙後一人而已。……是古來詩人,及身得名,未有如是之速且廣者。蓋其得名,在〈長恨歌〉一篇。……又有〈琵琶行〉一首助之,此即無全集,而二詩已自不朽,況又有三千八百四十首之工且多哉。」今存白集共有詩二千八百餘首、文八百七篇,趙翼所云「三千八百四十首之工且多」,蓋涵括詩文,約而言之。趙翼對白居易和〈琵琶行〉的定位,並非僅僅出自偏愛,而是來自對詩史的熟稔和整體考量,來自對唐代詩家的綜合比較,足以代表清代中葉以來讀者對〈琵琶行〉的總體評價。作為白居易詩中的絕唱,〈琵琶行〉這部作品,字字從心胸流出,詞情兼美,聲情並茂,不僅當時風靡宮廷里巷,千百年來亦傳頌不衰,顯示出強大的藝術生命力。許以古今長歌第一或絕作,亦不為過。明何良俊《四友齋叢說》卷二五即稱〈琵琶行〉為「古今長歌第一」,清趙翼《甌北詩話》卷四復云「〈琵琶行〉亦是絕作」。

進入 20 世紀,陳文忠《〈琵琶行〉詩化闡釋的歷史發展》(收入《中國古典詩歌接受史研究》,安徽大學出版社 1998 年版)曾簡要勾勒〈琵琶行〉在宋元明清的接受史。《唐詩排行榜》則根據歷代選本入選的資料、歷代評點的資料、20 世紀研究論文的資料、文學史著作選介的資料,同時蒐集網路連結的資料,整理出一份一百首的唐詩排行榜,〈琵琶行〉位居第二十三,儘管資料的準確性還有待完善,但不無借鏡之資。[11] 據筆

---

[11]《唐詩排行榜》(中華書局 2011 年版)謂,20 世紀以來以〈琵琶行〉為研究物件的論文「更多達

者統計，1931年至今，海內外（含中、日、韓、英、美等）有4篇學位論文、12部相關書籍、550篇文章評論和研究〈琵琶行〉，可謂白詩乃至唐詩的重點。[12] 今天來閱讀和理解〈琵琶行〉這部作品，除了知人論世，掌握背景，了解本事，細讀文字，疏通詩意，披文入情，因聲尋意之外，還須進一步推源溯流，掌握後世評論、議論和接受的情形。這是研究一部詩歌作品的一般步驟。而就其經典性而言，尤須探究其經典化由萌芽、發展及確立的演變歷史。在這一問題上，至少需要留意以下八個方面，故稱之為「八面受敵」。

（一）文字演變史

白居易在世時，其文集前後經歷十次編集整理。[13] 宋代初年，白體詩蔚然成風，引領一些白集印本問世，但流傳畢竟有限。故周必大《文苑英華序》云：「是時印本絕少，雖韓、柳、元、白之文尚未甚傳，其他如陳子昂、張說、張九齡、李翱等諸名士文集，世尤罕見。」（《文忠集》卷五十五）今存白集，有南宋初紹興刻本，其中收詩三十七卷、文三十四卷，雖已失白氏原編面貌，卻為存世最早的白集刊本。明清刊本，影響較大的有明正德十四年（西元1519年）郭勛（1475～1542）刻本《白樂天文集》三十六卷，萬曆三十四年（西元1606年）雲間馬元調（1576～1645）刊《白氏長慶集》七十一卷，清康熙間汪立名（1679～？）編注的《白香山詩集》四十卷。

傳承於日本的和刻本白集，價值較高者有兩種，第一種是17世紀江

62篇」，實際數量遠超62篇。詳見拙作《〈唐詩排行榜〉平議與勘斟》，收入《中國詩歌研究動態》第11輯，學苑出版社，2012年11月。
[12]　見拙撰《琵琶行研究縱覽（日文）》，《白居易研究年報》第13輯，日本勉誠社，2012年12月。
[13]　詳見拙著《元白詩派研究》（社科文獻出版社2007年版）附編。

戶時代的那波道圓刊活字本《白氏文集》七十一卷，這個版本是以北韓半島所傳本為底本復刻而成的，《四部叢刊》曾據以影印，雖然其刊刻年代為後水尾天皇元和四年（西元 1618 年），僅相當於中國明萬曆末年，不算早，但其所據覆宋本，則約為南宋高宗時刻本，其源出自五代東林寺本，卷帙順序與中國通行的「前詩後筆本」有很大的不同，保留了白集原編「前集後集本」的原貌，即前集五十卷，先詩後文，皆長慶四年（西元 824 年）春以前作品，是《白氏長慶集》第一次結集時的原貌；其後卷五十一至卷六十、卷六十一至卷七十，分為兩個單元，均先詩後文，保留了白氏《後集》前十卷和後十卷分次編輯的面貌。但與紹興刻本相比，那波本本文的校勘品質要略遜一籌，而且那波本還有一大缺點，就是原夾行小注概行刊落，大概是由於活字排版的技術關係，而非所據原本沒有注文。

第二種是金澤文庫舊藏本《白氏文集》，現存二十多卷，已散藏於金澤文庫之外。開成四年（西元 839 年），白居易編定《白氏文集》六十七卷，送蘇州南禪院收藏。會昌四年（西元 844 年），日本僧人惠萼於南禪院抄寫《白氏文集》攜歸。各卷後往往有惠萼跋語，後轉抄時亦得到保留。鎌倉時期，豐原奉重主持轉抄校勘《白氏文集》，始於寬喜三年（西元 1231 年），完成於建長四年（西元 1252 年）。據各卷後豐原奉重跋語，其轉抄主要依據博士家菅原家傳本，而菅原家傳本又系惠萼本之轉抄，所以金澤文庫本雖係唐抄本之轉抄本，但文獻價值可與唐抄本相媲美。例如，〈琵琶行〉詩序，紹興刻本之「元和十年」，金澤文庫本作「元和十五年」，因此，有學者據以推斷，〈琵琶行〉不是元和十一年白居易在江州遇到琵琶女所作，而是從貶地回到長安不久的長慶

初年創作的虛構作品。[14]

其他諸本〈琵琶行〉文字之異同，可參見 2012 年出版的《白居易研究年報》第 13 輯「特集琵琶行：天涯淪落之歌」中，陳翀《白居易〈琵琶行〉享受的原風景》、下定雅弘《戰後日本〈琵琶行〉研究一覽》二文後所附表格。[15]

另外，京都府立圖書館藏《長恨歌伝‧長恨歌‧琵琶行‧野馬臺》，為慶長（1596～1615）古活字刻本。而日本的選抄本和寫本中，也保留了一些已失傳的白集古本的面貌，有重要參考價值，如鎌倉時代僧人宗性的《白氏文集要文抄》（分藏於東大寺圖書館、正倉院聖語藏，抄於西元 1249 年和西元 1275 年）、醍醐寺僧阿忍的《重抄文集抄》（斯道文庫存，國會圖書館藏，抄於西元 1250 年）、關中田中坊書的《重抄管見抄白氏文集》（內閣文庫藏，抄於西元 1295 年）。另外，平安時代書法家小野道風（894～966）有〈琵琶行〉書跡，收入江戶時代慶安五年（西元 1652 年）刊行的木戶常陽所編法帖《三國筆海全書》。尊圓親王（1298～1356）亦有〈琵琶行〉書跡。室町時代末期，清原宣賢（1475～1550）有〈長恨歌琵琶行〉親筆抄卷，收入川瀨一馬編《阪本龍門文庫複製叢刊之四‧附冊》。三重大學學藝部藏《長恨歌琵琶行注》，為享祿四年（西元 1531 年）以前寫本。歷代白居易文集編纂、抄寫和刊刻，與〈琵琶行〉文字的演變歷史密切相關，是〈琵琶行〉閱讀與理解需要解決的首要問題。

關於〈琵琶行〉文字的演變研究，涉及字詞語彙、名物意象、訓詁

---

[14] 參見下定雅弘《白居易的〈琵琶引〉一名作成立的四個譜系》，《白居易研究年報》第 13 輯；中文版載於《東華漢學》第 20 期，2014 年 12 月。

[15] 陳翀《中唐における白居易「琵琶引」享受の原風景：その原本形態及び歌唱形式について》，《白居易研究年報》第 13 輯，第 71～96 頁；下定雅弘《戰後日本「琵琶行」研究一覽》，《白居易研究年報》第 13 輯，第 315～341 頁。

章三　詩歌作為抒情與現實的交融

考證等,是其他研究的基礎。儘管有些流於瑣碎,執於一端,但並非都無助於其思想和藝術分析。例如「幽咽泉流水下灘」中「水下灘」三字,有四種異文:①作「水下灘」——明萬曆三十四年馬元調刊本《白氏長慶集》,清康熙四十三年汪立名一隅草堂刊本《白香山詩集》,清康熙四十六年揚州詩局刊本《全唐詩》,明隆慶刊本《文苑英華》。②作「冰下難」——汪立名一隅草堂刊本《白香山詩集》,揚州詩局刊本《全唐詩》在「水」下注「一作『冰』」、在「灘」下注「一作『難』」;北京圖書館藏失名臨何焯校一隅草堂刊本《白香山詩集》。③作「冰下灘」——明隆慶刊本《文苑英華》在「水」下注「一作『冰』」,《四部叢刊》影印日本那波道圓翻宋本《白氏長慶集》。④作「水下難」——文學古籍刊行社影印宋紹興本《白氏文集》,清盧文弨《群書拾補》校《白氏文集》。段玉裁《與阮藝臺書》從屬對角度認為當作「冰下難」,陳寅恪取白氏本集及有關微之詩互證,贊同段玉裁說。宋紅《〈琵琶行〉「冰下難」有版本根據》從日本龍門文庫所藏清原宣賢筆錄〈琵琶行〉為「冰下難」找到了版本根據。蔣禮鴻《〈琵琶行〉的音樂描寫》則不同意段玉裁的觀點,認為應作「冰下灘」,「灘」指流動。郭在貽〈關於文言文中某些疑難詞語的解釋問題·灘〉也不同意段玉裁說,認為應作「冰下灘」,「灘」指氣力盡。此後,蔣禮鴻贊同郭在貽意見。景凱旋《白居易〈琵琶行〉「冰下灘」新證》認為,就此詩的具體語境考察,作「冰下灘」而不是作「冰下難」,將「冰下灘」的「灘」字解作水奔而不是水盡,更符合白居易的原意。汪少華《白居易〈琵琶行〉「水下灘」訓釋平議》認為,「灘」不能釋為「氣力盡」或「水奔」,應理解為「似水從灘上流下的聲響」。水下灘,勢頭急;因而這灘聲,聲響大,「幽咽泉流水下灘」,形容琵琶聲一幽一響。相關論文還有

松蔭〈關於「冰下難」〉、張立人〈「冰下難」還是「水下灘」？〉、何世英與陳斌〈「幽咽泉流冰下灘」考釋〉、曹長河〈「冰下難」與「水下灘」辨析〉、林占波〈是「泉流水下灘」還是「泉流冰下難」〉、徐復與景凱旋《白居易〈琵琶行〉「冰下灘」正解》、羅獻中與楊繼剛〈究竟用「難」還是用「灘」好？〉、羅獻中〈「難」、「灘」之爭，孰是孰非？〉等。至今亦尚無定論。

（二）作品闡釋史

經唐宣宗李忱「胡兒能唱琵琶篇」的帝王級御評以後，〈琵琶行〉即進入經典化過程。宋代以來，評論家撰寫的詩話詩論、序跋筆記中，富含著大量有關〈琵琶行〉的評點、賞析、議論與考釋。例如趙翼《甌北詩話》謂〈琵琶行〉情事非居官者所為，「蓋特香山藉以為題，發抒其才思耳」；同時又據〈夜聞歌者〉一詩所述，疑「聞歌覓人，竟有其事」，頗能啟發讀者思考詩作的本事與體裁的關係。

作品闡釋史方面，不僅涉及〈琵琶行〉的詩歌作意，前後傳承，藝術賞析，創作時間與地點，敘事與描寫的真偽，語詞名物的考證解析，思想與格調的評價，還包括與白居易其他作品以及其他詩人的同類作品進行的對比點評，等等。透過這些問題的探究，學者力圖釐清〈琵琶行〉創作與傳播相關問題，並分析其詩歌文字藝術特色。從經典化的建構來看，也正是由於大量評點賞析的存在，〈琵琶行〉經典化才有了進一步發展的途徑。

近代〈琵琶行〉研究的第一篇專文，是 1931 年戴仁文在《澄衷半年

章三　詩歌作為抒情與現實的交融

刊》發表的〈讀白居易琵琶行〉，作者從「蒼茫萬古的事實」和「作者如神的文筆」兩個方面談論了讀白居易〈琵琶行〉的感想和心得，對〈琵琶行〉處理景、情、聲的高超藝術大加讚嘆。嚴格講，它與後來的〈琵琶行故事之點滴〉、〈譯詩叢話：白居易的琵琶行〉一樣，並非真正意義上之研究。真正意義上之研究，始於陳寅恪（1890～1969）發表在《嶺南大學學報》第 12 卷第 2 期（西元 1950 年 6 月）的《白香山〈琵琶行〉箋證》。這篇文章，形式是傳統的，但思維是現代的，堪稱是近代〈琵琶行〉研究的奠基之作。儘管在個別細節、個別結論上，後人不乏後出轉精之處，但其用思之綿密、學識之博深、見解之獨到，卻堪稱超拔，罕有其匹。而且無論在「詩史互證」的文化分析方法上，還是在「比較分析」的論證上，其思路都具有典範意義，沾溉至今。此外，《陳寅恪「元白詩證史」講席側記》第三節專記陳寅恪在中山大學課堂講授〈琵琶行〉之內容。其中提到「同是天涯淪落人，相逢何必曾相識」，這個意思是重要的，但是在詩中它並不是最重要的。更深刻隱晦的感情是存在於這句詩裡：「弟走從軍阿姨死。」這裡表明了詩人反對戰爭的態度。可以與其論文相互參看。陳寅恪還認為，白居易的〈琵琶行〉與元稹的〈琵琶行〉、劉禹錫的〈泰娘歌〉、李紳的〈悲善才〉，都有濃厚的「自悲身世」的色彩，這一見解點出「長慶體」內容上的共同取向，亦頗有見地。

〈琵琶行〉語詞方面，也是作品闡釋史的重要內容。例如〈琵琶行〉中的「瑟瑟」，有三種解釋：①寒冷顫抖。見霍松林《白居易詩選譯》。取義未詳。②風吹草木聲。③本珍寶，其色碧，故以影指碧字，藉以形容秋野之色。此說出自楊慎、鮑維松《關於白居易〈琵琶行〉中「瑟瑟」一詞的注釋問題》，從白居易的用詞習慣和〈琵琶行〉所描寫的環境加以分

析，亦認為楊慎之說正確。拙作《關於白居易詩中「瑟瑟」一詞的解釋》連繫白居易詩集中，凡十五次出現的「瑟瑟」一詞，認為從〈琵琶行〉所描寫的環境和所烘托的氣氛看，皆秋夜送客那種蕭瑟落寞之感，並非以樂景襯哀情，釋為「碧綠的秋野」（鮑維松文），不僅於詞義難通，而且於詩中之境、詩人之情亦有違礙。〈琵琶行〉所要傳達的情感，和鮑維松文中提及的白居易〈五鳳樓眺望〉一詩，迥然有別，未可相提並論。另外，鮑維松文駁「夜中何能見出碧色」之論，謂「夜」字不必拘泥，可視為黃昏到夜晚，或徑視為「暮送客」亦可，此亦嫌牽強。相關論文還有王同策〈且說「瑟瑟」〉、余文佐《白居易詩中的「瑟瑟」：兼與〈「秋瑟瑟」指秋風質疑〉商榷》、何泗忠〈「瑟瑟」非「蕭瑟」——對教材「楓葉荻花秋瑟瑟」中「瑟瑟」二字注釋的異議〉、孫雍長〈此「瑟瑟」非彼「瑟瑟」〉和〈「瑟瑟」定讞〉等。

此外，關於「弟走從軍阿姨死」、「青衫」、「欲語遲」、「第一部」、「善才」、「夢啼妝淚紅闌干」、「鈿頭雲篦」、「蝦蟆陵」等語彙，亦有值得深究者。此類文章可以列舉的，還有魯生〈「去來江口守空船」的「去來」〉、陸精康〈「越明年」是何年？〉、牛鍾林〈「五陵」注補〉、陶智《談〈琵琶行〉中的「轉」》、袁渝生《〈琵琶行〉中的「暫」字》、董煥金〈「卻坐」該怎樣理解〉、周超〈「銀瓶」考〉、胡林〈也談「花朝」〉等，以及王京娜《〈琵琶行〉注釋補正》、黃志浩《關於〈琵琶行〉中一詩句的釋疑》、周建成《〈琵琶行〉注釋商榷和補充》、李秉鑑〈「琵琶別抱」小考〉、劉亮〈也談「商女」的問題〉等，皆不無參考價值。

章三　詩歌作為抒情與現實的交融

■（三）選本沉浮史

　　與其推崇的前輩杜甫相比，白居易詩歌經典化的比例相形見絀。這不能盡歸因於數量太多，揀擇不嚴，選本的因素也很重要。作為古老的文學評論方式，選本與評點、序跋、詩話等，共同構成評論中國文學的重要形態，影響力不可小覷。「選書者非後人選古人書，而後人自著書之道也。」[16] 層出不窮的各類選本中，一位元作家作品的入選比例，是作家地位高低的象徵，作品受關注程度的代表；對接受者的選擇及閱讀趣尚，有導向和牽制作用，正所謂「選者之權力，能使人歸」[17]。歸者，終也，歸宿結局也，所謂天下殊途而同歸。

　　唐五代的詩歌選本，選錄白居易詩者有韋莊《又玄集》、韋縠《才調集》等，但均未收〈琵琶行〉。宋代的唐詩選本，從體裁方面來看，多以律、絕為主，未見收錄〈琵琶行〉者。而從時代方面來看，宋代的唐詩選本主要以中、晚唐為主。如洪邁《萬首唐人絕句》、柯夢得《唐絕句選》、劉克莊《唐五七言絕句》、周弼《三體唐詩》等。除此之外，宋代較為有名的唐詩選本有王安石《唐百家詩選》，趙師秀《眾妙集》、《二妙集》等。其中，王安石《唐百家詩選》專選大家以外的詩人作品，因而並未選取李白、杜甫、王維、白居易等人的作品。林之奇弟子呂祖謙《東萊集注類編觀瀾文集》選白居易詩文作品九篇：〈江南遇天寶樂叟歌〉、〈無可奈何歌〉、〈長恨歌〉、〈太行路〉、〈座右銘並序〉、〈養竹記〉、〈太湖石記〉、〈廬山草堂記〉、〈饒州刺史吳府君神道碑銘〉。趙師秀的兩部詩集則主要選賈島、姚合及相關類似詩人的作品，因此，也未選取白詩。宋代收錄〈琵琶行〉者，或為《文苑英華》這樣的總集，或為《事類備要》、《事文類

---

[16]　〔明〕譚元春：〈古文瀾編序〉，《譚元春集》卷二十二，上海古籍出版社1998年版，第601頁。
[17]　〔明〕鐘惺：〈詩歸序〉，《隱秀軒集》卷十一，明天啟二年沈春澤刊本。

聚》這樣的類書。元代較重要的唐詩選本，有方回《瀛奎律髓》、楊士弘《唐音》等。其中，《瀛奎律髓》專選唐、宋兩代的五言、七言律詩。而《唐音》收錄白居易詩七首，未收〈琵琶行〉。總之，明、清之前的唐詩選本，尚罕見收錄〈琵琶行〉者。這主要並非緣於詩歌風尚或審美傾向的偏好，而與選本尚未全面成熟和風行有關。

〈琵琶行〉進入選本，主要在明、清時期。明、清以後，詩歌選本與總集數量及種類逐漸增多，其中較為重要的唐詩選本，如果涵蓋七言古詩，基本都會收錄〈琵琶行〉，以之代表其在七言古詩領域的藝術成就。如明代的《唐詩品彙》、《唐詩解》、《唐詩選脈會通評林》、《石倉歷代詩選》、《唐詩歸》、《唐詩鏡》等，清代的《雅倫》、《詩法醒言》、《全唐詩錄》、《中晚唐詩叩彈集》、《唐詩三百首》、《御選唐宋詩醇》、《唐詩別裁集》、《十八家詩鈔》等。在收錄的同時，有些詩歌選本還會加以評點，指出〈琵琶行〉在內容或藝術等方面的特點。因此，明、清時期，就詩歌選本而言，是〈琵琶行〉大放異彩的階段。

明初較典型的唐詩選本，首推高棅的《唐詩品彙》。其中卷三十七「七言古詩十三」，僅選取白居易的古詩一首，即〈琵琶行〉，以之代表白居易在七言古詩方面的造詣與成就。而在《唐詩品彙·總序》中，高棅對白居易的評價是「元、白敘事務在分明」，表達了對白居易詩歌敘事特點的總體評價。唐汝詢《唐詩解》卷二十收錄有〈琵琶行〉，並評曰：

此樂天宦遊不遂，因琵琶以託興也。言當清秋明月之夜，聞琵琶哀怨之音，聽商婦自敘之苦，以動我逐臣久客之懷，宜其泣下沾襟也。《連昌（宮詞）》紀事，〈琵琶（行）〉敘情，〈長恨（歌）〉諷刺，並長篇之勝，而高、李弗錄，余採而箋釋之，俾學者有所觀法焉。

章三　詩歌作為抒情與現實的交融

　　周珽（1565〜1645）《唐詩選脈會通評林》卷二十五、《御選唐宋詩醇》卷二十二引此。《刪訂唐詩解》卷十略作：「清秋月夜，聞琵琶哀怨之音，聽商婦自敘之苦，逐臣久客，宜其泣下沾襟也。〈連昌〉紀事，〈琵琶〉敘情，〈長恨〉諷刺，並長篇之勝，而高、李弗錄，余採而箋釋之，俾學者有所觀法焉。」《刪補唐詩選脈箋釋會通評林》卷二十五「中唐七古下」收錄〈琵琶行〉，選錄諸家之評並斷以己意：

「飲無管弦」，埋琵琶話頭。一篇之中，「月」字五見，「秋月」三用，各自有情，何嘗厭重！「聲沉欲語遲」，「沉」字細，若作「停」字便淺；「欲語遲」，形容妙絕。「未成曲調先有情」，「先有情」三字，一篇大機括。「弦弦掩抑」下四語總說，情見乎辭。「大弦」以下六語，寫琵琶聲響，曲窮其妙。「冰泉冷澀」四語，傳琵琶之神。「銀瓶」二語，已歇而復振，是將罷時光景。

「唯見江心秋月白」，收用冷語，何等有韻！「自言本是京城女」下二十二句，商婦自訴之詞，甚誇、甚戚，曲盡青樓情態。

「同是天涯」二句，鍾伯敬謂：「止此，妙；亦似多後一段。」若止，樂天本意，何處發舒？唯以淪落人轉入遷謫，何等相關！香山善鋪敘，繁而不冗，若百衲衣手段，如何學得？通篇散緩，末段□□□注水一□，便□更無餘適，惹厭。

□□曰：「『凝絕不通聲暫歇』，以此說曲罷，情理便深。『門前冷落』二句，喚醒人語，不怕說得敗興。」

陸時雍曰：「形容彷彿。」又曰：「作長歌須得崩浪奔雷、騫澗騰空之勢，乃佳；樂天只一平鋪次第。」

　　曹學佺（1574〜1646）編《石倉歷代詩選》卷六十一「中唐十五」，鍾惺（1574〜1624）、譚元春（1586〜1637）編《唐詩歸》卷二十八「中唐

四」均收錄〈琵琶行〉,《唐詩歸》並在批注中多次說到「情」字,點出〈琵琶行〉的一大特點[18],而「今取其詞旨蘊藉而能自出者」,也可看作是對於〈琵琶行〉的評價。陸時雍（1585 ?～1640）《唐詩鏡》卷四十三「中唐第十五」評價〈琵琶行〉曰:「樂天無簡練法,故覺頓挫激昂為難。」並云:「樂天詩淺淺能真,語多近達,佳處不在句內。」指出〈琵琶行〉平易真摯又不失蘊藉,句外尚含風情的特點。

清代選本中,〈琵琶行〉見收於費經虞（1599～1671）《雅倫》卷九,張潛（1621～1678）《詩法醒言》卷七,徐倬（1623～1712）《全唐詩錄》卷六十二,杜詔（1666～1736）與杜庭珠《中晚唐詩叩彈集》卷一,蘅塘退士孫洙（1711～1778）《唐詩三百首》卷三「七言古詩」,清高宗愛新覺羅‧弘曆（1711～1799）《御選唐宋詩醇》卷二十二,沈德潛（1673～1769）《唐詩別裁集》卷八,曾國藩（1811～1872）《十八家詩鈔》卷十三等,諸選家也多有評語。

例如,《雅倫》評語曰:「元白之詩,唐人已有議論,而後人亦有學之者,亦有非之者,大抵為詩家一體。其率易輕佻太甚者,固不可為法;若〈長恨歌〉、〈琵琶行〉、〈連昌宮詞〉,亦是絕物。」《詩法醒言》選錄〈琵琶行〉全詩,列入「疏放」一品,又於「本源」評語云:「陸無文曰:聲者,歌也;辭者,文也。夫曰無辭,非盡無辭也,謂其不成文也。如琴譜之鉤挑剔抹,止圖其形,實無其辭,而彈之卻有聲焉。又如漢樂府〈臨高臺〉之末句曰:『收中吾。』此後世所謂尾聲也,雖傳其辭,實不成文。若曰無聲,是前調已盡,後調未興。如白樂天〈琵琶行〉『此時無聲勝有聲』,餘音裊裊,雖有聲,實無聲也,又安得有辭。」

《中晚唐詩叩彈集》點評曰:「以上琵琶婦自敘;下,樂天自言遷謫

---

[18] 例如:「妙在真情不諱」,「以此說曲罷,情理便深」等。

之感也（『夢啼妝淚』句下）。」《唐詩三百首》評云：「（同是天涯淪落人，相逢何必曾相識）一句作詩之旨。」《唐詩別裁集》的評點，承繼《刪補唐詩選脈箋釋會通評林》之評，兩次強調點出「江月」的描寫。同時，對全詩主旨加以總結：「寫同病相憐之意，惻惻動人。」並分析云：「諸本『此時無聲勝有聲』，即無聲矣，下二句如何接出？宋本『無聲復有聲』，謂住而又彈也。古本可貴如此。」《御選唐宋詩醇》評曰：「滿腔遷謫之感，借商婦以發之，有同病相憐之意焉。比興相緯，寄託遙深，其意微以顯，其音哀以思，其辭麗以則。十九首云：『清商隨風發，中曲正徘徊。一彈再三嘆，慷慨有餘哀。』及杜甫〈觀公孫大娘弟子舞劍器行〉，與此篇同為千秋絕調，不必以古近前後分也。」這部乾隆御定的詩選流傳廣泛，此處的評論涉及詩歌意旨、詩作筆法、聲情藝術等各個方面，其「千秋絕調」的定位，遂成後世詩壇之基調。

▰ （四）作品模仿史

沒有誰的成功可以簡單地複製，但沒有哪一部名作不可以模仿。模仿是對接受對象的最佳致敬方式，而且模仿者越多，經典化機率越大。維根斯坦（L.J. Wittgenstein）所謂「閱讀是從原件推出複製品」[19]。

自唐宣宗「胡兒能唱琵琶篇」的御評起，〈琵琶行〉即進入經典化過程。後世以同題或同體方式模仿〈琵琶行〉之作，有陳謙（1144～1216）〈續琵琶行〉（今僅存兩句）、白玉蟾（1134～1229）〈琵琶行〉、戴復古（1167～1248）〈琵琶行〉、方回（1227～1307）〈于氏琵琶行〉、楊維楨（1297～1370）〈李卿琵琶引〉、周巽（1376前後）〈琵琶曲〉、胡應麟

---

[19] 陳嘉映譯：《哲學研究》，上海人民出版社2001年版，第99頁。

(1551～1602)〈琵琶行並序〉、談遷(1594～1658)〈續琵琶行寄張深之都督並序〉、吳偉業(1609～1672)〈琵琶行並序〉、杜濬(1611～1687)〈琵琶行〉、屈大均(1630～1696)〈琵琶行贈蒲衣子〉、李蘭(1692～1736)〈題琵琶亭即用香山原韻〉、桑調元(1695～1771)〈琵琶亭疊白韻〉、曹秀先(1708～1784)〈衍琵琶行有序〉、陸費瑔(1784～1857)〈江船琵琶曲〉、吳壽平(西元1808年，舉人)〈續琵琶行〉、龔自珍〈秋夜聽俞秋圃彈琵琶賦詩書諸老輩贈詩冊子尾〉等。

這裡單表工詩善書的禮部尚書曹秀先。曹秀先，字冰持，新建（今江西南昌）人。他路過潯陽，尋訪琵琶亭，看到有亭巋然，但不聞琵琶之聲，想起白司馬歌詠，當時情景，宛然在目。於是引其詞而長之，命曰〈衍琵琶行〉，將香山〈琵琶行〉的每一句衍為四句，依次而下，逐句擴寫，進行二次創作，把88句616言的〈琵琶行〉原作，衍化成352句2,464言的巨幅新篇。其詩序云：「余過潯陽，訪所謂琵琶亭者，有亭巋然，不聞琵琶之聲。憶白司馬歌詠，當時情景，宛然在目。引其詞而長之，命曰〈衍琵琶行〉。」詩云：

> 潯陽江頭夜送客，吳楚中間開水驛。
> 兒童報導司馬來，名曰居易姓曰白。
> 楓葉荻花秋瑟瑟，一派秋聲吹鬢篆。
> 江上淒清總可哀，況是相逢驪唱日。
> 主人下馬客在船，紛紛別緒若為牽。
> 冀得石尤風一起，明朝繫纜此江邊。
> 舉酒欲飲無管弦，寂然對酌當離筵。
> 多少漁燈散江面，照成李郭兩神仙。

章三　詩歌作為抒情與現實的交融

　　醉不成歡慘將別，天涯分袂情難說。
　　潯陽作郡送迎難，只愁柳條盡攀折。
　　別時茫茫江浸月，異地風煙寄舟筏。
　　故人心事訴分明，彼此書空還咄咄。
　　忽聞江上琵琶聲，此聲端不似無情。
　　可能彈出明妃曲，教人怨恨一時生。
　　主人忘歸客不發，豈是離悰未休歇。
　　但覓知音古亦稀，誰操絕調蛟龍窟。
　　尋聲暗問彈者誰，商陵牧子不同時。
　　又疑滯跡江湖外，關山月向笛中吹。
　　琵琶聲停欲語時，知他何喜更何悲？
　　底事四弦聲緊慢，惱人情緒一絲絲。
　　移船相近邀相見，渺渺予懷生眷戀。
　　自哂文人癖未除，混跡通榮與優賤。
　　添酒回燈重開宴，江頭主客不知倦。
　　醉吟居士久牢騷，藉澆塊磊咸稱善。
　　千呼萬喚始出來，故故姍姍步卻回。
　　不是多情鍾我輩，那能覿面弗相猜。
　　猶抱琵琶半遮面，主客凝神銀海眩。
　　纖纖諒不似從前，遮莫秋來舊紈扇。
　　轉軸撥弦三兩聲，調音操縵手將迎。
　　欲待琵琶不振響，莫慰主客意縱橫。
　　未成曲調先有情，有情二字誤平生。

而今試把鵾弦弄，涇水贏於渭水清。
弦弦掩抑聲聲思，性自沉吟百工媚。
悠然想見漢宮人，按曲徵歌成金翠。
似訴平生不得意，弦中句語聲中字。
何必鬚眉好丈夫，哭途泣路心如醉。
低眉信手續續彈，歷厤落落興未闌。
遠客一尊消不得，幽憂苦調摧心肝。
說盡心中無限事，心中暗灑弦中淚。
巾幗羈愁江上舟，命之窮也時不利。
輕攏慢撚抹復挑，徐徐盡態費招邀。
淡泊形容聲細細，管渠雨驟與風飄。
初為霓裳後六么，隸事翻新譜亦調。
轉疑不是文君操，司馬奚緣解渴消。
大弦嘈嘈如急雨，曾無點滴到塵土。
怕與江上風水遭，雪浪直撼江邊樹。
小弦切切如私語，兒女妮妮相爾汝。
不知琵琶是何聲，忘卻曲彈到幾許。
嘈嘈切切錯雜彈，閒暇神情活指端。
除是精能成妙技，得心應手豈非難。
大珠小珠落玉盤，但聞清聲橫闌干。
聲將透及珠微碎，聽來還未覺摧殘。
間關鶯語花底滑，好音弦上時相軋。
歷歷偷囀紅袖中，一路清聲鳴遠戛。

101

章三　詩歌作為抒情與現實的交融

幽咽泉流水下灘，清音互答向回湍。
竟是冰桐齊一例，鍾期聆得愜餘歡。
水泉冷澀弦凝絕，凍風吹成澗邊雪。
弦上莫聞澀澀聲，感到人間歲寒節。
凝絕不通聲暫歇，依舊風情生倏忽。
當筵悵望耳無聞，舉首青天問明月。
別有幽愁暗恨生，婦人心事果難明。
誰無愁恨還輸汝，轉恐舟中載不輕。
此時無聲勝有聲，蕭蕭慘慘各崢嶸。
萬事刺懷眉上現，未須撥弄客心驚。
銀瓶乍破水漿迸，紛灑井幹心不競。
詎道鐵琵經手彈，隱隱清商帶風勁。
鐵騎突出刀槍鳴，鎧甲光寒大將行。
潛師間道制奇勝，婦人幻作琵琶聲。
曲終收撥當心畫，轉捩權奇中隔逆。
那聞五音競響臻，比視千金輕一擲。
四弦一聲如裂帛，清商暗動齒牙掣。
彈者熟練局初完，多少豪人盡回席。
東舟西舫悄無言，一洗耳畔祛勞喧。
似解琵琶曲真妙，遷客離人何處村。
唯見江心秋月白，委波一片淨圓璧。
依稀直上廣寒宮，霓裳羽衣仙子夕。
沉吟放撥插弦中，黯淡風姿若個同？

玉人老去嬌如舊，江上秋風任轉蓬。
整頓衣裳起斂容，一枝霜月蘸芙蓉。
多年未睹車旗色，此夜尊前抵折衝。
自言本是京城女，長安甲第連禁禦。
區區弱質此間生，誓不牽絲到吳越。
家在蝦蟆陵下住，下馬陵成鍾訛誤。
我家住此幾何年，尚有田園有墳墓。
十三學得琵琶成，才把琵琶玉手輕。
自是因緣關愛好，嬌姿宛轉可憐生。
名屬教坊第一部，居然女子持門戶。
豈真他可壓簪紳，能向人前歌且舞。
曲罷曾教善才伏，歌喉跌蕩還回覆。
品題今古善歌人，不絲如竹竹如肉。
妝成每被秋娘妒，不分眉蛾兼齒瓠。
世途兩美傾軋多，同業同時不同路。
五陵年少爭纏頭，裘馬翩翩指翠樓。
卻慕虛名謁門下，外間謾自詡風流。
一曲紅綃不知數，物力艱難那省顧。
慘欷泣淚盡鮫人，歡盡朝朝還暮暮。
鈿頭雲篦擊節碎，少年不禁顛狂態。
桃李春風爛漫花，蜂蝶紛紛舞成隊。
血色羅裙翻酒汙，石榴花瀉金盤露。
狹斜惡少結同心，回望西陵松柏樹。

103

章三　詩歌作為抒情與現實的交融

　　今年歡笑復明年，縮得光陰買笑錢。
　　愛色人多愛才少，春蠶絲盡懶成眠。
　　秋月春風等閒度，別家管領情回互。
　　描卻遠山頻蹙眉，學走金蓮尚翹步。
　　弟走從軍阿姨死，單形隻影苦蓮子。
　　亦復門庭氣象衰，日日催人迅彈指。
　　暮去朝來顏色故，駒隙奔馳曾弗駐。
　　兒時憶得礦桃花，肌容羞卻織縑素。
　　門前冷落車馬稀，待欲題門燕子飛。
　　燕子自遺來往影，肯隨舊雨欸柴扉。
　　老大嫁作商人婦，也賦鸞鳳親井臼。
　　昔年掌上弄明珠，青青化作章臺柳。
　　商人重利輕離別，自渠本色不相欺。
　　我曾綺席承官長，低唱陽關卻為誰。
　　前日浮梁賣茶去，計較錙銖向羈旅。
　　候火應烹苦味濃，未識夢迴何處所。
　　去來江口守空船，今日船中儂可憐。
　　水鳥雙雙掠舟過，野鴨無因飛上天。
　　繞船月明江水寒，江中穆穆跳金丸。
　　薄命自慚無月樣，一年圓得幾回團。
　　夜深忽憶少年事，九枝燈下海棠睡。
　　一刻千金不領春，癡人要墮傷心淚。
　　夢啼妝淚紅闌干，博得拋家髻一看。

104

潯陽郭外人初醒，那識江城有達官。
我聞琵琶已嘆息，風土操音來自北。
往時王粲賦登樓，直是欲歸歸不得。
又聞此語重唧唧，譬如貴人初謝職。
莫誇曩昔住京城，點綴風華來澤國。
同是天涯淪落人，謾言物色尚風塵。
汝嫁茶商元寂寞，我官司馬剩清貧。
相逢何必曾相識，萍水孤蹤亦暫即。
如此燈前一識君，錦字迴文認誰織。
我從去年辭帝京，蕭條僕馬指南征。
算是玉皇香案吏，詎真物外住蓬瀛。
謫居臥病潯陽城，遊宦無聊心曳旌。
五架三間草堂在，謾勞五老笑相迎。
潯陽地僻無音樂，人誦詩書守純樸。
但知山水有清音，水宮亭背山廬嶽。
終歲不聞絲竹聲，東山冷處負平生。
只學蘭亭修禊會，一觴一詠暢幽情。
住近湓江地低溼，九派風濤鋪漅滁。
均傳此地是長沙，若遇賈生哀欲泣。
黃蘆苦竹繞宅生，裊裊娟娟競野榮。
信此官曹荒涼甚，不堪風雨下深更。
其間旦暮聞何物，深樹菁蒼遠山屹。
因風訝得怪聲來，誰能久居不鬱鬱。

章三　詩歌作為抒情與現實的交融

杜鵑啼血猿哀鳴，物類何當心不平。
三更月上催歸急，十二時中落淚盈。
春江花朝秋月夜，貴遊行樂居亭榭。
謫宦心情怯景光，蕭索獨愁無稅駕。
往往取酒還獨傾，儼覺淵明風骨清。
束帶無心營五斗，漉巾乞食有誰爭。
豈無山歌與村笛，粗有聲音破虛寂。
或騎牛背棹漁舟，擬若梨園非勁敵。
嘔啞嘲哳難為聽，敢從海上叩秦青。
吏散官閒空索句，杯中物盡板扉扃。
今夜聞君琵琶語，惆悵何因理愁緒。
西蜀琵琶即有峰，隴山鸚鵡弗如汝。
如聽仙樂耳暫明，鈞天彷彿奏瑤京。
潯陽城外少此調，邇日江山韻亦清。
莫辭更坐彈一曲，妙曲泥人心不足。
竟教北海再開樽，無礙楚庭方滅燭。
為君翻作琵琶行，胡笳十八拍還成。
潯陽後有遊人過，商婦能歌或著名。
感我此言良久立，由來知己下車揖。
粉黛看看末路難，不獨傷心背鄉邑。
卻坐促弦弦更急，一彈再鼓難收拾。
未是弦催手腕疲，新知舊好懷憂悒。
悽悽不似向前聲，木落風寒水一泓。

> 惹恨難迴腸九折，歌喉順處逆人情。
> 滿座重聞皆掩泣，欣慨胡然遽交集。
> 憐渠不早立身名，中流壺系判呼吸。
> 座中泣下誰最多，樂極悲來泣當歌。
> 懷土思鄉全不耐，鏡中髮白影婆娑。
> 江州司馬青衫溼，半世豪雄付歌什。
> 酒闌歸散客亦行，商婦迴向空船泣。[20]

由一衍四，衍句為篇，蜜中兌水，錦上添葉，卻也敷演細緻，妙合無垠；通觀各篇，肌理清晰，格態自標，可獨可聯，令人嘆為觀止。其門人楊復吉〈衍琵琶行跋〉稱讚說：「潯陽江頭，商婦琵琶。自有白傅一詩，遂成雙絕；今更得地山夫子（曹秀先號地山）引而申之，千秋韻事，鼎足而三矣。」支持者備至。但在詩史上，這篇〈衍琵琶行〉實在默默無聞。歷史無言，卻述說一切；流水不語，但淘盡塵沙。

道光二十六年（西元1846年），湖北天門人熊莪（1776至1780～？）又有〈琵琶行分句吟草〉，更變本加厲，據〈琵琶行〉八十八句，逐句分詠，逐句詮發，分韻五言，如第一首〈潯陽江頭夜送客〉（得「江」字）云：

> 潯陽今夜永，送客到秋江。派自波分九，燈看影照雙。心隨明月去，聲聽遠鍾撞。鷁舫牽離緒，驪歌按別腔。驛亭楊柳岸，溢浦木蘭艭。此夕權停槳，來朝但繫樁。樽將開北海，燭待剪西窗。不盡河梁意，宵吟答石瀧。

又如第二首〈楓葉荻花秋瑟瑟〉（得「秋」字）：

> 一碧潯陽水，何堪瑟瑟秋。荻花堆岸嶼，楓葉卷汀洲。感物頻增

---

[20] 上海書店《叢書集成續編》第130冊影印《昭代叢書》戊集續編，第29～34頁。

章三　詩歌作為抒情與現實的交融

慨，行人易惹愁。無邊皆暮景，不盡此長流。絢日飛溪口，凝霜滿渡頭。難為三宿去，且作半宵留。月冷朦朦印，雲涼淡淡浮。西風帆影遠，兩地恨悠悠。

全部共計排律88首。自敘云：「七千四十字，同史遊〈急就〉之章；八十有八篇，仿陸子〈連珠〉之體。鏤金錯采，敢詡龍雕；弄月吟風，難藏鳩拙。白公佳詠，真慚依樣之葫蘆；黃土香魂，豈類無鹽之刻劃，質諸同好，請共解嘲。」自謙中有自詡。後附胡德坤〈琵琶行分句吟草題詞〉亦讚云：「八十八章花作字，令人一讀一生香。」（清光緒二十七年天門熊氏廣安刻本〈琵琶行分句吟草〉卷首）昔日唐人趙嘏衍薛道衡〈昔昔鹽〉二十句為二十首，殆如春官程試，摘句命題，而熊莪則更變本加厲也。

總之，〈琵琶行〉的作品模仿史，在形式上多種多樣，既有唱和、續作，也有創作過程中的效仿、模擬，其體裁之接受，大端表現為樂府歌行體與敘事之融合。同時，還有〈衍琵琶行〉這樣的擴寫，〈琵琶行分句吟草〉這樣的改作，更不限於體式體裁上的繼承。至於只是在主題上沿承〈琵琶行〉天涯淪落之感，或在自己的詩歌創作中，學習〈琵琶行〉的藝術風格、寫作技法、詞語典故等，則更數不勝數。

（五）詩跡流傳史

以上，以文集文獻整理為主體的文字演變史，以歷代詩歌選本與評點為主體的選本沉浮史，以文學評論家為主體的作品闡釋史，以作品為主體的作品模仿史，主要是在時間線索上展開的，而詩跡流傳史則主要在空間領域展開。詩跡指詩人留下的詩歌遺跡。廣義上涵蓋物質性遺跡

和非物質性遺跡，狹義上僅指前者，包括與詩人相關的遺跡遺址、故居舊宅、墳塋墓地、祠堂廟祀、墓碑墓葬、樓閣亭榭、堂舍石窟、石刻壁畫及各種紀念性塑像、雕塑、場館、建築物等不可移動或難以移動的名勝遺跡。除此之外，還應包括其本人之藏書、器物、手稿、書法、碑帖、繪畫、出土文物及相關的工藝品、文人畫、版畫、年畫、版刻、插圖、郵票、圖書、檔、圖片、照片、錄音、影片、數位化多媒體等可移動的文獻與文物遺跡。

與〈琵琶行〉相關的詩跡，主要是江西九江的琵琶亭。宋元明清以降，關於九江琵琶亭遺跡詩歌吟詠的記載和品評，一向不絕如縷。在各種山志、縣志、府志、鎮志等方志中較為集中。《吳船錄》即述及江州琵琶亭、思白堂及江州呂勝己隸書〈琵琶行〉刻石。據拙編《白居易資料新編》，以琵琶亭為題之詩詞，共計 203 題 234 首，還有許多未在題目出現但主題亦為詠琵琶亭者，合計 232 題 266 首，涉及作者 166 人。可見，除仿擬擴續與唱和之外，〈琵琶行〉主題沿承主要展現在蔚為大宗的琵琶亭詩。

琵琶亭詩，將〈琵琶行〉發展出「敘寫故事」與「遺跡詠懷」兩大主題，並逗惹出後世詩人不同的情感接受取向，不妨比附佛教中十二緣起的第七支──受的三種情形，即苦受、樂受、不苦不樂受，約略分為以下三類：

第一類，超然物外，寄託今昔之慨。這是福建人吳處厚（西元 1053 年，進士）定下的調，其〈題九江琵琶亭〉云：「夜泊潯陽宿酒樓，琵琶亭畔荻花秋。雲沉鳥沒事已往，月白風清江自流。」[21]承其調者，有江西建昌人李彭〈小憩琵琶亭呈環中養正〉，晚年定居九江的安徽宣城人周紫

---

[21]《青箱雜記》卷八，李裕民點校本，中華書局 1985 年版，第 83 頁。此詩作者或作宋敏求，又作王安國，非也。詳見拙作〈〈題琵琶亭〉、〈送客西陵〉作者考〉，《中國典籍與文化》2015 年第 1 期。

章三　詩歌作為抒情與現實的交融

芝（1082～1155）《琵琶亭二絕》，義烏人喻良能（1120～？）〈琵琶亭〉，山東汶陽人周弼（1194～？）〈琵琶亭〉等。

第二類，微諷樂天未能忘情仕宦。始作俑者，為夏竦〈江州琵琶亭〉：「年光過眼如車轂，職事羈人似馬銜。若遇琵琶應大笑，何須涕泣滿青衫！」繼其基調，又有南宋江湖詩人戴復古（1167～1248）的〈琵琶亭〉。同樣可以歸入此類的，還有宋景祐進士史沆〈題琵琶亭〉等。宋濂（1310～1381）〈題李易安所書琵琶行後〉開篇基調與夏竦差不多：「佳人薄命紛無數，豈獨潯陽老商婦。青衫司馬太多情，一曲琵琶淚如雨。」而結尾則已經比較辛辣了：「生男當如魯男子，生女當如夏侯女。千年穢跡吾欲洗，安得潯陽半江水。」更有甚者，詬罵香山，謂其犯教而敗俗。其琵琶之辭，必當毀板，琵琶之亭及廬山草堂，胥拆毀而滅其跡，庶幾乎風流種絕。[22] 儼然要興起一椿詩案。

還好，尚有第三類，對樂天抱以同情之理解。這一基調是歐陽脩（1007～1072）奠定的。宋仁宗景祐二年（西元1035年），歐陽脩以「越職言事」，被貶為夷陵（今湖北宜昌）縣令，途經長江，登琵琶亭，寫下〈琵琶亭〉：「樂天曾謫此江邊，已嘆天涯涕泫然。今日始知予罪大，夷陵此去更三千。」十年前他還撰有〈琵琶亭上作〉：「九江煙水一登臨，風月清含古恨深。溼盡青衫司馬淚，琵琶還似雍門琴。」用雍門子周以善琴見孟嘗君的典故，借指哀傷的曲調。昔雍門子以琴見孟嘗君，陳辭通意，撫心發聲，孟嘗君為之增欷歔唈，流涕交橫，韓娥曼聲，哀哭十里，老幼悲愁，垂涕相對，三日不食。還為曼聲，長歌十里，長幼喜躍抃舞，難以自禁。若非真情流露，何以如此感人？大概是因為同病相憐吧，所以倍感淒涼。南宋四川進士郭明覆〈琵琶亭〉，更進而讚許樂天左遷司馬

---

[22]　舒夢蘭：《天香隨筆》，見宇宙風社1936年重印本《遊山日記》。

卻恬然自安、放懷適意的情懷。女詩人葉桂女也有相似的感慨——「樂天當日最多情,漚滴青衫酒重傾。明月滿船無處問,不聞商女琵琶聲」。張耒詩學白樂天,更有切身體會,其〈題江州琵琶亭〉云:「危亭古榜名琵琶,尚有楓葉連荻花。嗚呼司馬則已矣,行人往來皆嘆嗟。司馬風流映千古,當日琵琶傳樂府。江山寂寞三百年,潯陽風月知誰主。我今單舸泛江潭,往來略已遍東南。可憐千里傷心目,不待琵琶淚滿衫。」

最值得關注的,是一位適與白樂天同壽的清代九江關督——瀋陽人唐英,他不僅捐俸重葺琵琶亭,自撰大量琵琶亭詩,還在琵琶亭壁間左右皆懸詩板、置筆硯,以徵遊人過客題詠,後輯為《輯刻琵琶亭詩》一卷,可謂風雅長留,是〈琵琶行〉與琵琶亭沿承歷史上濃墨重彩的一筆。乾隆八年(西元 1743 年)琵琶亭修成,唐英喜撰《春遊琵琶新亭唱和》,序云:「琵琶亭,唐白香山遺跡也。在九江榷署之左,相距不里許。歷久傾圮,間有古今題詠碑碣,半淪沒於寒煙蔓草中,孤亭欹仄,旦晚莫支。予司榷江州,數至其地,不忍古蹟荒落,因捐俸,新其亭,更創小樓三楹以供登眺。以冬春雨雪,未遽竣工。癸亥二月九日,始得明霽,而樓宇適成,爰偕同事諸君子,泛舟一遊,憑欄遠矚,興會勃然,率成俚語二章,諸君屬和。」情緒顯然已經超然於前代琵琶亭詩的悲歡,語調輕鬆明朗,其詩曰:「新年舊臘雪交加,二月郊原未放花。行潦近山驚暴漲,客星浮水駐枯槎。東風白髮吹遲暮,春樹鄉心望遠家。試問潯陽江上路,幾人清夜訪琵琶。」,「欲開塵眼每登樓,此日登臨興更幽。遠水浮來舟似展,孤亭閒立客如鷗。偶捐匕箸留風雅,喜附人文作勝遊。卻笑當年白太傅,琵琶聲裡泣深秋。」(《陶人心語》卷三,《四庫未收書輯刊》影印清乾隆唐寅保刻本)袁枚〈琵琶亭弔唐蝸寄榷使〉曾感慨:「一曲琵琶白傅賞,千秋過者猶聞響。……蝸寄先生抱古歡,來持英蕩守江

關。……懶徵商稅愛徵詩，滿亭鋪遍硏光紙。一紙詩投兩手迎，敲殘銅缽幾多聲。姓名分向牙牌記，賓主重申縞紵情。……關心別有山陽恨，不聽琵琶淚亦流。」（《小倉山房詩集》卷三十）對這位「懶徵商稅愛徵詩」的官員兼詩人加以憑弔和追慕。

(六) 題材流播史

〈琵琶行〉的傳播，已跨出詩歌文體的侷限，遠涉詩歌之外的其他文體，此類體裁主要是通俗文體，作者多為無名氏。讀者對象主要面向一般民眾，在保留〈琵琶行〉原有主題的基礎之上，內容更親民，形式更加靈活，從多個角度挖掘並闡釋原詩的藝術性，進一步促進了〈琵琶行〉在民間經典化的過程。如明代佚名所撰〈粉蝶兒·白居易琵琶行〉套曲：

〔北中呂〕〔粉蝶兒〕送客江頭，照潯陽，月明如畫。正荻花，楓葉清秋。客登舟，主上馬，相看情厚。欲舉離甌，恨無他，管弦聲奏。

〔醉春風〕悲慘未停歌，淒涼將折柳。忽聞水上響琵琶，早一時，消盡了酒。酒。主已忘歸，客猶不發，兩情迤逗。……

〔二煞〕立良久，感我言，坐促弦，瀉我憂。新翻旋撥音滑溜。悽悽不似前聲哓，滿座聞之盡淚流。把歡樂，成傶憸，憂心悄悄，離思悠悠。

〔尾聲〕問座中，泣最多，唯江州司馬愁。他把那淚珠兒，搵溼青衫袖。再聽撥琵琶，方才個，嚥下這酒。

清代佚名所撰子弟書《琵琶行》，別題《琵琶記》，全四回。頭回懷來轍，二回中東轍，三回言前轍，四回人辰轍。每回五十四韻，均以一首七言詩為開篇。在內容上緊密貼合〈琵琶行〉原作，將原詩的

「六百一十六言」衍為四千三百餘字的講唱作品。其曲辭流利可愛、朗朗上口，代表了清代改編自〈琵琶行〉的俗文學的高水準。樂善堂《子弟大鼓書目錄》著錄：「子弟書四回起。一吊二。琵琶行。」民國初輯本《子弟書目錄》列入「古詩子弟書目錄」。首都圖書館藏金臺三畏氏編《綠棠吟館子弟書百種總目》卷五著錄。道光間，《春臺班戲目》有《琵琶記》劇目。清奕賡《集錦書目》子弟書（清車王府舊藏本引錄）第四十句有云：「《沉香亭》去聽盲女〈琵琶行〉。」今存有舊抄本，常見者為清蒙古車王府藏清抄本（今藏北大圖書館）。

　　清代佚名所撰彈詞開篇有〈潯陽琵琶〉：「香山司馬謫江州，送客潯陽古渡頭。黯然銷魂同惜別，荻花楓葉晚江秋。遙望江心溢浦月，更聲再度起譙樓。（忽聽得）哀聲四起調弦索，（為問那）何處淒涼似訴愁。賓主尋聲鄰舫近，（命她）移船相近半含羞。（一見那）秋娘老去餘風韻，座上樽添酒一甌。（只聽那）自敘生平縈舊夢，（怎奈是）春花秋月不能留。鵾弦曲按調銀甲，（那知道）鴛帳空懸墜玉鉤。往事不堪回首望，幾番衷曲話從頭。（只落得）殘脂剩粉空餘恨，血染羅裙舊石榴。（到後來）車馬漸稀悲冷落，（只嫁得）浮梁夫婿去難留。（宛比那）秋風捐棄宮紈扇，月缺難邀玉斧修。（可見得）自古歡場同宦海，滄桑易變去悠悠。（我亦是）天涯一樣（的）飄零客，末路知音淚兩眸。江上琵琶千載恨，（還勸你）再彈一曲更何求。（都只為）樽前無物重相贈，翻作新腔（把）歌曲酬。（待到那）曲罷酒闌人去後，一聲歸去聽鳴騶；（只覺得）紅粉青衫雙淚流。」清雅不俗，頗得原作之魂。

　　戲曲方面，據莊一佛《古典戲曲存目彙考》，敷演〈琵琶行〉題材之歷史劇有宋元闕名之〈琵琶亭〉，元雜劇《江州司馬青衫淚》，明傳奇《青

章三　詩歌作為抒情與現實的交融

衫記》,清雜劇《四弦秋》、《琵琶行》及清傳奇《司馬衫》、《琵琶亭》。其中宋元闕名之《琵琶亭》,清傳奇《司馬衫》(清王鑰撰,今佚)、《琵琶亭》未見到錄。此外,愛新覺羅·敦誠(1734～1791)有《琵琶行傳奇》一折,題跋不下數十家,曹雪芹詩末云:「白傅詩靈應喜甚,定教蠻素鬼排場。」但存世者只有元馬致遠《江州司馬青衫淚》,明顧大典《青衫記》,清蔣士銓《四弦秋》及清趙式曾琵琶行》四種。

　　元馬致遠(1255～1321)《青衫淚》,題目:「潯陽商婦琵琶行」,正名:「江州司馬青衫淚」,由〈琵琶行〉敷演而成,虛構白居易與歌妓裴興奴之悲歡離合故事,中間插入商人與鴇母之欺騙破壞。此外,馬致遠另有《南呂·四塊玉·潯陽江》:「送客時,秋江冷,商女琵琶斷腸聲。可知道,司馬和愁聽。月又明,酒又醒,客乍醒。」足可參觀。

　　明顧大典(1540～1596?)《青衫記》,大致依據馬致遠《青衫淚》,寫白居易訪善彈琵琶之教坊女伎裴興奴,以青衫典酒;後白居易因抗疏忤旨,被貶江州,臨行訪興奴不遇。浮梁茶客買得興奴,載至江州;興奴於月冷風清時自彈琵琶,因此得與白重圓。全劇以白居易之青衫為關目,質衫、贖衫、攜衫、贈衫,而以淚衫作結,故名《青衫記》。不過在曲中加配「小蠻、樊素」,凡三十出。此劇構想亦多承襲《青衫淚》,唯河朔兵亂,香山上疏,遭貶至江州,頗接近史實,可得見香山本來個性,較《青衫淚》有所進步。曲中「坐溼青衫」一出,多取自〈琵琶行〉,然此作尚未免俗惡,有傷雅道。此外,琵琶女形象,《青衫記》中之興奴已不是〈琵琶行〉中「猶抱琵琶半遮面」之嬌羞,而是大膽、自主之女性形象。而白居易形象也與〈琵琶行〉有所不同,〈琵琶行〉白居易以琵琶女感嘆自身身世,而《青衫記》中,白香山則被庸俗化。梅鼎祚致顧大典

書牘中說：「新譜《青衫》，引泣千古，然胡不一潤我耳，使隨百獸率舞也。」[23] 此劇不僅顧大典家班演出過，明清兩代「梨園子弟多歌之」。

清趙式曾《琵琶行》一卷四折，有清乾隆間琴鶴軒原刊本，亦演白居易〈琵琶行〉詩意，正目作「白司馬尋現在歡，茶商婦夢少年事；設祖餞表故人心，彈琵琶傷遷客事」，作者乾隆丙午（西元1786年）自序云：「予寓潯陽，譜《琵琶行》四折，曲皆北調，詩俱集白。」但與其他三劇事同而文不相襲，情節亦頗異，寫白居易謫居潯陽，過著隱士生活，因江神馮夷憐惜，使之與商婦相見，劇中人物諷刺九江人勢利無情，比九江官為狐鼠狡兔。其第三折前加一楔子，謂風神暗助，使居易聞琵琶之聲，亦使場面不過於冷淡，而曲成反為一幕關鍵。當時作者與弟繼曾同客九江，杜門終日，相對愁苦，作曲以自況，其怫鬱感傷之意，亦於劇中見之。其第三折白居易云：「凡在九江的人，那個不勢利，和尚何足為奇！」譏世亦明。其弟鶴軒（趙繼曾）評云：「或謂蔣太史清容有《琵琶行》雜劇，謂之《四弦秋》，必沈韶遇鄭婉故事。倘亦為遷客商婦寫怨，恐彼吳越人，不能作燕趙語。」[24] 抑彼揚此，稱許有加。然合二曲觀之，趙曲確實略勝，亦非誇大之詞也。孫楷第《戲曲小說書錄解題》評云：「四折填詞，秀逸高爽，實不愧前人。」[25]

清蔣士銓（1725～1785）《四弦秋》，一名《青衫淚》，或《江州淚》，作於乾隆三十七年（西元1772年）客居揚州時。據〈琵琶行〉本義，雜引《唐書》元和九年、十年時政以及《香山年譜·自序》，演述白居易貶江州司馬，在潯陽江邊送客時，聞鄰船琵琶聲而得識演奏者花退紅。花本係

---

[23]〔明〕梅鼎祚：《與顧道行學使》，《鹿裘石室集》卷九書牘，《續修四庫全書》影印山西大學圖書館藏明天啓三年玄白堂刻本。
[24]〔清〕趙式曾：《琵琶行》卷末，清乾隆間琴鶴軒原刊本。
[25] 孫楷第：《戲曲小說書錄解題》，人民文學出版社1990年版，第360頁。

章三　詩歌作為抒情與現實的交融

長安名妓,人老珠黃,遂嫁於茶商吳名世為妻。吳去浮梁,久無音訊。花言及身世,不勝唏噓,亦引起白居易自身無限感觸,乃為之作〈琵琶行〉。這一題材,元代馬致遠、明代顧大典都已寫過,但蔣士銓認為以上二劇虛構出白居易與琵琶女相愛情節「庸劣可鄙」[26],於是依原詩內容,著重表現琵琶女花退紅之不幸遭遇和白居易與她同病相憐、自傷淪落之情緒。劇中把二人經歷作兩條線索交叉描寫,互相映襯,產生強烈對比效果。全劇分「茶別」、「改官」、「秋夢」、「送客」四折,分別以〈琵琶行〉「商人重利輕別離,前月浮梁買茶去」、「我從去年辭帝京,謫居臥病潯陽城」、「夜深忽夢少年事,夢啼妝淚紅闌干」、「座中泣下誰最多,江州司馬青衫溼」為全域性骨髓而加敷演。曲詞凝練,抒情性強,乃其代表劇作。雖劇本結構不及元雜劇《青衫淚》完整,但結尾不用朝命恢復白居易原官,較佳。此劇最初由揚州鹽商江春家班演出。最後一折「送客」作為摺子戲,長期保留在崑劇舞臺上,一方面源於白居易〈琵琶行〉家喻戶曉,一方面也是蔣劇曲文清麗灑脫。梁廷枏《曲話》卷三評云:「《四弦秋》因《青衫記》之陋,特創新編,順次成章,不加渲染,而情詞悽切,言足感人,幾令讀者盡如江州司馬之淚溼青衫也。」吳梅評云:「白傅〈琵琶行〉事,譜入劇場者,先有馬致遠《青衫淚》,以香山素狎此妓,於江州送客時,仍歸司馬,踐成前約。後有顧道行《青衫記》,即根據馬劇,為諧賞園傳奇之一。心序中,所云『命意敷詞,庸劣可鄙』者,蓋即指顧作。此記一切刪剃,僅就〈琵琶行序〉,及元和九、十年時政,排組成章,較馬、顧二作,有天淵之別矣。」[27]

---

[26] 蔣士銓:《四弦秋序》,周妙中點校《蔣士銓戲曲集》,中華書局 1993 年版,第 185 頁。
[27] 王衛民主編:《吳梅戲曲論文集》,中國戲劇出版社 1983 年版,第 451 頁。

■（七）書畫題寫史

　　幫助我們對經典的理解和記憶，有兩種好辦法，一是入耳之吟誦，二是入目之書寫。前者於古人而言，因為沒有記錄的工具，所以影響力不免較後者略遜一籌。就〈琵琶行〉的傳播而言，其影響力，不僅跨越文體，也跨越藝術形式。作為與音樂密切相關的敘事詩，〈琵琶行〉具有多層次的藝術魅力，不僅限於音樂和文學領域，更延伸至書法、繪畫等影像化媒介領域。因此，後世以〈琵琶行〉為主題的書畫及題畫詩詞，也是〈琵琶行〉閱讀與理解，以及接受史研究需要考慮的重要內容。相對於音樂角度，從繪畫角度研究〈琵琶行〉相對邊緣，論著不多。〈琵琶行〉題材的繪畫作品，其實也是〈琵琶行〉傳播與接受的重要一翼。已知〈琵琶行〉相關繪畫作品大約有五十幅。詩是有聲畫，畫是無聲詩。「詩畫一律」、「有聲畫」、「無聲詩」、「無形畫」、「有形詩」等語彙，傳遞著詩畫之間難以割捨的連繫。作為〈琵琶行〉接受史研究之重要一途，形態各異的〈琵琶行〉書畫（包括題跋），豐富了原作的內涵，擴大了其藝術表現，跨越時空，不斷發展出新的魅力。

　　書畫同源，親如姊妹。〈琵琶行〉走入繪畫，最遲是在元代，元人張雨（1283～1350）有〈潯陽琵琶圖〉詩，張渥（？～約1356年）繪有〈琵琶仕女〉圖，熊夢祥（1299～1390）、鄭東、宗本先（1308～1381）均有題詩，元末明初人平顯、洪武間錢遜及祝允明（1460～1526）亦有〈琵琶士女〉詩。劉因（1249～1293）有〈白樂天琵琶行圖〉詩，釋善住（1278～1330）有〈琵琶行圖〉詩，葉顒（1300～？）有〈題潯陽商婦琵琶圖〉詩，高啟（1336～1374）則有〈白傳溢浦圖〉、〈溢浦琵琶圖〉詩，高得暘（1352～1420）有〈題潯陽琵琶圖〉詩。由此可知，〈琵琶行〉詩意畫創作

章三　詩歌作為抒情與現實的交融

自元代初見端倪。可惜這些畫今已不存。現存最早的〈琵琶行〉詩意畫是明人郭詡〈琵琶行圖〉。此後乃蔚為大觀，或以書配畫，或以畫補書，詩書畫相得益彰。

在歷代書畫家筆下，〈琵琶行〉在詩歌與音樂之外，轉化為與詩畫並勝的藝術形式，展現出別樣的魅力。僅就書跡而言，不僅可以比對不同書家、不同版本文字流傳之異同，更可加深對〈琵琶行〉經典化問題的了解。各色書跡，或隸或楷或行或草，或灑脫或凝重或飄逸或樸拙，各擅勝場，但均圍繞〈琵琶行〉這一不朽之作，以己之心感受，入彼之意闡釋，與不幸貶謫的詩人相共鳴，予漂泊潯陽的歌女以同情。正是這一過程，推動〈琵琶行〉逐漸確立其經典地位，同時也促進其由經典走向大眾。筆者《白居易詩歌的影像化傳播——以明代〈琵琶行〉書跡著錄與流傳為中心》、《清代〈琵琶行〉書跡著錄與流傳》曾以明清兩代〈琵琶行〉書跡著錄與流傳為中心，探討白居易詩歌的影像化傳播，初開其端。而後續之深入研究，尚大有可為。

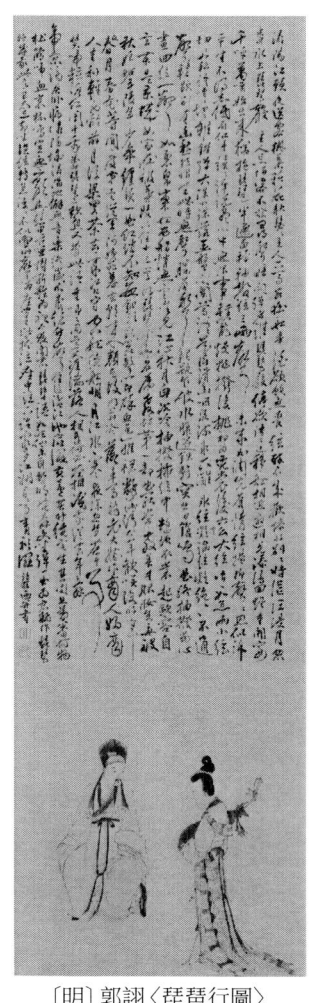

〔明〕郭詡〈琵琶行圖〉

■（八）文字翻譯史

　　他山之石，可以攻錯。在東南亞，〈琵琶行〉的日譯本最多，其次是越南。對越南詩歌來說，〈琵琶行〉是最具有影響力的作品之一，越南阮朝大詩人阮攸（1766～1820）《翹傳》、《龍城琴者歌》是最典型的例證。夏露《〈琵琶行〉在越南》、林符芳盈《〈琵琶行〉在越南近現代的傳播及影響》，均對此有所論述。而在西方，對〈琵琶行〉的接受與傳播，始於翟理斯（Giles）。其《中國文學史》，西元 1897 年作為戈斯（Gosse）主編的《世界文學簡史叢書》第 10 種在倫敦出版，是世界上第一部現代意義的、以西方語言寫成的中國文學通史。其中這樣敘述〈琵琶行〉：「（〈琵琶行〉）講述一位可憐的琵琶女的悲傷故事。這首詩被後來的評論者林西仲給予非常高的評價。林西仲謂，此詩辭情並美，如此令人嘆服，其技藝之超絕，已令讀者深造三昧。」林西仲，即林雲銘（1628～1697），字西仲，號損齋，福建閩縣人，順治十五年（西元 1658 年）進士，有《莊子因》、《古文析義》、《楚詞燈》、《韓文起》、《挹奎樓選稿》等。上引敘述見於其《古文析義》，實際上是用來敘述柳宗元〈始得西山宴遊記〉，原文是：「語語指劃如畫。千載而下讀之，如置身於其際。非得遊中三昧，不能道隻字。」[28] 被翟理斯移花接木，與其上文將白居易為刑部尚書訛為兵部尚書，皆屬張冠李戴之誤，不足為訓。

　　此後的 1920 年，漢學大家亞瑟‧偉利（Arthur Waley）發表〈琵琶行〉譯注。偉利認為翟理斯的《中國文學史》只翻譯〈琵琶行〉的詩文而沒有翻譯原序是很不恰當的，他認為序言是理解詩文關鍵，所以他在此文中翻譯了詩作的原序。在譯文中，翟理斯將詩中的「客」理解為白居易自

---

[28]《古文析義》卷十三，清康熙五十五年文選樓刊本，第 28 頁。

己,而偉利根據序言及兩《唐書》的記載,認為詩中「客」並不是白居易,而是「主人」。偉利的理解無疑是正確的,也說明他在對詩歌本身及其背景的了解和掌握上的精準程度。翟理斯則隨即給予回應,而亞瑟・偉利則又作了反應。作為西方白居易詩歌翻譯和研究專家,亞瑟・偉利 1949 年出版的《白居易的生平與時代》至今仍是值得學者重視的重要著作,但他並不太欣賞〈琵琶行〉。他是這樣解釋:「在我看來,這首詩並不能使讀者深深沉浸在琵琶女或者白居易本人的情感世界中。出於尊重,〈琵琶行〉和另一首長篇敘事詩(指〈長恨歌〉)相似,必定也會被稱讚為達到了技巧和優美的極致。但是,這首詩中包含了能夠確保它在中國流行和成功的所有因素——秋天、月色、被冷落的妻子、被流放的天才。以此為基礎寫出的那些劇本,甚至都比這首詩本身更好。」這不免令人難以接受。約翰・弗萊徹(John Gould Fletcher)就曾這樣評價:「偉利放棄了對〈長恨歌〉和〈琵琶行〉的翻譯,並說這是因為作者白居易並不重視它們。白居易在晚年這樣想也許是真的,但事實是這兩首詩是他寫的,而這兩首詩更是中文或其他任何語言所寫的最好的詩歌。」

西元 1971 年至 1978 年,美國漢學家霍華德・李維(Howard S. Levy, 1923〜)陸續出版《英譯白居易詩歌》,其中有〈琵琶行〉之英譯。此後,楊憲益、許淵衝、威特・賓納(Witter Bynner)的譯本各有勝境。中國關於〈琵琶行〉翻譯的研究,有李清嬌《〈琵琶行〉兩種英譯詩探微》、路曉彬《楊憲益英譯〈琵琶行〉中的審美感知與想像》、陳麗麗《從〈琵琶行〉英譯試論許淵衝與楊憲益翻譯思想的差異》、黃瀟穎《含英咀華,「譯」彩紛呈——簡論〈琵琶行〉英譯本中的音樂美學意蘊》、徐輝《從適應選擇論的角度分析許淵沖和楊憲益對〈琵琶行〉的英譯思想差異》、胡蓉《〈琵

琶行〉英譯中「月」意象的復現與連貫》、沈昱與袁亦寧《從及物性角度看〈琵琶行〉英譯中經驗功能的傳遞》等,另外有任榆杭《中國古代敘事詩的敘事解構與譯文建構——〈琵琶行〉英譯本個案分析》(西南交通大學碩士論文 2006 年)、劉麗娜《從許淵衝的「三美」原則角度論〈琵琶行〉英譯的美感再現》(內蒙古師範大學 2011 年碩士論文),可供參考。

翻譯首先是一個理解原文的過程,而後才是一個文字轉化的過程,為了提高譯者的原文理解水準,可以引入一些方法和模式來引導譯者對原文的解構。藉由跨文化角度的審視,〈琵琶行〉的敘事特徵,得到完整的展現,其深層內涵得到挖掘。透過對不同譯本的比較,可見出原文的理解程度,對譯文品質有著決定性的影響。

綜上,包含以文集文獻整理為主體的文字演變史,以歷代詩歌選本與評點為主體的選本沉浮史,以文學評論家為主體的作品闡釋史,以作品為主體的作品模仿史,以琵琶亭為主要地點的詩跡流傳史,以及題材流播史、書畫題寫史、文字翻譯史等,這八個方面,大致涵蓋了〈琵琶行〉閱讀和理解的涉及範圍,大概也是歷代不同讀者與之結緣的可能性的範圍。「一曲琵琶說到今」(張維屏〈琵琶亭〉),從西元 9 世紀那個深秋的傍晚開始,落於筆墨的〈琵琶行〉,即以深摯至臻的抒情,主賓俱化的境界,繪聲繪色的描寫,和諧鏗鏘的音韻,流麗優美的語言,成為流傳至今的佳作,膾炙人口的經典。仕路坎坷的感觸,天涯淪落的愁緒,使得那顆「同是天涯淪落人,相逢何必曾相識」的藝術種子,自當時開始發酵,一千多年來,從未停止生長。進入近代教材和教學體系的〈琵琶行〉,大大強化了其之前的經典地位。但這樣的強化,有時也不免會面臨尷尬,因為在某種程度上,它弱化了讀者的自主選擇,弱化了讀者的自

章三　詩歌作為抒情與現實的交融

主判斷。或許抖落其身上過多的「經典」色彩，回歸和還原其走向經典的過程，才能發揮經典真正的魅力，展現經典真正的價值。經典之為經典，往往無須過多言說，尤其是仰視性釋讀。只需平心靜氣，在自己的閱讀經驗中，體會可以體會到的。在這樣的體會或回思中，如果找不到共鳴，那麼，不妨且放一放，放至更遠，留給未來，等待與經典的下一次結緣；或許換個距離，換個角度，風景就會不同。而以上八個方面的勾勒，也正是希望提供更多樣的角度，幫助讀者拓寬對〈琵琶行〉的理解。願讀者可以從中尋得自己的立足點，與〈琵琶行〉結緣，建立與它的連繫，無論深淺，無論遠近，無論文字，還是文字背後的故事，無論是全篇，還是其中某一詩句，只要打動了你，滋養了你，與你有所共鳴，那麼，它就是經典。

九江琵琶亭

回三　關於白居易詩中「瑟瑟」一詞的解釋

　　白居易詩，據《全唐詩索引・白居易卷》統計，「瑟瑟」一詞凡十五見。依朱金城《白居易集箋校》順序，錄詩如下：

　　一、〈庭松〉：「疏韻秋槭槭，涼蔭夏悽悽。」校：「槭槭」，馬元調本此下注云：「止戟切，隕落貌。」《文苑英華》二字作「瑟瑟」。汪立名本、《全唐詩》俱注云：「一作『瑟瑟』。」

　　二、〈琵琶行〉：「潯陽江頭夜送客，楓葉荻花秋瑟瑟。」校：「瑟瑟」，宋本、那波本、《全唐詩》、盧校俱作「索索」。何校：「『索索』，蘭雪同。」又馬本「瑟瑟」下注云：「半紅半白之貌。」

　　三、〈題遺愛寺前溪松〉：「暑天風槭槭，晴夜露悽悽。」校：「槭槭」，《英華》、汪本、《全唐詩》俱注云：「一作『瑟瑟』。」又馬本注云：「止戟切。」

　　四、〈暮江吟〉：「一道殘陽鋪水中，半江瑟瑟半江紅。」

　　五、〈聽彈湘紀怨〉：「玉軫朱弦瑟瑟徽，吳娃徵調奏湘妃。」

　　六、〈山泉煎茶有懷〉：「坐酌泠泠水，看煎瑟瑟塵。」

　　七、〈題清頭陀〉：「煙月蒼蒼風瑟瑟，更無雜樹對山松。」

　　八、〈太湖石〉：「形質冠今古，氣色通晴陰。未秋已瑟瑟，欲雨先沉沉。」

　　九、〈早春憶微之〉：「沙頭雨染班班草，水面風驅瑟瑟波。」

章三　詩歌作為抒情與現實的交融

十、《詠興五首·出府歸吾廬》:「出遊愛何處？篙碧伊瑟瑟。」

十一、〈裴常侍以題薔薇架十八韻見示因廣為三十韻以和之〉:「猩猩凝血點，瑟瑟蹙金匡。」

十二、〈重修香山寺畢題二十二韻以紀之〉:「兩面蒼蒼岸，中心瑟瑟流。」

十三、〈閒遊即事〉:「寒食青青草，春風瑟瑟波。」

十四、〈奉和思黯相公以李蘇州所寄太湖石奇狀絕倫因題二十韻見示兼呈夢得〉:「精神欺竹樹，氣色壓亭臺。隱起磷磷狀，凝成瑟瑟胚。」

十五、〈北窗竹石〉:「一片瑟瑟石，數竿青青竹。」其中第二首〈琵琶行〉中的「瑟瑟」，有如下三種解釋:

第一種，認為是風吹草木聲。見顧學頡、周汝昌《白居易詩選》(人民文學出版社 1963 年版)，王汝弼《白居易選集》(上海古籍出版社 1980 年版)，朱金城、朱易安《白居易詩集導讀》(巴蜀書社 1988 年版)，金性堯《唐詩三百首新注》(上海古籍出版社 1993 年版)，葛兆光《唐詩選注》(浙江文藝出版社 1999 年版) 及《顧學頡文學論集》(中國社會科學出版社 1987 年版) 等。取義於劉楨〈贈從弟〉三首之二:「亭亭山上松，瑟瑟穀中風。」

第二種，認為本珍寶，其色碧，故以碧色寶石影形容江水碧色或淡碧綠色。此說出自楊慎，其《升庵全集》卷五十七云:「白樂天〈琵琶行〉:『楓葉荻花秋瑟瑟。』今詳者，多以為蕭瑟，非也。瑟瑟本是寶名，其色碧。此句言楓葉赤、荻花白、秋色碧也。或者咸怪今說之異。余曰:曷不以樂天他詩證之。其〈出府歸吾廬〉詩曰:『篙碧伊瑟瑟。』〈重修香山

回三 關於白居易詩中「瑟瑟」一詞的解釋

寺〉排律云：『兩面蒼蒼岸，中心瑟瑟流。』〈薔薇〉云：『猩猩凝血點，瑟瑟蹙金匡。』〈閒遊即事〉云：『寒食青青草，春風瑟瑟波。』〈太湖石〉云：『未秋已瑟瑟，欲雨先沉沉。』又云：『隱起磷磷狀，凝成瑟瑟胚。』亦狀太湖石也。〈早春懷微之〉云：『沙頭雨染斑斑草，水面風驅瑟瑟波。』〈暮江曲〉云：『一道殘陽照水中，半江瑟瑟半江紅。』諸詩以瑟瑟對斑斑，對蒼蒼，對猩猩，豈是蕭瑟乎？唐詩唯白公用瑟瑟字多。」[29] 何良俊《四友齋叢說》卷三十六同意楊說，云：「楊升庵云：『白樂天〈琵琶行〉「楓葉荻花秋瑟瑟」，此瑟瑟是珍寶名，其色碧，故以影指碧字。』最為賞音。而陳晦伯以『瑟瑟穀中風』正之。夫詩人吟諷，用意不同，白自言色，劉自言聲，又豈相妨，而必泥以蕭瑟之瑟字耶？楊又引白『一道殘陽照水中，半江瑟瑟半江紅』證之，尤為妙絕。」[30] 馬元調刊本之注，當亦據此而來。鮑維松《關於白居易〈琵琶行〉中「瑟瑟」一詞的注釋問題》(《古典文學論叢》第三輯，齊魯書社 1982 年版，下簡稱鮑文) 從白居易的用詞習慣和〈琵琶行〉所描寫的環境加以分析，亦認為楊慎之說正確，第一種解釋不正確。

第三種，認為是寒冷顫抖的樣子。見霍松林《白居易詩選譯》。[31] 取義未詳。鮑文解釋此說云：「『瑟瑟』，即『瑟索』或『瑟縮』。可解作『顫抖』或『哆嗦』。用來形容楓葉荻花被風吹的情狀。」「這種擬人的解法（按，

[29] 陳友琴《白居易資料彙編》按語：「瑟瑟，可以在某處作碧色解，但在『楓葉荻花秋瑟瑟』中，絕不能作秋色解。『秋色碧也』四字費解。白氏〈題清頭陀〉詩：『煙月蒼蒼風瑟瑟。』難道風也會是碧色的嗎？升庵好奇，有時說不可通。」陳耀文《正楊》卷四據《丹鉛錄》所引楊慎語，字句稍異，見《文淵閣四庫全書》上海古籍出版社影印本，第 856 冊，第 134 頁。
[30] 陳友琴《白居易資料彙編》按語：「何良俊為升庵之說作辯護，以為瑟瑟可作碧色解。不知『半江瑟瑟半江紅』之『瑟瑟』可作碧色解，殘陽在照，半碧半紅，固有是景色也，至於『潯陽江頭夜送客，楓葉荻花秋瑟瑟』，夜中何能見出碧色耶？時間地點，有所不同，不能膠柱鼓瑟，強作解人。況『秋瑟瑟』，釋為秋色碧，亦太牽強。」
[31] 霍松林《白居易詩選譯》（百花文藝出版社 1959 年版）1986 年 2 月修訂版改為「風吹草木聲」。其《白居易詩譯析》亦釋為「草木被秋風吹動的聲音」（黑龍江人民出版社 1981 年版，第 354 頁）。

指霍氏之解法)挺新穎,在別的地方還沒有見到過。」而林庚、馮沅君主編《中國歷代詩歌選》(人民文學出版社1979年版)云:「瑟瑟,風聲。這裡是寒意。」其思路應該是,半江瑟瑟(寒),半江紅(暖)。宋萬學《白居易〈暮江吟〉新解》(《社會科學輯刊》1987年第2期)亦同意此說,認為這是通感:

《說文解字》:「瑟,弦樂也。從珡必聲。」瑟之聲乃弦之抖動發之。《詩·衛風·淇奧》:「瑟兮僩兮。」《爾雅·釋訓》:「瑟兮僩兮,拘儦也。」由此,筆者認為「瑟瑟」乃江水抖動狀。樓鑰〈石城釣月圖詩〉:「江平風輕波瑟瑟,宿靄卷空天一色。」其「瑟瑟」正與〈暮江吟〉之「瑟瑟」用法同,皆水波抖動貌。又魯迅小說《故鄉》中,「我」二十年後見到的閏土,「頭上是一頂破氈帽,身上只一件極薄的棉衣,渾身瑟索著……」這裡的「瑟索」,乃哆嗦抖動狀。《正字通》:「瑟與索通。」瑟索,即瑟瑟。(《中文大辭典》引梁武帝詩「瑟居超七淨」,注曰「瑟居即索居」)「一道殘陽鋪水中,半江瑟瑟半江紅。」夕陽落映下,江水背陰的一半因色暗,見其抖動不歇;江水受光的一半則紅豔奪目(因其紅豔奪目,則不覺其動)。「半江瑟瑟半江紅」,以波盪(動感)與波紅(色感)的通感狀暮江,可謂「形神合一,得神於形」。

以上三種解釋中,第三種恐有誤解。「瑟瑟」不等於「瑟縮」,與「顫抖」、「哆嗦」更有距離。「瑟縮」有二義:一指收斂、蜷縮。取義於《呂氏春秋·古樂》:「民氣鬱瘀而滯著,筋骨瑟縮不達,故作為舞以宣導之。」王安石詩〈和錢學士喜雪〉「山鴉瑟縮相依立」即取此義;另一指蕭瑟,狀風聲。亦取義劉楨〈贈從弟〉「瑟瑟穀中風」,蘇軾詩〈與述古自有美堂乘月夜歸〉「凄風瑟縮經弦柱」即取此義。解「瑟瑟」為「寒冷顫抖的樣子」,雖然「挺新穎」,但並不準確。

第二種解釋中,何良俊《四友齋叢說》提到的「陳晦伯」,指明人陳

回三　關於白居易詩中「瑟瑟」一詞的解釋

耀文，其《正楊》（按，指糾正楊慎）卷四引劉楨〈贈從弟〉詩「亭亭山上松，瑟瑟穀中風」後，云：「《水經》云：『漢水東徑嵐穀北口，嶂遠溪深，澗峽近吹[32]，氣瀟瀟以瑟瑟，風颼颼而飀飀，故川穀擅其目矣。』此『瑟瑟』豈珍寶也耶？」此條資料，陳友琴《白居易資料彙編》漏載。

鮑文在論證中說：「在《白居易集》中，作者用『瑟瑟』之處，除了〈琵琶行〉外，還有九處之多，其中只有〈題清頭陀〉是指『風聲』用的。其他八處都是指『顏色』的。」這八處即本文前引第四、五、六、八、九、十、十二、十五首，漏五首。

上述十五首中，第四、九、十二、十三這四首狀水者，第八、十四、十五這三首狀石者，第五首狀「徽」（繫琴弦之繩）者，第六首狀茶塵者，以及第十首、第十一首，總計十一首，據上下文義、對仗關係看，均可釋為碧色，如楊慎等所云。

但其他四首，則應釋為風吹草木聲。因為從版本上看，第一首、第三首之「瑟瑟」均一作「槭槭」。「槭槭」之義，即風吹草木聲，劉禹錫〈秋聲賦〉「草蒼蒼兮人寂寂，樹槭槭兮蟲唧唧」，即取此義。可知第一首、第三首之「瑟瑟」當為同義。而其他兩首：第二首與第一首均狀「秋」，尤其是〈琵琶行〉一首，從其所描寫的環境和所烘托的氣氛看，皆秋夜送客那種蕭瑟落寞之感，並非以樂景襯哀情，釋為「碧綠的秋野」（鮑文），不僅於詞義難通，而且於詩中之境、詩人之情亦有違礙。〈琵琶行〉所要傳達的情感，和鮑文中提及的白居易〈五鳳樓眺望〉一詩，迥然有別，未可相提並論。另外，鮑文駁「夜中何能見出碧色」之論，謂「夜」字不必拘泥，可視為黃昏到夜晚，或徑視為「暮送客」亦可，此亦

---

[32]「近吹」，應作「吹近」，一作「嶮邃」。見王國維校，袁英光、劉寅生整理標點《水經注校》第891頁（上海人民出版社1984年版）、陳橋驛點校《水經注》第539頁（上海古籍出版社1990年版）。

章三　詩歌作為抒情與現實的交融

嫌牽強。

　　在眾多唐代詩人中，確如楊慎所云，白居易用「瑟瑟」一詞次數最多。王勃、楊炯、駱賓王、王維、孟浩然、岑參、李白、韓愈、李賀、張籍、王建、劉禹錫、杜牧的現存詩集中，均無「瑟瑟」一詞之用例。杜甫〈古筍行〉「雨多往往得瑟瑟」，亦僅一見，諸家注釋均為珍寶名。盧照鄰〈早度分水嶺〉「瑟瑟松風急，蒼蒼山月團」、〈明月行〉「洞庭波起兮鴻雁翔，風瑟瑟兮野蒼蒼」，僅兩見，任國緒、祝尚書、李雲逸均釋為風聲。盧照鄰〈秋霖賦〉「風橫天而瑟瑟，雲覆海而沉沉」亦取此義。此義用例還有《宋書‧樂志》三〈陌上桑〉「風瑟瑟，木搜搜，思念公子徒以憂」，楊炯〈風菊賦〉「風蕭蕭兮瑟瑟」等。而貫休〈夢遊仙四首‧其二〉「三四仙女兒，身著瑟瑟衣」，則言仙女衣色之深碧。

　　總之，白居易詩中，「瑟瑟」一詞有風聲、碧色兩解，取何解應視文義而定，未可膠柱鼓瑟。關乎〈琵琶行〉之「瑟瑟」尤為引人注目。碧色自然熱烈，風聲未免蕭瑟。江州之貶，帶給樂天的影響，或者這兩種心境兼而有之。這也提醒我們，在秋風瑟瑟的大劫大難之後，不該失去銳氣，不該失去熱度，鎮定了仍可燃燒，平穩了便會更加浩蕩。從接受美學的角度看，取何種選擇，有時還應視乎不同的讀者而定。

〔明〕文伯仁〈潯陽送客圖〉

章四　散文的風骨氣韻

章四　散文的風骨氣韻

回一　潔淨中含靜光遠致 ——
　　　談談白居易散文

　　古代漢語在文體意義上使用的「散文」一詞，最早源於佛經翻譯，唐代宗李豫《密嚴經序》云：「夫翻譯之來，抑有由矣。雖方言有異，而本質須存。此經梵書，並是偈頌。先之譯者，多作散文。蛇化為龍，何必變於鱗介；家成於國，寧即改乎姓氏。矧訛異輕重，或有異同，再而詳悉，可為盡善。」至南宋，「散文」才被普遍賦予文體學的意義。從語境看，大都是與詩、對文或四六（駢文）對舉的，其涵義是指句式參差不齊的散體文。本文題目中的「散文」，則取義於現代西方文學理論的概念，即與詩歌、小說、戲劇文學並列的一種文體樣式，涵蓋散體文（古文）、駢體文（今文）、賦體文。

　　唐代的散文，據平岡武夫主編《唐代的散文作家》、《唐代的散文作品》統計，《全唐文》、《唐文拾遺》、《唐文續拾》共收作者3,516人，作品22,896篇；陳尚君《全唐文補編》在上述諸書外，又輯得7,000多篇，涉及作家2,600多人。從駢散體式變遷演進的大勢看，唐代正處在由駢文為主演變為古文為主的過渡期。在三百餘年間，駢體、散體始終同存並峙，各放光明，儷辭、古文相互交織，彼此依存，共同構成了唐代散文的絢麗圖卷。而唐代律賦，是介於散體文和駢文之間的一種特殊文體，與駢文相比，在修辭上，賦以鋪陳為主，駢文以對仗為主；在句法上，賦以排比句為主，駢文以對偶句為主；在音律上，賦除平仄外還要求句尾押韻，駢文有時要求平仄而不求押韻；在題目上，絕大多數的賦以「賦」命題，駢文則沒有固定的標示；在功用上，賦用於描寫與抒情，

駢文除此二者還可議論並充當應用文。[33]

白居易是唐代與李杜齊名的著名文學家，而就文體之全面、詩文之並擅而言，白居易的成就還要在李杜之上。儘管在後人眼中，白居易詩歌創作的影響較大，其實他的散文也具有同樣重要的地位，是唐宋散文「八大家」之外值得高度重視的大家。《舊唐書·白居易傳》稱：「元和主盟，微之、樂天而已。臣觀元之制策，白之奏議，極文章之壺奧，盡治亂之根荄。」評價如此之高，並非源自史書作者慧眼獨具；因為晚唐五代以來，「世稱白傅文行，比造化之功。蓋後之學者，若群鳥之宗鳳凰，百川之朝滄海也」（陶穀〈龍門重修白樂天影堂〉）。

《舊唐書》所言，只是當時文壇之共識。但《舊唐書》作者在強調元和主盟為元稹、白居易的基礎上，特別指出二人在制策奏議這類政論文中的功績和影響，可見其側重。確實，元、白二人，俱曾為諫官，並先後入翰林、制誥中書，其制策、奏議，關注現實，體恤下情，頗有裨益於政教。

明清之際的大儒王夫之（1619～1692）談到元白政論文，也持類似看法，其《讀通鑑論》卷二十五說：

> 制科取士，唐之得元、白，宋之得二蘇，皆可謂得人之勝矣。稹、居易見知於裴中立，軾、轍見重於司馬君實，皆正人君子所嘉與也。觀其應制之策，與登科以後忼慨陳言，持國是，規君過，述民情，達時變，洋洋乎其為昌言也。而抑引古昔，稱先王，無悖於往聖之旨，則推重於有道之士而為世所矜尚，宜矣，推此志也，以登三事，任密勿，匡主而庇民，有餘裕焉。

將元、白與二蘇相提並論，亦可謂推崇備至，因為在兩宋鮮有堪與

---

[33] 參見拙作《唐宋散文概觀》，《瀋陽工程學院學報》2005 年第 4 期。

章四　散文的風骨氣韻

二蘇並論者。不過《新唐書·白居易傳》卻聲口不同，執筆者先說「居易於文章精切，然最工詩」，最後又讚曰「：居易在元和、長慶時，與元稹俱有名，最長於詩，它文未能稱是也，多至數千篇，唐以來所未有」。從這一褒詩貶文的評判，可以體會出晚唐五代至宋初文壇風尚與評論尺度的變遷。進入宋代，曾經具有群鳥朝鳳、百川歸海地位的白居易，在散文方面受到韓、柳的挑戰。在《新唐書》作者看來，元白主盟元和的歷史需要改寫，改寫的辦法，就是以韓、柳文章風範為高下標準，來衡量白居易散文成就與地位。既然意在重新書寫歷史，別塑元和文壇宗主，褒詩貶文自在情理之中。

今天看來，白居易的文章，無論表現內容的廣泛性、深刻性，還是藝術成就的鮮明與個性，都不遜於其他任何一位唐代作家。白居易今存散文866篇，無論是作品數量，還是體裁種類的多樣化，都很突出。白居易文集中，除「檄」外，當時的詩、賦、策、論、箴、判、贊、頌、碑、銘、書、序、文、檄、表、記這十六種文學體式皆有收錄。《文苑英華》中有三十八種文體分類，竟錄有白居易的二十五類作品，這是絕無僅有的。

白居易在各種文體中都能大展身手的一個重要原因，是他作為文人官僚，具有大量執筆公案文牘的機會。尤其為世人所忽略者，白居易是新體古文的宣導者和創作者，在中唐文體革新運動中具有重要地位。白居易的文章，喜用對句和四字句，注重音律和諧，用詞色彩豐富而具視覺美感。《舊唐書》稱其為「文辭富豔」，主要展現對偶駢整的句式、流美和諧的聲調以及明豔曉暢的詞藻。

白居易應試之作〈性習相遠近〉等賦、百道判等，新進士競相傳於京

師;《策林》七十五篇，識見超卓，議論風發，詞暢意深，是追蹤賈誼〈治安策〉的政論佳作;〈草堂記〉、〈冷泉亭記〉、〈三遊洞序〉等，文筆簡潔，真切凝練，旨趣雋永，是不遜於韓、柳的優秀的山水小品;〈江州司馬廳記〉、〈序洛詩〉、〈醉吟先生傳〉等，抒寫性情，敞開心扉，抑揚起伏，委婉達意，兼有詩性詩情;〈晉諡恭世子議〉、〈漢將李陵論〉等篇，議論警醒，有為而作，條清縷析，情理相兼;〈與元九書〉則披肝瀝膽，闡述詩歌的生命意義，是古代不可多得的詩學文獻;在杭州所撰有關水利的〈錢唐湖石記〉等，則充分顯示出白居易的政務才能。

白居易是著名的「元和六學士」之一，尤精於翰林制誥的寫作。在任職翰林學士、中書舍人期間，白居易執掌綸言誥命，達到文章事業的高峰。元稹〈酬樂天餘思不盡加為六韻之作〉詩中寫道：「〈白樸〉流傳用轉新」，此句下其自注云：「樂天於翰林、中書，取書詔批答詞等，撰為程序，禁中號曰〈白樸〉。每有新入學士求訪，寶重過於《六典》也。」關於〈白樸〉，南宋王楙（1151～1213）《野客叢書》卷三十「白樸」云：

> 檢《唐‧藝文志》及《崇文總目》無聞。每訪此書不獲。適有以一編求售，號曰：《制樸》，開帙覽之，即微之所謂〈白樸〉者是也。為卷上中下三，上卷文武階勳等，中卷制頭、制肩、制腹、制腰、制尾，下卷將相、刺史、節度之類。此蓋樂天取當時制文編類，以規後學者。

可見，此書到南宋仍有流傳。白居易自己在〈錢徽司封郎中知制誥制〉中說：「中臺草奏，內庭掌文，西掖書命，皆難其人也。非慎行敏識，茂學懿文，四者兼之，則不在此選。」這段話不啻其自我寫照。就如為應科試而作擬判、擬策一樣，白居易在有望進入內廷之前之後，還作有大量「擬製」，足以說明他對此類文體的重視。在唐代文人中，唯有

章四　散文的風骨氣韻

白居易採用這種文章分類，後來又被《文苑英華》沿襲，進而影響到後來歐陽脩、蘇軾等的「外制集」和「內制集」。

除制誥文字外，白居易散文還包括策問、奏議、論、傳狀、碑碣、志銘、箴、贊、偈、賦、判、書信、記序、哀祭文等。其中，策問與奏議，多是富有現實意義的政論文，而文學意義較強的，則是書信、記序及哀祭文。白居易的哀祭文，集中今存 20 篇，數量沒有韓愈多，但皆有為而作，其中祭神之文 7 篇，屬於公文性質，可存而不論；祭人之文 13 篇，祭弔不同層次的親友，傷悼之情直率表露，情真語摯，剴切沉痛。其中〈祭浮梁大兄（幼文）文〉、〈祭弟（行簡）文〉和〈祭微之（元稹）文〉三篇，可視為其中的代表作。〈祭微之文〉中「貞元季年，始定交分。行止通塞，靡所不同。金石膠漆，未足為喻。死生契闊者三十載，歌詩唱和者九百章，播於人間」，深情厚誼，誓心同歸，至今讀來，仍令人動容。

白居易的文學性散文，在文體上更多的是記、書、序這三類。其中「記」，始於記事，後來逐漸發展壯大，成為涵蓋頗廣的一種文體，最能展現小品文融記敘、描寫、議論為一體的基本功能。白居易現存記體文 20 多篇，包括廳壁記、墓碑記、人事雜記、器物之文、營建之文、功德之文、哀祭之文等；從主體性與客體性的角度出發，主要可以分為兩類：一類側重於客觀詳實的寫景敘事，另一類側重於對主觀情思的抒發。也有的融二者為一體，例如描寫亭臺閣堂與山水風物者，頗多知名之作。尤其值得一提的是，元和十年被貶江州以後，白居易求政不得而放意山水，仕途不順乃寄情遊賞，在山水遊記領域頗多佳作。

書體文，主要是白居易與師友、親朋或同事的交往書信，白居易集

今存書信九通，題材內容，涉及訴友情、敘遭遇、商學術、談藝文等，有的表達出對時事的評判，有的展現出文學藝術上的主張和見解。

序體文，可分為四類：贈序、文序、雜序和遊宴序。白居易的序體文在藝術表現上，往往奇偶交錯，駢散結合，敘議兼用，體簡詞足，多用長對，善於運用對話體，對中唐以後的散文創作頗有影響，對北宋時期詩文革新運動形成的平實雅正文風，也有開拓之功。

散文之外，白居易的賦作也很有影響。其在世時，〈性習相近遠〉、〈求玄珠〉、〈斬白蛇〉等賦，「新進士競相傳於京師矣」（元稹《白氏長慶集序》）。作為最具漢語特色的文體，賦介於散文與韻文之間，更能展現作者多方面的文學才華和文化修養。元稹〈酬樂天餘思未盡加為六韻之作〉「帝喜相如作侍臣」句下注云：「樂天知制誥詞云：『覽其辭賦，喜與相如並處一時。』」白居易自己也在〈與元九書〉說過：「日者，又聞親友間說：禮、吏部舉選人，多以僕私試賦判，傳為準的。」（《舊唐書》作「多以僕私試賦判為準的」）

可見，白居易的科試之賦，曾被士人當作學習仿效的標準，在當時就很有影響。趙璘《因話錄》卷三也評價說：「元和以來，李相國程、王僕射起、白少傅居易兄弟、張舍人仲素為場中詞賦之最，言程序者，宗此五人。」確實，白居易是在賦體形制方面積極創新並完備的實踐者，也是唐人賦作較多的作家，在當時影響很大，《全唐文》收辭賦作家544人，賦作1,622篇，《全唐文補編》又補輯40多位作家的50多篇賦，平均每人不及三篇，而白居易賦作是這一平均值的5倍還多。

白集今存辭賦多為律賦。所謂律賦，是適應唐代科舉考試的要求，由駢賦衍變而來的帶有固定格律要求的一種賦體。其格律限制大

章四　散文的風骨氣韻

致有三：一是因其脫胎於駢賦，自然要求對偶；二是限韻，韻數一般是三至八韻，有時平仄次序也有限定；三是字數，從白居易律賦題下自注可知，要求一般不少於350字。由於受這些限制的束縛，所以創作律賦，有如戴著腳鐐手銬跳舞，在狹小的空間裡，接受馳騁才思的挑戰。律賦能夠成為今存唐賦中為數最多的一體，與賦成為唐代進士考試的科目有關。貞元、元和之際，更是律賦的鼎盛時期，白居易與同時代的王起、李程、元稹、張仲素、賈餗、裴度、蔣防等，都是當時的律賦名家。

白居易律賦有十餘篇，涵蓋體物、言情、紀事、說理、論文五種題材。其中〈宣州試射中正鵠賦〉與〈省試性習相近遠賦〉這兩篇是應試之作，〈泛渭賦〉和〈傷遠行賦〉這兩篇為抒情言志的即興創作，其餘基本是「私試」（即準備應試）的模擬習作。〈動靜交相養賦〉、〈泛渭賦〉、〈傷遠行賦〉這三篇為非限韻，其餘均為限韻之作（紹興本《白氏文集》卷三十八列〈動靜交相養賦〉、〈泛渭賦〉、〈傷遠行賦〉為卷首）。這些律賦有的屬對工巧，有的文辭典雅，也有的「命題冠冕正大」（李調元《賦話》卷二），大都詞暢意深，立意與文采兼勝；以散融駢，工穩並流動渾成，顯示出白居易作為一代文章作手所獨具的藝術個性和特色。這種特色概括來講有三：

一是注重立意，以議論性見長。王芑孫《讀賦卮言·立意》說：「白傅為〈賦賦〉，以立意、能文並舉。夫文之能，能以意也，當以立意為先……意之不立，辭將安附？」唐人律賦，大都是為準備應試而虛擬題目、玩弄詞藻的遊戲滑稽之作，了無意義。白居易的律賦則不然，大都「能文並舉」，「立意為先」。雖是「私試」的習作，也盡量選取雅正而有意

義的題目來做文章。如〈動靜交相養賦〉、〈大巧若拙賦〉、〈賦賦〉等,引經據典,均以議論析理見長。後世擬仿之作頗多,有的在題目得標出,有的在自序或行文中點明。在似與不似之間,可以用來反觀白居易賦在賦史中的成就與地位。

　　二是章法謹嚴,呈定型化趨勢。王芑孫《讀賦卮言‧謀篇》說:「賦重發端,尤重結局。」下舉白居易〈射中正鵠賦〉為例,此賦開篇云:「聖人弦木為弧,剡木為矢,唯弧矢之用也,中正鵠而已矣,是謂武之經、禮之紀,故王者云云。」王芑孫認為是「直用原議體起,是皆變格」,但仍被許當行。因為《文心雕龍‧詮賦》曾云:「詩序則同義,傳說則異體,總其歸途,實相枝幹。況流制已倡於晉代,散言頗見於楚辭。」衷之於古,折之以律,皆不得以「文成破體」相譏也。(王芑孫《淵雅堂全集‧外集》)發端亦即「破題」。白居易的律賦,重視布局謀篇。如何開頭,如何展開,如何收束,都有周密妥當的安排,尤其注重主體部分的正反相比,縱橫開闔,前後照應,儼然形成章法。李調元《賦話》卷一說:「唐人試賦,極重破題。白居易〈性習相近遠賦〉云:『噫!下自人,上達君,咸德以慎立,而性由習分。』李涼公逢吉大奇之,為寫二十餘本。」即就白賦善於發端而言。《賦話》卷三還舉〈黑龍飲渭賦〉為例,稱讚白居易律賦,既善於發端,也善於收束:

　　起句云:「龍為四靈之長,渭居八水之一。」獨有千古,其餘英氣逼人,光明俊偉。結聯云:「逼而察也,類天馬出水以遊;遠而望之,疑長虹截澗而飲。」風馳雨驟,到此用健句壓住,如駿馬之勒韁,是為名構。

　　三是不拘常格,有散文化傾向。唐人律賦,篇幅狹小,限制甚多。只有少數文人能騁其才思,打破四六對偶的常格,以散文化的筆法求其

章四　散文的風骨氣韻

變化,在凝固板滯的體制之外,煥發出一線生機。白居易就是其中突出的一位。李調元《賦話》卷三指出:

> 律賦多用四六,鮮有作長句者。破其拘攣,自元、白始。樂天清雄絕世,妙悟天然,投之所向,無不如志;微之則多典碩之作,高冠長劍,璀璨陸離,使人不敢逼視。

白居易的〈求玄珠賦〉、〈漢高帝親斬白蛇賦〉、〈雞距筆賦〉,還有以議論析理見長的〈動靜交相養賦〉、〈大巧若拙賦〉等,從命意、謀篇到遣詞,都打破律賦常規,一反四六駢句的板滯,參用散句長句,句甚長而氣流走,具有揮灑自如的氣勢。李調元《賦話》卷一評白居易〈射中正鵠賦〉:「『正其色,溫如灑如;遊於藝,匪疾匪徐。妙能曲盡,勇可賈餘』,此數語,乃自道其行文之樂也。」道出其寓散於駢、不拘格限、駕馭自如的優點。《賦話》還盛讚〈雞距筆賦〉「通篇變化縱橫,亦不似律賦尋常蹊徑」,〈黑龍飲渭賦〉「英氣逼人,光明俊偉」,也是就白賦縱橫恣肆、不拘常格的散文化傾向而言。白賦這種「破其拘攣」的散文化傾向,對宋代文賦的興起,有導夫先路之功。

總之,作為文章大家,白居易在記、序、書、論、傳、賦等非公文性文體寫作中,無施不可,窮極變化,留下一批膾炙人口的作品;而在奏狀、詔誥、判、策、表等公文性文體中,白居易更將視野拓展到唐人生活的各個領域,真實而生動地展現出中唐的政治面貌、軍事形勢、經濟狀況、生活圖景、風俗畫卷、倫理道德、哲學思潮,以及這位唐代大文學家豐富的內心世界和思想軌跡。由於包含豐富內容且保留完整,白居易的文章,不僅是這位廣大教化主的一生經歷與思想情感的寫照,同時也可窺見唐代的社會面貌以及生活點滴,其史料價值更是歷來為治唐

史者所重視。

白居易詩歌中有一類即閒適詩，其散文亦多有閒適之風。尤其是非公文性文體。昔人云：「世間第一等便宜事，真無過閒適者。」（袁宏道〈識伯修遺墨後〉）可謂至言。無論談閒適，還是談唐宋小品文，白居易都是無法略過的大家。王夫之《薑齋詩話》云：

> 唯有一種說事說物單句語，於義無與，亦無所礙，可以靈雋之思致，寫令生活。此當以唐人小文字為影本。劉蛻、孫樵、白居易、段成式集中短篇，潔淨中含靜光遠致，聊擬其筆意以駘宕心靈，亦文人之樂事也。

這裡提到的「可以靈雋之思致，寫令生活」，「潔淨中含靜光遠致」兩句，正堪為白居易小品文之寫照。筆者昔年初讀其文，未覺才華如何別樣，筆致如何獨到；近二毛頻見，年過中年，乃漸覺其筆墨頗多他人罕到之處；今參以唐宋其他諸家，甄選其文，注釋賞讀其作之後，更別有感悟。概言之，上引王夫之的體會，深得吾心。靈雋有思致，潔淨含靜光，白居易之小品文，斯言足可無愧。

若要全面了解和研究白居易在散文方面的成就得失，當然需要閱讀其全集，但對於大多數讀者而言，在有限的時間內，選擇閱讀其代表性作品，不失為一條捷徑。不同的選本，展現出不同選者的不同編選視野，「選者之權力，能使人歸」（鍾惺〈詩歸序〉）。在各類層出不窮的選本中，白居易不同作品的入選比例，既是這一作品被接受、關注和認可程度的象徵，也是該作品聲名高低的直觀表示，而不同時代對不同作品的閱讀趣尚，也常有變化，其中帶有導向和牽制作用的因素，也是白居易接受史研究的重要課題。「選書者非後人選古人書，而後人自著書之

章四　散文的風骨氣韻

道也。」（譚元春《古文瀾編序》）所言正道出其中端倪。有鑒於此，筆者在汲取前賢已有成果的基礎上，抱著「嘗一臠肉，而知一鑊之味」（《淮南子‧說林訓》）的奢望，完成了《白居易小品》的評注，2020年由中州古籍出版社出版。

有意思的是，「小品」一詞，最早也源自佛教。在佛經裡，用來專指七卷本《小品般若波羅蜜經》，以便與二十四卷本《摩訶般若波羅蜜經》相對。東晉時期，鳩摩羅什的弟子僧睿撰有《小品經序》，劉義慶《世說新語‧文學》：「殷中軍讀《小品》，下二百籤，皆是精微，世之幽滯，欲與支道林辨之。」劉孝標注：「釋氏辨空經有詳者焉，有略者焉，詳者為《大品》，略者為《小品》。」唐人陸龜蒙〈寂上人院〉詩：「趁幽翻《小品》，逐勝講《南華》。」清人金農《寫經研》詩之二：「到處雲山到處佛，《淨名》、《小品》倩誰書？」作為一種散文文體，小品有廣義與狹義兩種不同性質。狹義的小品，專指晚明的性靈小品，如朱國楨《湧幢小品》、陳繼儒《晚香堂小品》等。廣義的小品文，則不受限制，甚至無所不包，其特點是篇幅較短，多以深入淺出的手法，夾敘夾議地說明一些道理，或生動活潑地記述事實，抒發情懷。正如朱光潛《論小品文》所言：「凡是篇幅較短，性質不甚嚴重，起於一時興會的文字似乎都屬於小品文，所以書信、遊記、書序、語錄以至於雜感，都包含在內。」

《白居易小品》的取義，自然是廣義的概念。筆者選擇的底本，是文學古籍刊行社1955年影印宋紹興刻本《白氏文集》七十一卷，同時參考《四部叢刊》影印日本那波道圓翻刻北韓刻本《白氏文集》、金澤文庫本《白氏文集》、清盧文弨《群書拾補》校《白氏文集》等。所選文章的標點，主要參考朱金城《白居易集箋校》、謝思煒《白居易文集校注》等。

所選白文的注釋，主要參考近人岑仲勉諸作。此外，對晚近以迄今日之白居易及唐詩唐史研究的各項有關成果，著者亦盡其所知，廣為吸取。這部書篇幅不大，但筆者四歷寒暑，以尚友先賢之心，在全面參考古今各類相關選本的基礎上，幾番斟酌篇目，幾經打磨評注，希望提交給讀者一部精良的白居易散文讀本。

作為學界第一部白居易散文選本，《白居易小品》所選篇目是在全面參考古今各類相關選本的基礎上，斟酌而定，主要側重選擇文學性較強的小品文。全書分為記體、序體、書體、賦體及其他，共五類。注釋部分，涵蓋史實、人物、官制、地理等。賞讀部分，主要品評分析白居易小品文之立意、結構、修辭和藝術表現等，循其文而申其意，闡其藝而暢其趣。著意介紹與所選白文題旨相關的其他作品，以資比較；同時連繫所選白文對後世的影響，以見傳承，藉此勾勒白居易散文承上啟下之接受與影響史的線索和軌跡，希望更好地再現這位廣大教化主之於前世的繼承、之於後世的遺澤，這也是白居易接受史研究的組成部分。

白居易的時代，距今已經遙遠，他所生活著，並為之喜為之怒為之哀為之樂的環境，也已成為歷史陳跡，但他的文章和他的詩篇一樣還活著，著述長存，沒有失去生命力，既屬於未來，也屬於當今，且其神日新。他的文章不僅文字清婉動人，氣度從容不迫，而且投射著百年大唐興衰的回眸，激盪起超越千載輪迴的反思，正越來越顯現出奪目的當代價值。正所謂：野草燒不盡，春風吹又生！

回二　從比德於竹到養竹之德：
　　　說〈養竹記〉

　　在後人眼中，白居易詩歌創作的影響較大，其實他的散文也具有同樣重要的地位。白居易的文章，無論表現內容的廣泛性、深刻性，還是藝術成就的鮮明與個性，都不遜於其他任何一位唐代作家。尤其是其文學性散文，在文體上多選擇記、書、序三類。其中「記」，始於記事，後來逐漸發展壯大，成為涵蓋頗廣的一種文體，最能展現小品文融記敘、描寫、議論為一體的基本功能，〈養竹記〉堪稱這方面的代表。

　　〈養竹記〉作於貞元十九年（西元 803 年）春，白居易時年 32 歲，考上進士已有三年，被授予祕書省校書郎，在長安校勘書籍。「帝都名利場，雞鳴無安居」，儘管「小才難大用，典校在祕書」（〈常樂里閒居偶題……〉），而且「官小無職事，閒於為客時」（〈首夏同諸校正遊開元觀因宿玩月〉），但畢竟還是不錯的起點，因為祕書省校書郎雖是閒職，品級不高，只是正九品上，職掌也與直接行政無關，但卻為文詞清華之選，是文人官僚初仕最有希望的途徑，主要工作不是學術性的，而是技術型的，目的只是讓剛釋褐的士人，有一些工作的經驗，遠比縣尉的工作性質單純，元稹與白居易都是由此而進入仕途。上面詩題中提到的「常樂里」，據清人徐松《唐兩京城坊考》卷三，位於朱雀門街東第五街常樂坊，是由興慶宮往南的第二坊，東面離春明門很近，是白居易最初在長安定居之處。

　　唐代長安是當時世界知名的大都市，白居易來到長安，首要的問題是住在哪裡。雖說他少年時就曾來到京城闖蕩，但是真正在長安城落戶

還是到任校書郎後。徐松《唐兩京城坊考》卷三載：「樂天始至長安，與周諒等同居永崇里之華陽觀，至選授校書郎，乃居常樂里，蓋此為卜宅之始也。」所謂「卜宅之始」，即出自白居易〈養竹記〉所云「始於長安求假居處」。不過，據白居易自己永貞元年所作〈春中與盧四周諒華陽觀同居〉詩，居華陽觀實際上是在常樂里之後，徐松的敘述尚有失準確。忽略這一細節，相似現在的北漂族，初入京城的白居易選擇了租房。租住的房子就在長安城常樂坊內，房主原是已故相國關播，唐德宗時曾為檢校尚書右僕射。《舊唐書·關播傳》載：「關播，字務元，衛州汲人也。天寶末，舉進士。……建中三年十月，拜銀青光祿大夫、中書侍郎、同中書門下平章事。……貞元十三年正月卒，時年七十九。」關相國去世六年後，白居易搬入關相國的舊宅，就住在其中被稱作東亭的所在，宅院不大，倒很清幽。上引〈常樂里閒居偶題十六韻〉一詩還寫道：「茅屋四五間，一馬二僕伕。俸錢萬六千，月給亦有餘。既無衣食牽，亦少人事拘。遂使少年心，日日常晏如。勿言無知己，躁靜各有徒。蘭臺七八人，出處與之俱。旬時阻談笑，旦夕望軒車。誰能讎校間，解帶臥吾廬。窗前有竹玩，門外有酒沽。何以待君子，數竿對一壺。」正可為〈養竹記〉一文參考。

〔明〕仇英〈梧竹書堂圖〉

章四　散文的風骨氣韻

　　住進相國府的第二天，白居易在東亭內四處走走，來到東南角，發現這裡有一片竹叢，然而這片竹叢卻枯黃憔悴，沒有絲毫生機。他向相府裡的老人家請教，得知這片竹子是已故相國親手所植，相國六年前去世以後，府內房舍外租，房客常將竹子編筐子、做掃帚，亂砍濫伐，剩下的殘竹不足百根，雜草叢生。愛竹之人白居易，有感而發，由物及人，寫下這篇託物寓意的散文〈養竹記〉，以竹子為題詠的對象，將竹子比作賢人，讚美具有正直堅強品德的君子賢人，對肆意摧殘竹子的行徑表示憤慨，同時，深感人才的成功離不開環境因素，「地雖生爾材，天不與爾時。不如糞土英，猶有人掇之」（〈寓意詩五首・其一〉），竹子和賢人都是由於使用者不同才顯示出差別，所以提出應該正確培養和使用人才。

　　這篇小品文很短，寓意卻深遠，其最突出的藝術特色就是借物詠志。

　　宋人劉摯（1030～1097）撰有〈和洗竹詩〉，洪諮夔（1176～1236）〈題劉忠肅和洗竹詩帖〉稱劉摯：「洗竹和篇，與白樂天〈養竹記〉同意，闢邪衛正，嚴矣。異時罷相，乃出於所善之楊畏，何薔翳託根之深耶？」劉、白寫竹詩文意同之處，即在於借物詠志，闢邪衛正。宋人黃堅選編《詳說古文真寶大全》評價白樂天〈養竹記〉說：「此作與濂溪〈愛蓮說〉相似，一寄意於賢，一寄意於君子，非徒在於竹與蓮而已也。白居易字樂天，其人樂易，君子也。文字明白平正，不尚奇異深奧，亦與其詩大體相類云。」也看出這篇小品文借物詠志的特點。

　　白居易的〈養竹記〉圍繞竹子展開，記敘中顯真意，描寫中有見識，二者自然和諧，看似無意，實則藏鋒。全文可分為三個部分來賞讀。第一部分開篇不凡，「竹似賢」，兼含賢德與賢人。以下用排比句式，將竹

子的特徵和人的高尚品性連繫起來，表面寫竹，實則寫人。這一傳統淵源有自。《吳越春秋‧彈歌》所載「斷竹、續竹、飛土、逐」，還只是客觀描寫，至《詩經‧衛風‧淇奧》中的「綠竹猗猗」、「綠竹青青」，已開始將竹賦予主觀色彩。此後，寫竹之篇綿延未斷，以賦為主。如初唐許敬宗〈竹賦〉稱其「唯貞心與勁節，隨春冬而不變」，王勃〈慈竹賦〉美其「抽勁綠以垂霜，總嚴青而負雪」，盛唐吳筠〈竹賦〉讚其「不規而圓，不揉而直」。而真正確立以竹寄物寓意並比德於君子的文章，應該始於白居易的〈養竹記〉。文章從竹的「本固」、「性直」、「心空」、「節貞」四方面，寫出人的品德節操，文字酣暢淋漓，不愧是大手筆。作者對竹的評價，其實就是對賢者的評價，作者對竹的特徵歸納得精闢簡練，雋永含蓄。古往今來，那些仁人志士不正是這樣嗎──虛中潔外，堅定正直，光明磊落，處逆境不折腰，陷汙泥而不染，在史冊上留下美好的一頁。

白居易早年筆下的竹意象多用於比德，例如元和八年（西元813年），他以「孤」、「直」來喻其友元稹，〈酬元九對新栽竹有懷見寄〉寫道「曾將秋竹竿，比君孤且直。中心一以合，外事紛無極。共保秋竹心，風霜侵不得」，秋竹正直孤高的品格，見證了文學史上少見的一對摯友的金石膠漆般的友誼。〈與微之唱和來去常以竹筒貯詩陳協律美而成篇因以此答〉又稱：「粉節堅如太守信，霜筠冷稱大夫容。」〈題盧祕書夏日新栽竹二十韻〉則寫道「久持霜節苦，新託露根難」，說明守節之難，於是有〈別橋上竹〉的感慨：「穿橋迸竹不依竹，恐礙行人被損傷。我去自慚遺愛少，不教君得似甘棠。」，「迸竹」即迅速生長的竹子，寓意積極進取。「甘棠」象徵勤政愛民，德治化民。「竹」與「甘棠」意象的對比，反映出所憧憬的政治人格理想，以及這種憧憬未能完滿實現的自慚。這些皆可與〈養竹記〉相互參讀。

章四　散文的風骨氣韻

第二部分記敘作者的經歷。由於拔萃選及第，在長安租了房子，在房子的東南，見到「叢竹於斯」，但「枝葉殄瘁，無聲無色」。原來是主人辭世後，編筐的人砍竹子，紮掃帚的人割竹子。經過劫難，「刑餘之才」，還有什麼生氣，加上雜草叢生，美好的竹子已被折騰得慘不忍睹。這是多麼讓人痛心，痛惜之情隨之變為憤慨之意。「居易惜其嘗經長者之手，而見賤俗人之目」，不甘讓竹子就這樣面目全非地存在，於是除去雜草髒土，為竹子鬆土施肥，竹子從破敗中解脫出來。「日出有清蔭，風來有清聲」，竹子是「依依然、欣欣然，若有情於感遇也」。多麼豐富的想像，那竹子富有情意，對自己的厄運不埋怨，對他人的扶持充滿感激。這又是竹子象徵意義的突顯。

第三部分卒章顯志，是全文精華所在。結出文章題目中的「養」字，點出竹德須養，養竹之德，即養君子之德，賢者之德；與此前許敬宗、王勃、吳筠等人的賦竹之篇那種簡單比德

〔明〕沈貞〈竹爐山房圖〉

於竹的寫法，至此真正拉開了境界上的差距。作者從竹子的遭遇，想到賢者被壓抑。大千世界，萬事萬物，各有其別。竹子和草木，就如同賢者和常人不能同日而語，不能使自己驚世駭俗，他們需要愛護扶持，只有這樣，美的事物才有價值，賢者才能為國效力。所以在結尾處點明：

此文不僅是「貽其後之居斯者」,同時「亦欲以聞於今之用賢者」。從比德於竹到養竹之德,白居易以〈養竹記〉寫出自己對寓意於竹的文學傳統的創新。

拓而言之,這一創新出自白居易對竹的熱愛,從常樂里開始,還一直延續至「竹木池館,有林泉之致」(《舊唐書・白居易傳》)的洛陽履道里。〈吾廬〉詩中寫道:「履道幽居竹繞池。」〈履道西門二首・其一〉則曰:「履道西門有弊居,池塘竹樹繞吾廬。」〈招山僧〉亦云:「欲知住處東城下,繞竹泉聲是白家。」大和三年(西元 829 年),他在〈池上篇序〉描述其履道里宅園的構成,「地方十七畝,屋室三之一,水五之一,竹九之一」,文中又云「有水一池,有竹千竿」,環池而種的大片竹林,強化了園林的雅緻情趣。「竹徑繞荷池,縈迴百餘步」(〈閒居自題〉),詩人或池畔閒步,或泛舟池中,或長吟,或酌飲,竹為其營造高潔脫俗的氛圍。「日晚愛行深竹裡,月明多上小橋頭」(〈池上閒詠〉),「一酌池上酒,數聲竹間吟」(〈林下閒步,寄皇甫庶子〉)。觸目可見的清竹,是成就履道里池臺清幽脫俗意境的重要元素。〈秋池二首・其二〉:「露荷珠自傾,風竹玉相戛。」〈池上清晨候皇甫郎中〉:「深掃竹間徑,靜拂松下床。」〈秋涼閒臥〉:「露荷散清香,風竹含疏韻。」〈池上作〉:「豈如白翁退老地,樹高竹密池塘深。華亭雙鶴白矯矯,太湖四時青岑岑。」〈小臺〉、〈立秋夕有懷夢得〉、〈池上二絕・其一〉也用到竹的意象。〈小臺〉:「六尺白藤床,一莖青竹杖。風飄竹皮落,苔印鶴跡上。」〈立秋夕有懷夢得〉:「露簟荻竹清,風扇蒲葵輕。」,「回燈見棲鶴,隔竹聞吹笙。」可見竹林的幽靜,竹間的清風,是白居易內心追求淡泊、閒適的嚮往不可或缺的重要元素。而〈池上二絕・其一〉:「山僧對棋坐,局上竹陰清。映竹無人見,時聞下子聲。」寫竹陰裡與山僧對弈的情境。清清竹陰,

章四　散文的風骨氣韻

寂無人喧,唯聞下子之聲,清幽絕俗的詩境,傳遞出淡淡的禪意。

　　竹意象本身所獨具的幽靜淡泊,常見於白居易筆下。例如〈東樓竹〉:「影轉色入樓,床蓆生浮綠。空城絕賓客,向夕彌幽獨。」〈新栽竹〉:「已覺庭宇內,稍稍有餘清。最愛近窗臥,秋風枝有聲。」幼竹還沒長成,就已感覺到清靜之感,更不用說挺拔的竹林是多麼的幽靜,難怪詩人如此喜愛並付之歌詠。〈北窗竹石〉:「筠風散餘清,苔雨含微綠」,「莫掩夜窗扉,共渠相伴宿」,窗外種竹,以竹為伴。〈竹窗〉曰:「是時三伏天,天氣熱如湯。獨此竹窗下,朝回解衣裳」,「無客盡日靜,有風終夜涼」,「清風北窗下,可以傲羲皇」,竹窗下如此寧靜舒適,甚至可以傲視羲皇,可見詩人對閒適淡泊生活的欣賞。而一旦遠離這種閒適之境,便產生深深的憶念,〈思竹窗〉:「唯憶新昌堂,蕭蕭北窗竹。」〈玩松竹〉「幽懷一以合,俗念隨緣息」,「乃知性相近,不必動與植」,性情與竹的幽靜特性相近,因此可以拋棄功名利祿俗念,安享淡泊閒適的生活。〈題李次雲窗竹〉:「不用裁為鳴鳳管,不須截作釣魚竿。千花百草凋零後,留向紛紛雪裡看。」詩人並不追求竹的功用,不作「鳴鳳管」,不作「釣魚竿」,只留著「雪裡看」。

　　竹之幽靜,令人寧靜安詳,使人心絕塵慮;悠閒自得的情趣和理性思辨,於是在不經意間閃現。〈池上竹下作〉寫道:「水能性澹為吾友,竹解心虛即我師。」外在的幽靜與內心的虛靜相映襯,營造出清幽絕俗的意境。〈竹樓宿〉「小書樓下千竿竹,深火爐前一盞燈。此處與誰相伴宿,燒丹道士坐禪僧」,既是詩人以竹為伴的參禪生活的形象寫照,也是清竹掩映之下禪機禪趣的自然流露。所謂平常心是道,白居易對竹的熱愛與其佛教(尤其是南禪宗)修養密切相關,同時相互促發。像〈溢浦

竹〉「誰肯溢浦頭，回眼看修竹。其有顧盼者，持刀斬且束。剖劈青琅玕，家家蓋牆屋」，描寫竹多蓋房的平常事實。

〈食筍〉「此州乃竹鄉，春筍滿山谷。山夫折盈抱，抱來早市鬻」，「置之炊甑中，與飯同時熟」，描寫最平常的吃飯問題——吃竹筍。〈洗竹〉「獨立冰池前，久看洗霜竹。先除老且病，次去纖而曲」，「小者截魚竿，大者編茅屋」，描寫洗竹的過程和分類。極為普通的小事，也能成為白居易歌詠的對象，既表明詩人對日常生活的留意，同時也是南禪宗的「平常心是道」這一思想的展現。

在白居易〈養竹記〉之後，延承其以竹寄物寓意傳統並且繼續發揚光大的散文作品有兩篇值得一提，分別出自刑部侍郎劉伯芻的兩位公子。一篇是劉岩夫的〈植竹記〉，文章明確提出「君子比德於竹」之論，並云：「原夫勁本堅節，不受霜雪，剛也；綠葉蓁蓁，翠筠浮浮，柔也；虛心而直，無所隱蔽，忠也；不孤根以挺聳，必相依以林秀，義也；雖春陽氣王，終不與眾木鬥榮，謙也；四時一貫，榮衰不殊，恆也。垂蕡實以遲鳳，樂賢也；歲擢筍以成幹，進德也。」（《全唐文》卷七三九）一連列出竹的八大特點：剛、柔、忠、義、謙、常、樂賢、進德，這也正是君子應有的道德品性。另一篇是劉寬夫的〈竹記〉，文章認為竹之美，在於「群居不亂，獨立自持，振風發屋，不為之傾，大旱乾物，不為之瘁；堅可以配松柏，勁可以凌雪霜，密可以泊晴煙，疏可以漏宵月，嬋娟可玩，勁挺不回」（《全唐文》卷七四〇），所謂「群居不亂，獨立自持」，以及堅、勁、密、疏等，也從另一側面道出竹之可以比德於君子的特點。

宋代三山先生林之奇（1112～1176）的弟子呂祖謙（1137～1181）編有《東萊集注類編觀瀾文集》，其中選錄白居易詩文九篇，〈養竹記〉即

章四　散文的風骨氣韻

為其一，其餘八篇是〈江南遇天寶樂叟歌〉、〈無可奈何歌〉、〈長恨歌〉、〈太行路〉、〈座右銘並序〉、〈太湖石記〉、〈廬山草堂記〉、〈饒州刺史吳府君神道碑銘〉。乾隆皇帝（1711～1799）有《題白居易養竹記》云：「瀟灑白少傅，妙理寄清談。自為養竹記，竹性頗能諳。森森抽枝筱，千頭綠玉。欲疏不欲密，三昧還須探。亦思覓幾個，琅玕栽宅南。」乾隆之弟愛新覺羅・弘晝（1712～1770）亦有〈題白樂天養竹記〉，詩云：「樂天愛竹取何意，取其勁直聳千畝。亭亭蒼秀在我園，蕭蕭幽韻傍我牖。樂天記竹記何美，記其不凋與不朽。森森密葉待鳳來，通中直外耐長久。想彼夭夭桃李花，與彼翠翠岸旁柳。秋風瑟瑟霜露寒，前日妖嬌今皆醜。何如此君歷四時，翠色不改挺操守。宜乎樂天作竹記，永與松梅為三友。」皇兄御弟二人的共同推崇，無疑對白樂天〈養竹記〉的廣泛流傳有引導之功。

東亭舊址

而此前的宋代，呂午（1179～1255）〈跋漕司僉廳壁書白樂天養竹記〉曾云：「僉所改造既成，靚深閎麗，於王畿漕幕為稱。堂後有隙地，同官相與種竹，僅百個，翠葉交加，秀色可餐。每朱墨餘閒，啟窗視之，心目開明，俗塵一洗。竹之有助於人如此。乃書白樂天〈養竹記〉於壁，庶幾來者知所封植云。嘉定五年閏九月某日，新安某書。」早有先發之功。不過嘉定五年無閏月，因此落款或為嘉定六年。

續此佳話，1995 年，這篇〈養竹記〉由陝西師範大學一名教授題寫，刻碑立於東亭舊址，石碑嵌入一面仿古的白牆之中，意在建構白居易題壁〈養竹記〉的佳話。白牆的後面，是一片鬱鬱蔥蔥的翠竹。在西安一所大學百年校慶之際，在教學主樓以東、東六舍以南的一塊清幽之地，又重建了東亭，「東亭」牌匾由啟功先生題寫，環以茂林修竹，琉璃瓦牆。紀念亭的一側，是一名雕塑家創作完成的詩人白居易的全身立像，昔日的一代詩豪，中立不倚，節概凜然，昂首眺望遠方，似乎在追溯大唐昔日的榮光。

章四　散文的風骨氣韻

章五　藏書空間的雅趣

章五　藏書空間的雅趣

回一　無書不能訓——
白居易與藏書史

　　在藏書史上，白居易還是和氏璧，尚無人留意。這位廣大教化主能有今日之聲名，與他的早慧有關係，與出道較早有關係，與前輩提攜有關係，與他自己精勵刻苦有關係，與他善於團結同道有關係，與他的作品多產（水準高、數量多）有關係，與他年壽長、文學活動持續的時間長有關係。除此之外，其實與白居易善於藏書也頗有關係。「世間富貴應無分，身後文章合有名」，這是他寫給好友元稹和李紳的感慨。感慨還不算，而且付諸實際。為了完整妥善且久遠地藏書，綜合權衡謄錄成本與散佚的風險，白居易做出周密安排，將著作抄寫五部，分別弆藏私家和不同的寺院。去世前一年，他在〈白氏長慶集後序〉中說：「詩筆大小凡三千八百四十首。集有五本，一本在廬山東林寺經藏院，一本在蘇州南禪寺經藏內，一本在東都勝善寺缽塔院律庫樓，一本付姪龜郎，一本付外孫談閣童，各藏於家，傳於後。其日本、暹羅諸國及兩京人家傳寫者，不在此記。」用心可謂良苦。

　　其中弆藏在東都洛陽勝善寺那一部，有好友李紳的稱讚，名喚《題白樂天文集》，又作《看題文集石記因成四韻以美之》，讚曰：「寄玉蓮花藏，緘珠貝葉局。院閒容客讀，講倦許僧聽。部列雕金榜，題存刻石銘。永添鴻寶集，莫雜小乘經。」以珠玉之珍，讚樂天詩文之美；以鴻寶之集，譽香山著述之貴。不僅與佛經同列，而且地位還非小乘雜經可比。這樣到位的推重，出自與樂天同年生同年卒的李丞相。果然不負所望，夢想成真——《白氏文集》成為目前唐代保留最完整的詩文集；而

且預言落實,名不虛傳——樂天已經與李杜齊名,在日本、暹羅諸國,聲望甚至還要更高。

　　白居易不但善於收藏自己的著作,在藏書史上,還曾擔任主管官藏經籍和圖書的祕書監,這是從三品的祕書省高級長官,其〈閒行〉詩云「專掌圖書無過地,遍尋山水自由身」,可見其盡職盡責。這是官藏領域,而私人藏書方面,則有其專屬的「池北書庫」。池北書庫建造在哪裡呢?在東都洛陽。有學者說是在今天洛陽白園的樂天堂(范鳳書《中國著名藏書家與藏書樓》,大象出版社2013年版,第3頁)。此說不妥。洛陽白園只是白居易歸葬之地琵琶峰所在,非要尋找此園與藏書相關之所,亦非樂天堂,而是道時書屋。這是白居易研究專家顧學頡(1913～1999)所題。「道時」二字,據筆者理解,應是取義於元稹〈酬孝甫見贈十首(各酬本意,次用舊韻)·其二〉稱揚杜甫之語:「憐渠直道當時語,不著心源傍古人。」錢鍾書《談藝錄》云:「直道時語,不傍古人者,指新樂府而言,乃不用比興、不事婉隱之意,非泛謂作詩不事仿古也。」

　　那麼,白居易的池北書庫在哪呢?來看其大和三年(西元829年)撰〈池上篇〉所述:

東都風土水木之勝在東南偏,東南之勝在履道里,里之勝在西北隅,西閈北垣第一第,即白氏叟樂天退老之地。地方十七畝,屋室三之一,水五之一,竹九之一,而島樹橋道間之。初,樂天既為主,喜,且曰:「雖有池臺,無粟不能守也。」乃作池東粟廩。又曰:「雖有子弟,無書不能訓也。」乃作池北書庫。

　　可見,池北書庫在洛陽東南偏一點,那裡是當時風土水木最佳勝之處!東南偏哪裡呢?當時的黃金地段——履道里!履道里何處呢?西北

章五　藏書空間的雅趣

隅,當時更是風土水木最佳勝之處!西北隅第幾處宅第呢?第一第!白居易的池北書庫就在履道里第一第,是長慶四年(西元824年)罷杭州刺史時,從散騎常侍楊憑舊宅的新主人田氏手中購得。寶曆元年(西元825年),白居易〈泛春池〉詩寫到池臺的由來:「誰知始疏鑿,幾主相傳受?楊家去雲遠,田氏將非久。天與愛水人,終焉落吾手。」詩中原注:「此池始楊常侍開鑿,中間田家為主,予今有之,蒲浦、桃島皆池上所有。」池臺易主那年春天,白居易修葺新園。新園方圓十七畝,屋室三之一,景物以水、竹為主,水占五之一,竹占九之一。園中有島,有樹,有池,池邊有路,池上有橋,環池有竹,池中有舟,舟上有胡床。水香蓮開之旦、露清鶴唳之夕,主人酒酣琴罷,吟風弄月,釀酒之法,為潁川陳岵所授,其味甚佳;琴則博陵崔玄亮所與,其韻甚清;蜀客姜發授〈秋思〉,其聲甚淡;弘農楊歸厚所贈青石三方,長且平滑,可以坐臥。再加上白居易自己罷杭州刺史所得天竺石一方,華亭鶴兩隻;罷蘇州刺史時所得太湖石五方,及白蓮、折腰菱、青板舫等;罷刑部侍郎時所得粟千斛,書一車,以及操習管磬弦歌的家奴。

　　中唐以下,詩文中池水之景的描寫漸多,而白居易堪稱代表。每到一處新址,白居易即造池水景,如〈官舍內新鑿小池〉即道:「簾下開小池,盈盈水方積。中底鋪白沙,四隅甃青石。勿言不深廣,但足幽人適。泛灩微雨朝,泓澄明月夕。豈無大江水,波浪連天白。未如床蓆間,方丈深盈尺。清淺可狎弄,昏煩聊漱滌。最愛曉暝時,一片秋天碧。」如詩所云,池多不大,以小見勝,趣味越可親近,一般文人居處也可營建,棄官隱居者也能安頓身心,白居易〈過駱山人野居小池〉小注即云:「駱生棄官居此二十餘年。」詩云:「茅覆環堵亭,泉添方丈沼。

紅芳照水荷，白頸觀魚鳥。拳石苔蒼翠，尺波煙杳眇。但問有意無，勿論池大小。……善哉駱處士，安置身心了。」又如白居易〈草堂前新開一池養魚種荷日有幽趣〉寫道：「淙淙三峽水，浩浩萬頃陂。未如新塘上，微風動漣漪。小萍加泛泛，初蒲正離離。紅鯉二三寸，白蓮八九枝。繞水欲成徑，護堤方插籬。已被山中客，呼作白家池。」在這裡，「淙淙三峽水，浩浩萬頃陂」的川洋煙波記憶，被融縮為小小白家池塘的日常。書齋院落的清雅明麗，與書齋眼前的池塘水景，提供給讀者另一方天光雲影，淡去了江湖風波的承載，人生至此展開歇息與歸隱的新篇。

《履道里第宅記》不知何人所撰，堪與〈池上篇〉參看：「履道里在都城偏東南。其內買（常侍）楊憑宅，價不足，以兩馬償之。宅在西北（里）隅西閈（閭）北垣第一第也。坐向南方。於東五畝為宅，其宅西十二畝為園，方正共十七畝。園中花忻（開）最茂。有映日堂三間，有九老堂五間，有池水可泛舟。舟中有胡床，床前有廣酒池。池中龜游魚躍。池上有橋。道（旁）有蒲、蒲桃（葡萄）。島（上）楊柳槐梧，蔭翳清涼。池東有粟廩，池北有書庫，池西有琴亭，池南有（天）竺石兩（峰）。岸有華亭鶴一隻。」（《白居易家譜》，白書齋續，顧學頡注釋編纂，中國旅遊出版社1983年版，第100頁）竹木池館，有林泉之致，這樣的藏書之所，讀書之地，可謂古今無兩。來看〈池上篇〉中池北書庫主人自己的感受：

十畝之宅，五畝之園，有水一池，有竹千竿。勿謂土狹，勿謂地偏，足以容膝，足以息肩。有堂有亭，有橋有船，有書有酒，有歌有弦。有叟在中，白鬚颯然，識分知足，外無求焉。如鳥擇木，姑務巢安；如蛙作坎，不知海寬。靈鵲怪石，紫菱白蓮，皆吾所好，盡在我前。時引一杯，或吟一篇。妻孥熙熙，雞犬閒閒。優哉遊哉，吾將老乎其間。

章五　藏書空間的雅趣

　　池上佳境，淡淡寫來，疏淡點染而已，而欣然之意，已出言外。古今藏書者多矣，但如此「優哉遊哉」者鮮矣。蘇軾云，白樂天事事可及，唯風流一事不可及。筆者認為，風流竹林七賢亦可及，唯此襟懷淡宕不易及也。「澄瀾方丈若萬頃，倒影咫尺如千尋。泛然獨遊邈然坐，坐念行心思今古」，這是〈池上作〉；「身閒當貴真天爵，官散無憂即地仙。林下水邊無厭日，便堪終老豈論年」，這是〈池上即事〉；「水能性淡為吾友，竹解心虛即我師。何必悠悠人世上，勞心費目覓親知」，這是〈池上竹下作〉。林林總總的池上詩作，構築起樂天詩風的堂廡之境。置身池上，返歸池北，由園林之境，回到精神空間。池北書庫，成為白居易心路歷程由外而內的最好象徵物，正如白居易是唐宋文學轉型的代表。

　　「一編長慶集，三復池上篇。」清代頤道堂主人陳文述（1771～1843）是白香山的異代粉絲，他傾心香山之處，即其「隨遇皆欣然」的人生態度，〈畫屏懷古詩〉的這句，正點出〈池上篇〉是白居易思想要義之展現，在《白氏長慶集》裡十分重要，所以受到彭年、錢穀、董其昌等明代書畫家的鍾愛。康熙臨董其昌書〈池上篇〉，還命焦秉貞取其詩中畫意，畫〈池上篇〉圖一軸。張照亦有白居易〈池上篇〉書跡一軸。白居易另有〈府西池北新葺水齋即事招賓偶題十六韻〉，說的也是池北書庫，新修水齋後，邀詩友來遊，詩的結尾講：「讀罷書仍展，棋終局未收。午茶能散睡，卯酒善銷愁。簷雨晚初霽，窗風涼欲休。誰能伴老尹，時復一閒遊？」書棋為伴，茶酒相隨，風休雨霽，真無所不適，使人恨不能穿越時空，以應白尹之邀，一赴池北，為此閒遊。

　　不同於後世藏書家，池北書庫主人的藏書並非意在收藏，主要是為了閱讀和利用。白居易曾利用藏書，編纂《事類集要》，又稱《白氏經史

事類》，即後來通稱的《白氏六帖》。據宋人楊億（974～1020）的《楊文公談苑》記載，編纂過程是帶領門生，首先採集經籍，採集史傳，分別事類，區分匯聚，事提其要，類歸其門。然後列置七層書架，上置陶瓶，多達數千，其上標寫門目名類，將寫好的紙條放入分好類別的陶瓶中，編輯前從陶瓶中倒取，輯錄成書。在抄本時代，《白氏六帖》無疑是作家援引典故、擷取詞藻的寶庫，在當時被稱許為「不語先生」。在今日，於文獻學而言，這部聚舊成新的類書，不僅富有輯佚和校勘等價值，也能幫助我們了解白居易藏書的大致框架和範圍，考見其收藏和閱讀興趣，從而了解其文化素養的淵源與知識背景的形成。

白居易的池北書庫，在唐代詩人中絕無僅有，引來後人無數豔羨。北宋詩人韓琦（1008～1075），曾任北宋三個皇帝的宰相，屢次被置於散地，深深羨慕白居易的園林生活，他營造的醉白堂，所醉之白即白樂天，蘇軾為之撰〈醉白堂記〉，稱其「取樂天〈池上〉之詩，以為醉白堂之歌」，一段說魏公之所有，樂天之所無；一段是樂天之所有，又魏公之所無；一段論樂天魏公之所同，並非王安石所云，只是「韓白優劣論」。韓宰相〈醉白堂〉云：

戀老新成池上堂，因憶樂天池上篇。樂天先識勇退早，凜凜萬世清風傳。古人中求尚難擬，自顧愚者孰可肩。但舉當時池上物，愧今之有殊未全。……吾今謀退亦易足，池南大屋藏群編。一車豈若萬籤富，子孫得以精覃研。……人生所適貴自適，斯適豈異白樂天？未能得謝已知此，得謝吾樂知誰先？

詩酒年華，覃研萬籤，藏書池上，風流林下，如此自適的人生，悟盡識分知足者，深諳及早勇退者，足堪先樂，足堪先醉。東坡自己即深

章五　藏書空間的雅趣

諳此意,他還將白居易與王摩詰晚年退隱輞川相提並論,其〈李伯時畫其弟亮功舊宅圖〉說:「樂天早退今安有,摩詰長閒古亦無。五畝自栽池上竹,十年空看輞川圖。」又專門撰〈池上二首〉,向樂天致意,並且與李太白對比,作出取捨,說:「不作太白夢日邊,還同樂天賦池上。」清代謝良琦(1624~?),全州(今廣西全州)人,歷官燕、吳、閩、越,孤直剛正,不容於時,罷歸鄉里。晚年自定文四卷,以先世所名表其集,示不敢忘德。其集名曰《醉白堂集》,亦取義於韓琦、蘇軾詩文。

韓琦的同鄉許有壬(1287~1364),是元代歷事七朝的權臣,從政近50年,他題樂天〈池上篇〉說:「香山白公勇退於強健時,享閒居之樂者十八年,吾鄉魏忠獻韓公慕之,作醉白堂,東坡蘇公作記,謂公道德高於古人,非溢美也。又嘗謂其出處老少粗似,而東坡之號,實本於忠州之詩,蓋又慕之深者也。公年五十八,分司東都,有『今日是長歸』之句,終身不渝其言。彼稱其文章精純,不欲一披,恐回其心者,適足以成公之志,而自曝其愎焉。」許有壬少年時讀〈池上篇〉,就慨然有擺脫塵俗之想,但62歲才回鄉歸隱,歸作圭塘西郭,雖交遊構築之盛不及白居易的池北書庫,但松竹荷柳,雜植之蕃茂,倒是不相上下。

明人秦瀚有〈廣白居易池上篇〉云:

> 百仞之山,數畝之園,有泉有池,有竹有竿。有繁古木,青蔭盤旋。勿謂土狹,勿謂地偏。足以容膝,足以息肩。有堂有室,有橋有船。有閣煥若,有亭翼然。菜畦花徑,曲澗平川。有書有酒,有歌有弦。有叟在中,白髮飄然。識分知足,外無求焉。如鳥擇木,姑取巢安。如魚在坎,不知海寬。動與物遊,矯若遊仙。靜與道契,寂如枯禪。靈鶴怪石,紫菱白蓮。皆我所好,盡在目前。攜筐摘果,舉網得

鮮。約我生計，斯亦足焉。時飲一杯，或吟一篇。老懷熙熙，雞犬閒閒。天地一瞬，吾忘吾年。日居月諸，莫知其然。優哉遊哉，吾將終老乎其間。

秦瀚（1493～1566），先字會洋，號艾齋，改字叔度，號從川。邑廩生。無錫（今屬江蘇）人。秦鏜子。以子梁貴，封奉政大夫，通政司左參議。嘉靖四十三年（西元1564年），與張選、俞憲等於惠山立石，結成詩社，記《碧山吟社誌》。有《從川詩集》、《嚴棲集》。這篇〈廣白居易池上篇〉承白居易〈池上篇〉之結構句式而廣之以篇幅，不少語句直接襲自〈池上篇〉原作，但白詩原作「淡淡寫來，自見老潔」（《唐宋詩醇》卷二十六）之處，秦作不免略遜。

一般認為，明人王世貞（1526～1590）是全面否定白居易詩歌風格和價值的代表，因為他在《藝苑卮言》卷四曾有一段被稱引極多的論斷：「張為稱白樂天『廣大教化主』，用語流便，使事平妥，固其所長。極有冗易可厭者，少年與元稹角靡逞博，意在警策痛快，晚更作知足語，千篇一律。詩道未成，慎勿輕看，最能易人心手。」但實際上，通觀上下文可知，王世貞並未否定白居易「用語流便，使事平妥」的優長之處。另外，王世貞在晚年對白居易的了解亦有所改變，正如李維楨（1547～1626）〈讀蘇侍御詩〉所云：「余友鄒孚如嘗言：『王元美先生《卮言》抑白香山詩太過。』余謂此少年未定之論。晚年服膺香山，自云有白家風味，其續集入白趣更深。香山邃於禪旨，翛然物表，又不立崖岸門戶，故其詩隨語成韻，隨韻成適，興象玲瓏，意致委宛。每使老嫗聽之，易解而後可，不則再三更定。是以真率切至，最感動人。……王先生恐效香山而失之，故峻為之防，所謂『以魯男子之不可，學柳下惠之可』耳。……

章五　藏書空間的雅趣

此論固不始自弇州，非但詩家，即禪家燒木佛、施棒喝，豈可平等皆然，守為常法？若以世眼觀，無真不俗；若以法眼觀，無俗不真。」陳田《明詩紀事》己籤卷一亦云：「七子論詩，斷自大曆以上，故弇州於張文昌、白樂天樂府，曾不齒及，暨晚年論定，於茶陵樂府，且津津不置。此中甘苦，非濟南所得知矣。」可見，泛泛地認為王世貞是否定白居易的代表，其實並不符合實際。全面論述這一問題，筆者另有專文，此處不贅。僅引述王世貞對白居易〈池上篇〉的議論，王世貞《題〈池上篇〉彭孔嘉、錢叔寶書畫後》云：

余少讀《歸去來辭》，雖已高其志，而竊難其事，以為非中人所能。後得白樂天〈池上篇〉覽之，頗有合，謂此事不甚難辦，此文不甚難構，而千百年少儷者，何也？蘇長公云：「樂天事事可及，唯風流一事不可及。」余則云：「風流亦可及，唯曉進退不可及也。」友人彭孔嘉嘗為余書此篇，遒勁豐美，備得顏柳骨態。長夏無事，錢叔寶復繫以圖，宛然履道里白叟退休所矣。吾名位雖小薄而年差壯，小只園水竹差勝，圖籍差具，酒量差益，今年湖田不沮洳，亦何必請分司奉耶！便當一決，書此以俟。

可見王世貞對白居易的心儀與瓣香之跡。王世貞題跋所云「風流亦可及，唯曉進退不可及也」，董其昌玄賞齋有行書〈池上篇〉，篇後之跋亦有相似意見，中云「白香山〈池上篇〉其所謂『十畝之宅，五畝之園』，似亦人所易辦，第識分知足為難耳。」《唐宋詩醇》卷二十六亦云：「『識分知足』四字是樂天一生得力處，真實受用在此，序中未及，詩中特為清出，可為奢汰逾分、營營無厭者，痛下針砭。」對白居易「識分知足」的意見，即承自董其昌。另外，王世貞〈宋畫香山九老圖〉畫跋又云：「考〈池上篇〉水五之一，竹九之一，島樹間之，而今水與樹勝，而竹太不

勝，又無中高橋，石樽，紅蓮，折腰菱，華亭鶴，紅綃，紫綃，蠻腰，素口之屬，而分配琴弈書畫，以綴其寂寞……吾生平雅慕樂天，自納節來，頗治弇山園，以希十五年後，耆英之盛。而今復厭，且棄之矣。茲與吾弟約，異時肖吾貌，必不為樂天，如不為僧贊寧者，當為百三十六歲之李元爽哉！」直言「生平雅慕樂天」，並以白居易〈池上篇〉的園林建築為參照和榜樣，可謂推崇之至。

董其昌〈池上篇〉

清順治七年（西元 1650 年），松江畫家顧大申（1620～1674）仿韓琦之意興，在宋代進士朱之純穀陽園和明代畫家董其昌「抂頰山房」舊園遺址處，掘地開池，取名「醉白池」，遂成華亭園林之勝景，與詩酒文會之勝地。黃之雋（1668～1748）〈醉白池記〉載：「韓魏公慕白居易而築醉白堂於私第之池上，水部君（指顧大申）又仿韓而以堂名其池。」

醉白池後來幾易園主，乾隆年間，歸婁縣人稟貢生顧思照所有，曾作池園使用。其著述有《醉白池詩草》、《醉白池詩鈔》。蔡顯《閒漁閒閒錄》專門記載醉白池詩會的盛景：

章五　藏書空間的雅趣

　　往年醉白池詩會，黃宮允、周比部、徐明府、李茂才輩，酒酣興王，余以〈接五路〉為題，喝三韻，西枝隨口吟云：「五更牲殺接神忙，利市年年酹一觴。欲往迎之何處所，東西南北與中央。」坐皆嘆賞。蓋新正五日，松俗貿易家五更陳牲醴於街，以祀財神，名曰「接五路」，無賴子闖坐，醉飽徑起，主人喜歡，謂神降，獲利市也。

　　所云參與醉白池詩會者，皆松江聞人，多見於其他文獻。黃宮允，即黃之雋（1668～1748），雍正三年（西元1725年）官至左春坊中允，別稱宮允。周比部，即周起士（1690～1750），字藹公，自號漁山，婁縣（今屬上海松江）人，學者周思兼六世孫。雍正元年（西元1723年），鄉試列名榜上。次年中進士，被選為庶起士。後任刑部主事、員外郎。徐明府，即徐橒（1681～1758），雍正七年被保薦賢良方正，官知縣。李茂才，即李進。蔡顯《閒漁閒閒錄》還載有其隴西婿藏〈醉白池老樹軒圖〉，所稱「隴西婿」當為上云李進，其中陳慧香題云：

　　穀陽城外路西南，畫景還將詩景參。綠水縈紆橋第五，名園瀟灑徑開三。歸然一樹推耆舊，藉甚群賢笙盍簪。我憶童遊如夢幻，書堂深柳獨何堪。

　　陳慧香即陳崿（1664～1742），字咸京，號岈嵐，晚號慧香，江蘇太倉人。康熙貢生。以薦充纂修《詩經》館分校，議敘知縣，遽乞歸，杜門著述。康熙五十三年（西元1714年）助王鴻緒纂《明史稿》，雍正五年（西元1727年）與修《子史精華》，有《祖硯堂集》、《呵壁詞》。詩中所云「綠水縈紆橋第五」，詩人自注云：「原醉白池前，有河通舟楫，北接長壽橋水，南通大漲涇。在長壽橋至醉白池榆樹頭一段，自北至南有石橋五座，以便行人，名宋家橋、毛家橋、袁家橋、黃家橋、沈家橋。醉白池前即沈家橋，排行第五。」末句蔡顯注云：「軒北為霖說王子深柳讀書

堂，余總角同業處，今廢矣。」蔡顯又專門稱道陳慧香作詩之敏捷，《閒漁閒閒錄》云：「張敬夫見王荊公墨跡，謂此公那得有許多忙，程子見人靜坐，便嘆其善學，不作草書，不逐外物，余唯見陳丈慧香一人。古時文士宴集賦詩，或刻燭一寸，後乃擊銅煎餅，鬥捷爭奇。」

《閒漁閒閒錄》載徐今吾〈題醉白池老樹軒圖〉云：

勝地爭傳醉白池，當軒有樹最離奇。百年老幹干霄立，六月清陰滿徑垂。杖策欲乘幽興訪，展圖先慰寸心思。庭槐潭柳何須問，點綴名園此獨宜。

徐今吾，即徐是效，字景予，號今吾，康熙二十一年（西元1682年）秀才，與黃之雋同學齊名。工詩古文，兼擅書畫，詩歌力追白居易、元結。乾隆元年（西元1736年），巡撫薦試博學鴻詞，堅辭不就。又載施道園題云：「曩居溪上，對老樹名園，玲瓏堪賞。中有一泓煙水，綠於春釀。移家去後頻回首，遡東風，幾番惆悵。近來喜見，新詩滿冊，畫圖蕭爽。樹不改舊時蒼莽。但惜我槁面鱗皺，愁心忍悅。詞人潑雪吹雲處，算相懸別峰千丈。華軒妙句，唯應讀罷，倚闌吟想。」祝德麟（1742〜1798）為賦〈醉白池〉，中云：「池名義奚取，云自白太傅。當年蘇郡守，焉得此閒駐。名賢遊覽跡，往往多牽縛。歐公未仕杭，六一泉偏署。我今作寓公，到處留杖屨。未知後視今，誰復識故步。且盡手中杯，安問恆沙數。」王慶勳有〈同胡藹堂丈遊醉白池〉，詩云：「萬樹梅花萬古春（四面皆種梅），當年勝蹟幸重新。徑中黃葉堆成路，籬外青山遠有神。千載綱常留正氣（地為夏忠節公殉節處），前朝詞賦重名人（地本幾社遺址）。西風吹盡英雄淚，碧血猶聞閃野磷。」以不同體式，從各個側面，傳承著融風流於日常的醉吟詩風。此外還有詞作，如雲間王頊齡

章五　藏書空間的雅趣

〈滿庭芳・醉白池〉，及華亭董俞蒼水〈水龍吟・秋日飲顧水部醉白池上〉、雲間王九齡子武〈滿庭芳・後山招同人集醉白池〉。連一向鄙薄樂天詩風的一代詩宗王漁洋，都記得池北書庫。這位清代聲望最高的詩人，也是清初著名的藏書家，今存《漁洋山人池北書庫藏書目》。他不僅徑襲白居易池北書庫之名，還鄭重其事，把自己的《池北偶談》也「取樂天池北書庫之名名之」，可謂既奉又違，有點糾結。欲知其詳，可見拙作《王漁洋之於白香山——取捨避就之道》（《文學遺產》2016年第3期，增訂版收入《紀念王漁洋誕辰380周年全國學術研討會論文集》，齊魯書社2016年版）。

　　十畝園，意自閒。池有泉，竹千竿。伴靈鶴，賞白蓮。琴一張，書萬卷。詩與酒，隨遇安。歌與弦，欣欣然。己所好，在目前。陶然醉，靜參禪。天地瞬，忘其年。香山老，白樂天。長慶集，池上篇。雖為官，若遊仙。

　　權以俚句，總結全篇。

松江醉白池

回二　蘇東坡眼中的白樂天——以徐州為中心

翁方綱〈是日又題坡公真像軸後〉稱蘇東坡「詩懷白傅接陶公」（《復初齋詩集》卷五十八）。假如站在蘇軾的角度向前追溯，我認為，白居易和陶淵明，是對蘇軾最具影響力的前輩和榜樣，而陶、白、蘇三人，又構成中國文學的三塊重要基石，中國文人思想也隨之經歷「起轉合」三個階段。這三個階段大致所處的元嘉、元和與元祐，正是中國文化三大重要的過渡期，伴隨著魏晉玄學經佛學至宋學的三級跳，中國文人心態的發展亦經歷由青春至壯而老成的三境界，也即前人所謂詩學三元或三關。

過渡期之所以重要，一是因為時代變局的轉折之際，往往最能考驗一個人的反應能力，二是轉折或轉角往往要占據更大的空間，時代是否能夠容許接納，正需要與呼喚其代表者，分別由陶、白、蘇三人為三元或三關之代表，可謂三英而無愧。蘇軾作為三英中的最後一位，更是浩若星辰的中國文人中，最具非凡獨特性的集大成者。繼晉代陶淵明和唐代白居易之後，蘇軾成為中國詩人的新典型。白居易自比「異世陶元亮」，而蘇軾則自云「出處依稀似樂天」。從傳承上看，陶淵明，晉代之白樂天也；蘇東坡，宋朝之白居易也。

在蘇軾的詩世界裡，陶詩的融熱情於沉靜，白詩的融風流於日常，更新為融豪獷於枯澹，而明朗暢達的意脈，平易自然的語言，淡泊情趣的追求，則有著一脈相承的精神連繫。尤其是蘇之於白，更由欽慕、效仿而至於並稱，堪稱兩位偉大文人之間的跨代對話。這裡謹以徐州為中心，梳理和分析蘇軾眼中的前代詩豪白居易。

章五　藏書空間的雅趣

（一）

熙寧十年（西元1077年）四月，42歲的蘇軾赴任徐州，兩年時間裡，在「樂其土風」（蘇軾〈靈壁張氏園亭記〉），交出完美的政績答卷之外，留下365篇詩詞文賦。其中詩193首，詞29首，書信文賦等143篇，書跡20餘帖。其中，在在可見前輩白居易的身影。此前，蘇軾眼中白居易的特徵是俗，所謂「元輕白俗」，而他到徐州之後，胸襟和眼光都開拓了。可以說，徐州時期作為關節點，劃分了蘇軾慕白效白之路的分水嶺。不妨從熙寧十年（西元1077年）六月所撰〈次韻答邦直、子由四首·其二〉說起：

城南短李好交遊，箕踞狂歌不自由。尊主庇民君有道，樂天知命我無憂。醉呼妙舞留連夜（邦直家中舞者甚多），閒作清詩斷送秋。瀟灑使君殊不俗，樽前容我攬須不。

詩題所言子由，蘇轍也，對徐州曾抒發喜愛之情，說「愛此山河古」（〈雨中陪子瞻同顏復長官送梁燾學士舟行歸汶上〉）；邦直，及首句所云「短李」，指與蘇軾兄弟唱酬甚多的舊友李清臣，李清臣在徐州所建之快哉亭，即蘇軾所命名，取義於宋玉〈風賦〉「快哉此風」，白居易亦有「何處披襟風快哉」（〈題新澗亭兼酬寄朝中親故見贈〉）的詩句，蘇軾並撰有〈快哉此風賦〉。「短李」之典，源自白居易詩歌〈代書詩一百韻寄微之〉所謂「閒吟短李詩」，白氏自注：「李二十紳，形短能詩，故當時有……短李之號。」此即「短李」這一綽號的來歷。白詩〈東南行一百韻〉「李酣尤短竇」，自注亦曰：「李廿身軀短小……每因醉中，各滋本態，當時亦因為短李……」白居易〈編集拙詩成一十五卷因題卷末戲贈元九李二十〉「苦教短李伏歌行」，〈江樓夜吟元九律詩成三十韻〉「短李愛應顛」，蘇

軾〈四望亭〉「故老猶言短李亭」，三句詩中的「短李」亦指李紳。「箕踞狂歌不自由」，一作「箕踞狂歌總自由」（或為避免與詩末之「不」相重而改），與白居易〈醉遊平泉〉「狂歌箕踞酒樽前，眼不看人面向天」，詞句亦有相仿之處，皆用劉伶〈酒德頌〉「奮髯箕踞，枕麴藉糟」之典。最引人注目的一句是「樂天知命我無憂」，較邦直、子由原作相應位置的詩句氣度更勝一籌，當足以令短李和子由心服。這一句，王注引《列子・仲尼篇》，顏回曰：「昔聞之夫子，曰樂天知命故不憂」，恐未中肯綮。肯綮所在──白居易字樂天，其字來自《周易・繫辭上》所謂「樂天知命故不憂」，白詩〈枕上作〉「若問樂天憂病否，樂天知命了無憂」，亦雙關此意。至於「閑作清詩斷送秋」，斷送者，猶云發付也。言以閑作清詩，發付秋意也，與白詩〈同夢得和思黯見贈來詩中先敘三人同宴之歡次有嘆鬢髮漸衰嫌孫子催老之意因繼妍唱兼吟鄙懷〉「斷送樽前倒即休」，言以醉倒發付飲酒之興致，也有相似之情境。蘇軾到徐州不久所撰這組次韻之作的其他幾首，也多處用到白詩之典，於此可以概見白居易詩歌對徐州太守蘇軾的影響痕跡。

　　徐州於白居易而言，是印記深刻而久遠的準故鄉，白家在徐州豐縣還有舊宅。據白居易〈襄州別駕府君事狀〉，早在德宗建中元年（西元780年），白居易九歲時，其父白季庚曾授徐州彭城縣令。建中二年（西元781年）正月，唐發軍討成德節度使李唯岳、魏博節度使田悅。同年二月，討襄陽節度使梁崇義；八月，崇義伏誅，平盧留後李納以軍助田悅；九月，討李納，李納將徐州刺史李洧以徐州降，白季庚與李洧堅守徐州城池，拒李納，親當矢石，晝夜攻拒，凡四十二日，而諸道救兵方至，以功自朝散郎超授朝散大夫，擢拜徐州別駕，賜緋魚袋，仍充徐泗觀察

章五　藏書空間的雅趣

判官。徐州之戰十分慘烈，朔方軍建功尤多。白季庚說動李洧，頗有權謀；復能聚眾堅守，剛韌有加。其名雖不大著，亦不失為佼俊之士，在白氏家族史上更是彪炳光耀。白季庚抗擊藩鎮、尊王忠君的義勇行為，對哲嗣白居易政治立場、道德品格的塑造，有著持久而正面的影響。建中三年（西元 782 年），白居易從父赴任徐州，舉家移居符離。貞元元年（西元 785 年），朝廷追念前功，加授白季庚檢校大理少卿，依前徐州別駕、當道團練判官，仍知州事。白居易早年避難旅居蘇杭，他的兄弟還都留在了徐州，白居易〈江南送北客因憑寄徐州兄弟書〉，就是寫給白行簡、白幼美的，結尾說「數行鄉淚一封書」，情真意切，深切表達他的思念之情。

　　蘇軾對前賢白居易的親近，與北宋早期白體流行，李昉、李至、王禹偁等文人的推尊，同代歐陽脩、梅堯臣、韓琦、司馬光等慕白效白之風，都有密切的關係。歐陽脩，自號醉翁，源於白居易〈別柳枝〉詩句「兩枝楊柳小樓中，嫋娜多年伴醉翁」。明道元年（西元 1032 年），歐陽脩在洛陽撰《遊龍門分題十五首》，其中〈八節灘〉、〈白傅墳〉均可見對白傅之追慕，景祐元年（西元 1034 年）〈獨至香山憶謝學士〉所寫在香山伊水之間，「卻尋題石處，歲月已堪嗟」，亦含白香山之遺跡，歐陽脩〈琵琶亭〉「樂天曾謫此江邊，已嘆天涯涕泫然。今日始知予罪大，夷陵此去更三千」，同病相憐，對樂天報以同情之理解。其〈玉樓春〉亦有「露溼潯陽江上月，不知商婦為誰愁」之慨。

　　韓琦作堂於私第之池上，名之曰醉白。取樂天〈池上〉之詩，以為醉白堂之歌，其〈醉白堂〉云：「戇老新成池上堂，因憶樂天池上篇。樂天先識勇退早，凜凜萬世清風傳……酒酣陶陶睡席上，醉鄉何有但浩然。

人生所適貴自適,斯適豈異白樂天。未能得謝已知此,得謝吾樂知誰先。」蘇軾認為此乃「意若有羨於樂天而不及者」,熙寧八年(西元1075年),蘇軾踐其生前之約,作〈醉白堂記〉,反覆將白樂天與醉白堂主人韓魏公參錯相形,加以比較,留下「韓白優劣論」公案,其實正是白樂天在北宋文壇巨大影響力的一個縮影。

較歐陽脩、韓琦有過之而無不及,司馬光〈戲呈堯夫〉更宣稱「只恐前身是,東都白樂天」,其〈久雨效樂天體〉則於詩題直言效白,其晚年之號迂叟,則源於白居易〈迂叟〉:「初時被目為迂叟,近日蒙呼作隱人。冷暖俗情諳世路,是非閒論任交親。」〈閒居偶吟招鄭庶子皇甫郎中〉亦云:「自哂此迂叟,少迂老更迂。」熙寧六年(西元1073年),司馬光以端明殿學士提舉西京崇福宮,在洛陽修葺私家園林,較韓琦的醉白堂,有過之而無不及,號獨樂園,並撰〈獨樂園記〉、《獨樂園七題》、〈獨樂園二首〉及〈獨樂園新春〉等。《孟子·梁惠王下》曾言,獨樂樂,不如與人樂樂。與少樂樂,不如與眾樂樂。司馬光〈獨樂園記〉則認為,此王公大人之樂,非貧賤者所及也。獨樂之樂,自然不同於慶曆六年(西元1046年)范仲淹〈岳陽樓記〉的「後天下之樂而樂」,尤其與慶曆五年(西元1045年)歐陽脩〈醉翁亭記〉寫滁州太守等眾樂之樂,嘉祐六年(西元1061年)明州太守錢公輔建眾樂亭,並圍繞其〈眾樂亭記〉的眾樂亭唱和,形成互文,耐人尋味。追溯起來,白居易在洛陽〈題新澗亭兼酬寄朝中親故見贈〉曾云:「自得所宜還獨樂,各行其志莫相咍」,故宋人李劉〈壽友人〉有「獨樂園中閒日月,香山圖裡永神仙」的詩句。元人許有孚《摸魚子·引》亦曰:「香山獨樂,不是過也。」弘曆〈題金廷標畫〉云:「不擬白傅履道坊,定是溫公獨樂園。溫公獨樂樂豈獨,白傅履道道亦履。」

章五　藏書空間的雅趣

可見獨樂與香山之緣。司馬光《獨樂園七題·澆花亭》云：「吾愛白樂天，退身家履道。釀酒酒初熟，澆花花正好。作詩邀賓朋，欄邊長醉倒。至今傳畫圖，風流稱九老。」這篇是七首獨樂園組詩的殿後之作，可視為司馬光慕白效白的詩意宣言。

有鑒於此，熙寧十年（西元1077年）五月六日，蘇軾在徐州寄題〈司馬君實獨樂園〉：「青山在屋上，流水在屋下。中有五畝園，花竹秀而野。花香襲杖屨，竹色侵盞斝。樽酒樂餘春，棋局消長夏。洛陽古多士，風俗猶爾雅。先生臥不出，冠蓋傾洛社。雖云與眾樂，中有獨樂者。才全德不形，所貴知我寡。先生獨何事，四海望陶冶。兒童誦君實，走卒知司馬。持此欲安歸，造物不我舍。名聲逐吾輩，此病天所赭。撫掌笑先生，年來效瘖啞。」[34] 所附〈與司馬溫公〉稱：「久不見公新文，忽領〈獨樂園記〉，誦味不已，輒不自揆，作一詩，聊發一笑耳。彭城嘉山水……但朋遊闊遠，舍弟非久赴任，益岑寂矣。」可證作於彭城。全篇格調和詞句，顯然是白居易〈池上篇〉的翻版五言詩，只是又添上了照應司馬光〈獨樂園記〉的詩意化描寫。所以，明人胡應麟《詩藪》外編卷四評論說：「『青山在屋上，流水在屋下。中有五畝園，花竹秀而野』，此樂天聲口耳，而坡學之不易已。」清人趙克宜《角山樓蘇詩評注彙抄》卷六亦云：「頗似香山，語雖平易，不傷淺率。」元豐五年（西元1082年）正月，文彥博、富弼、司馬光等仿效香山九老會，倡尚齒會，時人所謂洛陽耆英會，也是這一效白之風順理成章的有機延承，而蘇軾〈司馬君實獨樂園〉「冠蓋傾洛社」一語，可謂已道其先聲。

---

[34] 或謂作於元豐三年（1080），見賈珺〈洛中小圃獨樂吟〉（《讀庫1801》，新星出版社2018年版），恐不足為據。

（二）

　　對於蘇軾而言，徐州是他仕途軌跡的亮點，這裡存在著兩處與白居易有關的文化遺跡，令這位新任徐州太守倍加留意和矚目，一處是朱陳村，另一處是燕子樓。朱陳村，在徐州豐縣東南一百里深山中，民俗淳質，一村唯朱陳二姓，世為婚姻。白樂天有〈朱陳村〉詩三十四韻：

　　徐州古豐縣，有村曰朱陳。去縣百餘里，桑麻青氛氳。機梭聲劄劄，牛驢走紜紜。女汲澗中水，男採山上薪。縣遠官事少，山深人俗淳。有財不行商，有丁不入軍。家家守村業，頭白不出門。生為陳村民，死為陳村塵。田中老與幼，相見何欣欣。一村唯兩姓，世世為婚姻。（自注：其村唯朱、陳二姓而已）親疏居有族，少長遊有群。黃雞與白酒，歡會不隔旬。生者不遠別，嫁娶先近鄰。死者不遠葬，墳墓多繞村。既安生與死，不苦形與神。所以多壽考，往往見玄孫。我生禮義鄉，少小孤且貧。徒學辨是非，只自取辛勤。世法貴名教，士人重冠婚。以此自桎梏，信為大謬人。十歲解讀書，十五能屬文。二十舉秀才，三十為諫臣。下有妻子累，上有君親恩。承家與事國，望此不肖身。憶昨旅遊初，迨今十五春。孤舟三適楚，羸馬四經秦。晝行有飢色，夜寢無安魂。東西不暫住，來往若浮雲。離亂失故鄉，骨肉多散分。江南與江北，各有平生親。平生終日別，逝者隔年聞。朝憂臥至暮，夕哭坐達晨。悲火燒心曲，愁霜侵鬢根。一生苦如此，長羨陳村民。

　　此詩，朱金城《白居易集箋校》謂約作於元和三年（西元808年）至五年，然據白居易〈唐故坊州鄜城縣尉陳府君夫人白氏墓誌銘〉，其外祖母陳白氏，貞元十六年「疾殁於徐州古豐縣官舍。其年冬十一月，權窆於符離縣之南偏。至元和八年春二月二十五日，改卜宅兆於華州下邽縣

義津鄉北原」。蓋白家在徐州豐縣舊有住宅,因此,謝思煒《白居易詩集校注》認為,此詩最有可能為元和八年(西元813年)回徐州遷葬外祖母時所作。明代都穆《南濠詩話》稱讚此詩,稱:「予每誦之,則塵襟為之一灑,恨不生長其地。後讀坡翁〈朱陳村嫁娶圖〉詩云:『我是朱陳舊使君,勸農曾入杏花村。而今風物那堪畫,縣吏催錢夜打門。』則宋之朱陳,已非唐時之舊。若以今視之,又不知其何如也?」明代徐《徐氏筆精》卷五亦云:「二詩切中時弊,予喜誦之。」清代張培仁《妙香室叢話》評價白詩「感慨遙深,別有寄託」,梁啟超批點《白香山詩集》則稱讚此詩「氣極渾灝,無集中習見語,少作之佳者」,其美譽與影響可見一斑。

蘇軾有題畫詩〈陳季常所蓄朱陳村嫁娶圖〉:

何年顧陸丹青手,畫作朱陳嫁娶圖。聞道一村唯兩姓,不將門戶買崔盧。

我是朱陳舊使君,勸耕曾入杏花村。而今風物那堪畫,縣吏催錢夜打門。

其自注云:「朱陳村,在徐州蕭縣。」詩從稱譽畫作出發,以古今對比來宕開畫意,將一幅普通的風俗畫,注入社會內涵和現實意義。第一首讚美「不將門戶買崔盧」的純樸民風,勾勒出一幅安恬的生活圖景;第二首則筆鋒一轉,讓人看到美好的毀滅,描繪新法實施過急帶來的「縣吏催錢夜打門」的殘酷現實。第一首情調輕鬆舒緩,第二首風格沉鬱蒼勁,兩相對照,迸發出驚心動魄的撼人力量。詩人憂國憂民之心也就隨著兩首詩中現實與理想差距的刻劃充分展現了出來。這首並非作於徐州,而是作於元豐三年(西元1080年)正月,蘇軾被貶黃州,路過岐亭(今屬湖北麻城),在好友陳季常(名慥)家中所撰,但一句「我是朱陳

舊使君」，已直接點明自己前任徐州太守的身分。至於其「勸耕曾入杏花村」的具體時間，或在元豐元年（西元 1078 年）春。[35] 詩中「聞道一村唯兩姓，不將門戶買崔盧」所對應的，正是白居易詩「一村唯兩姓，世世為婚姻」，「生者不遠別，嫁娶先近鄰」，因此，完全可以將此視為徐州太守蘇軾對白居易的另一種致敬形式。

對此，明代無錫錢子義又有《詠史詩・朱陳村》，詩序云：「白樂天有詩曰：『徐州古豐縣，有村曰朱陳。……一村唯兩姓，世世為婚姻』云云。東坡詩曰：『我亦朱陳舊使君，勸農曾入杏花村。如今風俗那堪說，縣吏催租夜打門。』」詩云：「陰陰桑梓掩柴扉，稅足年豐吏到稀。曾見文章賢太守，杏花深處勸農歸。」可謂與白蘇一脈相承。

（三）

〔明〕唐寅〈潯陽八景圖〉（區域性一）

唐代徐州太守張愔為能歌善舞的愛妾關盼盼所建燕子樓，飛簷挑角，狀似飛燕，每年一到春天，又多有燕子棲息於此，故得名燕子樓。

---

[35] 參見孔凡禮：《三蘇年譜》，北京古籍出版社 2004 年版，第 1,002 頁。

章五　藏書空間的雅趣

　　張愔死後，關盼盼心念舊恩，守在樓上，十多年不嫁，成為當時引人注目的公共事件，身後還留下一樁是非迷離的罪案。[36]元和十年（西元815年），太子左贊善大夫白居易撰有〈燕子樓〉，詩序云：「徐州故張尚書有愛妓曰盼盼，善歌舞，雅多風態。予為校書郎時，遊徐、泗間。張尚書宴予，酒酣，出盼盼以佐歡，歡甚。予因贈詩云：『醉嬌勝不得，風嫋牡丹花。』一歡而去，邇後絕不相聞，迨茲僅一紀矣。昨日，司勳員外郎張仲素繢之訪予，因吟新詩，有〈燕子樓〉三首，詞甚婉麗。詰其由，為盼盼作也。繢之從事武寧軍累年，頗知盼盼始末，云：『尚書既歿，歸葬東洛。而彭城有張氏舊第，第中有小樓，名燕子。盼盼念舊愛而不嫁，居是樓十餘年，幽獨塊然，於今尚在。』予愛繢之新詠，感彭城舊遊，因同其題，作三絕句。」詩曰：「滿窗明月滿簾霜，被冷燈殘拂臥床。燕子樓中霜月夜，秋來只為一人長。」，「鈿暈羅衫色似煙，幾回欲著即潸然。自從不舞霓裳曲，疊在空箱十一年。」，「今春有客洛陽回，曾到尚書墓上來。見說白楊堪作柱，爭教紅粉不成灰？」一唱三嘆，風調悽楚感人，尤其是結尾發自內心的呼喚──「爭教紅粉不成灰」，折射出一顆善良之心，故《唐宋詩醇》有「餘音繞梁」之嘉評。

　　此後燕子樓歷經滄桑，基址幾經變遷，且屢毀屢建，唐景福二年（西元893年），朱溫攻打徐州，徐州行營兵馬都統時溥戰敗，攜妻子登此樓自焚而死，樓亦被燒毀。此後，州人多次續建續修燕子樓。至宋代，燕子樓仍在，就位於徐州官衙之內。宋人詠此樓者，資政殿學士陳薦〈燕子樓〉詩云：「僕射新阡狐兔遊，侍兒猶住水邊樓。風清玉簟慵欹枕，月好珠簾懶上鉤。寒夢覺來滄海闊，新詩吟罷紫蘭秋。樂天才思如

---

[36] 莫礪鋒：〈死後是非誰管得〉（《文史知識》2010年第12期），曾辨析其案實為子虛烏有，以訛傳訛。

春雨，斷送殘花一夕休。」宋人蔡絛《西清詩話》載：「徐州燕子樓直郡舍後，乃唐節度使張建封為侍兒盼盼者建。白樂天贈詩，自誓而死者也。陳彥升嘗留詩，辭致清絕：『僕射荒阡狐兔遊，侍兒猶住水西樓。風清玉簟慵歌枕，月好珠簾懶上鉤。寒夢覺來滄海闊，新愁吟罷紫蘭秋。樂天才似春深雨，斷送殘花一夕休。』後東坡守徐，移書彥升曰：『彭城八詠，如〈燕子樓〉篇，直使鮑謝斂手、溫李變色也。』」[37] 關於燕子樓，蘇軾在黃州答覆邀其撰寫〈燕子樓記〉的朋友——《黃州與人五首》之二云：「示諭〈燕子樓記〉。某於公契義如此，豈復有所惜。況得託附老兄與此勝境，豈非不肖之幸。但困躓之甚，出口落筆，為見憎者所箋注。兒子自京師歸，言之詳矣，意謂不如牢閉口，莫把筆，庶幾免矣。雖託云向前所作，好事者豈論前後。即異日稍出災厄，不甚為人所憎，當為公作耳。千萬哀察。」稱彭城燕子樓為勝境，可見蘇軾對自己官衙之內的燕子樓不僅熟稔，而且很有感情。但當時烏臺詩案剛剛塵埃落下，心有餘悸之際，蘇軾只能「牢閉口，莫把筆」，留下了歷史性的遺憾。

熙寧十年（西元1077年）四月，蘇軾撰〈和趙郎中見戲二首〉，題注：「趙以徐妓不如東武，詩中見戲，云：『只有當時燕子樓。』」詩曰：「燕子人亡三百秋，捲簾那復似揚州。西行未必能勝此，空唱崔徽上白樓。」，「我擊藤床君唱歌，明年六十奈君何。（自注：趙每醉歌畢，輒曰明年六十矣）醉顛只要裝風景，莫向人前自洗磨。」趙郎中即趙成伯，

---

[37] 明抄本《西清詩話》卷中。智按：燕子樓事，非張建封，乃其子張愔。宋陳振孫《白文公年譜》早有辨正：「燕子樓事，世傳為張建封。按建封死在貞元十六年，且其官為司空，非尚書也。尚書乃其子愔，《麗情集》誤以為建封耳。此雖細事，亦可以正千載傳聞之謬。」清張宗泰《質疑刪存》卷下亦云：「汪立名《白公年譜》辨《麗情集》以為張建封有誤，良是。然謂建封未為尚書，亦非。《唐書·張建封傳》：建封於貞元七年進位檢校禮部尚書，十二年加檢校右僕射，不過加僕射後不可仍稱尚書耳。不若據貞元二十年斷之。建封卒於貞元十六年，則二十年非愔而何？」（參見陳才智《白居易資料新編》，中國社會科學出版社2021年版，第2冊，第826頁）

章五　藏書空間的雅趣

時以尚書屯田郎中為密州（即題注所云東武）通判，是前密州太守蘇軾的僚屬。蘇軾〈和趙郎中捕蝗見寄次韻〉在誇讚之餘曾叮囑趙成伯：「愛君有逸氣，詩壇專斬伐。民病何時休，吏職不可越。慎無及世事，向空書咄咄。」與白居易〈重題・其四〉所云「世事從今口不言……胸中壯氣猶須遣」，用意是一樣的，施注蘇集即亦此為釋。元和十年（西元 815 年）白居易作〈燕子樓〉詩及序，至蘇軾寫作〈和趙郎中見戲二首〉的熙寧十年（西元 1077 年），業已 262 年，「三百秋」自然是取其成數。下句「捲簾那復似揚州」，用杜牧〈贈別〉「春風十里揚州路，捲上珠簾總不如」之典，意謂自燕子樓能歌善舞的關盼盼之後，徐州歌姬已遠不如當年之盛矣。這一年七月黃河決口澶淵，蘇軾領導抗洪取得勝利，第二年宋神宗降敕獎諭，賜錢發粟，蘇軾建黃樓，在重陽之節，元豐元年（西元 1078 年）九月九日，寫下〈黃樓致語口號〉，中云「不用遊從誇燕子，直將氣焰壓波神」，也提到名聞遐邇的燕子樓。

蘇軾還有一首更負盛名的詞作，即〈永遇樂〉詞，亦作於徐州太守任上，專詠燕子樓和盼盼之事，撰於元豐元年（1078）十月。其小序云：「彭城夜宿燕子樓，夢盼盼，因作此詞。」一云：「徐州夢覺，北登燕子樓作。」詞曰：

> 明月如霜，好風如水，清景無限。曲港跳魚，圓荷瀉露，寂寞無人見。紞如三鼓，鏗然一葉，黯黯夢雲驚斷。夜茫茫，重尋無處，覺來小園行遍。天涯倦客，山中歸路，望斷故園心眼。燕子樓空，佳人何在，空鎖樓中燕。古今如夢，何曾夢覺，但有舊歡新怨。異時對，黃樓夜景，為余浩嘆。[38]

---

[38] 傅幹《注坡詞》：「張建封鎮武寧，盼盼乃徐府奇色，公納之於燕子樓，三日樂不息。後別為新燕子樓，獨安盼盼，以寵嬖焉。暨公薨，盼盼感激深恩，誓不他適。後往往不食，遂卒。」

全詞借關盼盼之事，以夢為線索，透過驚夢、尋夢、夢醒等描寫，將歷史與現實連繫，將自身仕宦那種天涯倦客的倦懷，比照眼前人去樓空之渺茫，古今如夢的滄桑之感，沛然而出。人生所遇，無論如何執著，終將事過而境遷，轉頭想來，真似一夢。蘇軾從關盼盼燕子樓到黃樓之嘆，暗含著蘇軾與關盼盼相通的幽獨與忠義，雖有立事功的黃樓，仍有生命飄蕩與兄弟早退、相守風雨、對床難圓之夢。在這首詞裡，蘇軾已將對前賢白居易的理解，與自身、未來和眼下無痕而有機地銜接起來。篇末的黃樓，在徐州城東門之上，是蘇軾為紀念徐州抗洪保城所建，以黃土塗樓，取土厭水之意，故名黃樓。[39] 詞的上片，是夢中所見燕子樓的實景，本是夢境，卻如幻似真，令人生出無限恍惚之感，又恰是東坡夢中乍醒來時的感受。真是行筆若神，形神俱現。夢醒後低迴流連，別有幽情，遂起身在居所樓外徘徊，「行遍」，見徘徊時間之久，又見心事之迷離低沉。「明月」三句，寫夢中燕子樓景色，印象應得自於白居易〈燕子樓〉詩其一所云「滿窗明月滿簾霜，被冷燈殘拂臥床。燕子樓中霜月夜，秋來只為一人長」。「曲港」三句，仍是夢中燕子樓景色，屬近寫：曲池裡的魚偶然撥水而出，荷葉上的露珠靜靜地滴下，都增添了暗夜的寂靜。下片，將自身仕宦的倦懷，與燕子樓空人渺茫之眼前事比照，發出人生如夢、古今如夢的感慨。蘇軾想著，後人面對黃樓憑弔自己時，亦如同自己今日面對燕子樓憑弔盼盼一般，辭簡而餘意悠然無盡。宋人曾敏行《獨醒雜誌》卷三載：「東坡守徐州，作燕子樓樂章，方

---

[39] 秦觀〈黃樓賦引〉：「太守蘇公守彭城之明年，既治河決之變，民以更生；又因修繕其城，作黃樓於東門之上。以為水受制於土，而土之色黃，故以名焉。」傅干《注坡詞》：「公守徐州，河決澶淵，徐當水沖，而城幾壞。水既去，公請增築徐城。於是為大樓城東門之上，堊以黃土，曰：『土實勝水。』因名之黃樓。」《蘇軾詩集》卷一六〈答范淳甫〉：「重瞳遺跡已塵埃，惟有黃樓臨泗水。」自注：「郡有廳事，俗謂之霸王廳，相傳不可坐。僕拆之以蓋黃樓。」合注：「《卻掃編》：東坡南竄，黃樓易名觀風。」按，白居易〈冷泉亭記〉：「有裴庶子棠棣作觀風亭。」

章五　藏書空間的雅趣

具稿，人未知之。一日，忽哄傳於城中，東坡訝焉。詰其所從來，乃謂發端於邏卒。東坡召而問之，對曰：『某稍知音律，嘗夜宿張建封廟，聞有歌聲，細聽乃此詞也。記而傳之，初不知何謂。』東坡笑而遣之。」[40] 此事雖難以盡信，但亦可見當時流傳之語境。[41]

（四）

蘇軾在徐州的交遊和文學創作，還有前賢白樂天的諸多痕跡。如熙寧十年（西元 1077 年）所撰〈和孔周翰二絕‧觀淨觀堂效韋蘇州詩〉：

樂天長短三千首，卻愛韋郎五字詩。

據白居易去世前一年，會昌五年所作《白氏集後記》：「詩筆大小凡三千八百四十首。」韋郎，指白居易推崇仰慕的前輩韋應物，白居易〈自吟拙什因有所懷〉遺憾自己未能與韋應物同處一個時代，〈與元九書〉又云：「近歲韋蘇州歌行，才麗之外，頗近興諷。其五言詩，又高雅閒淡，自成一家之體，今之秉筆者，誰能及之？然當蘇州在時，人亦未甚愛重，必待身後，人始貴之。」不僅稱揚韋應物歌行，而且最賞其五言詩。宋代詩評家葛立方（1098～1164）《韻語陽秋》卷一云：「韋應物詩平平處甚多，至於五字句，則超然出於畦逕之外。如遊溪詩『野水煙鶴唳，楚天雲雨空』，南齋詩『春水不生煙，荒岡筠翳石』，詠聲詩『萬物自生聽，太空常寂寥』，如此等句，豈下於『兵衛森畫戟，燕寢凝清香』哉！故白樂天云：『韋蘇州五言詩，高雅閒淡，自成一家之體。』」東坡亦云：『樂天

---

[40] 曾敏行：《獨醒雜志》卷三，清知不足齋叢書本。梁廷枏《東坡事類》卷十六所引同，又見葉申薌《本事詞》卷上，文字微異。
[41] 《四庫全書總目提要》卷一九八：「其事荒誕不足信，然足見軾之詞曲，興隸亦相傳誦，故造作是說也。」馮煦《蒿庵論詞》：「宋人每好自神……《獨醒雜志》謂邏卒聞張建封廟中鬼歌東坡燕子樓樂章，則又出他人之傅會，益無征已。」

長短三千首,卻愛韋郎五字詩。』」寶曆元年(西元 825 年),白居易〈吳郡詩石記〉復回憶道:「貞元初,韋應物為蘇州牧……嗜詩……每與賓友一醉一詠,其風流雅韻,多播於吳中……時予始年十四五,旅二郡,以幼賤不得與遊宴,尤覺其才調高而郡守尊,以當時心言,異日蘇、杭,苟獲一郡足矣……韋在此州,歌詩甚多,有〈郡宴〉詩云『兵衛森畫戟,燕寢凝清香』,最為警策。」白居易對韋應物文采風流的欽羨與愛重,即使 37 年後寫來,仍記憶猶新,歷年未改,而體會至深,則近乎偏好矣。[42] 在江州,白居易追思江州刺史韋應物遺蹤,又有〈題潯陽樓〉詩:「常愛陶彭澤,文思何高玄。又怪韋江州,詩情亦清閒。」韋應物詩高雅閒淡,不僅表現於隱逸情趣中,也表現於對日常生活平鋪直敘式的描述中,白居易於茲深受影響。

蘇軾也非常推崇韋應物,上述〈和孔周翰二絕‧觀淨觀堂效韋蘇州詩〉就是蘇徐州向韋蘇州致敬的例子,所言「樂天長短三千首,卻愛韋郎五字詩」,除讚賞韋詩外,亦有認同白居易所愛之意,特舉「樂天長短三千首」,意在強調愛韋詩者白居易具備足夠的資格,不僅是數量的資格,更是品質的資格。愛者和被愛者的地位,在蘇軾眼中是對等的。除此之外,蘇軾的〈寄鄧道士〉:「一杯羅浮春,遠餉採薇客。遙知獨酌罷,醉臥松下石。幽人不可見,清嘯聞月夕,聊戲庵中人,空飛本無跡。」也是專門向韋應物的名作〈寄全椒山中道士〉致敬的。詩前蘇軾引語稱:「羅浮山有野人,相傳葛稚川之隸也。鄧道士守安,山中有道者也。嘗於庵前,見其足跡長二尺許。紹聖二年(1095)正月二日,予偶讀韋蘇州〈寄全椒山中道士〉詩云:『今朝郡齋冷,忽念山中客。澗底束荊薪,歸來煮

---

[42] 不過,文中所言「年十四五」略有不合。據白居易行年,貞元四年(788)隨父季庚官衢州,蓋於其時經蘇、杭,時年白已 17 歲。韋應物亦於此年出刺蘇州,且與此文稱「前後相去三十七年」相合。

章五　藏書空間的雅趣

白石。遙持一樽酒,遠慰風雨夕。落葉滿空山,何處尋行跡。』乃以酒一壺,依蘇州韻,作詩寄之。」可見蘇軾學白,有時是透過學習白居易的學習對象來展現的,這是更高級別的學習方式,學習陶淵明與此亦有相仿之處。

元豐元年(西元1078年)三月,蘇軾在徐州撰〈和孫莘老次韻〉:「去國光陰春雪消,還家蹤跡野雲飄。功名正自妨行樂,迎送才堪博早朝。雖去友朋親吏卒,卻辭讒謗得風謠。明年我亦江東去,不問雄繁與寂寥。」

其中結尾「不問雄繁與寂寥」一句,有取於白居易長慶二年(西元822年)所撰〈初到郡齋寄錢湖州李蘇州〉「霅溪殊冷僻,茂苑太繁雄」,雄繁或繁雄,意指(州郡)繁華,乃冷僻之反面,詩歌表達的是,不管是繁華的劇郡,還是冷僻的異鄉,總之是要到江東去,以便與在江東做官的孫覺(字莘老)更近一些。而領聯「迎送才堪博早朝」一句,則源自白居易元和十三年(西元818年)〈曉寢〉結尾之爽利的「雞鳴一覺睡,不博早朝人」,博,猶換,意謂不肯以早朝之貴仕,換易雞鳴之晏睡。這一感慨最令古今仕途中人共鳴,諺云:「骨邊肉,五更睡,雖不多,最有味」,也是此意。與此相關,蘇軾〈夜飲次韻畢推官〉「紅燭照庭嘶驟騕,黃雞催曉唱玲瓏」,也是源自白詩〈醉歌(示妓人商玲瓏)〉:「誰道使君不解歌,聽唱黃雞與白日。黃雞催曉丑時鳴,白日催年酉前沒。」[43]這一典故,蘇軾用過多次,最著名者是在黃州所作〈浣溪沙〉:

[43] 敦煌曲〈十二時〉:「日入酉,金罇多瀉蒲桃酒。勸君莫棄失途人,結交承仕須朋友」;「雞鳴丑,莫惜黃金結朋友。蓬蒿豈得久榮華,飄搖萬里隨風走」。入矢義高〈白居易作品中的口語表達〉(中譯文載《傳統文化與現代化》1996年第4期):「白氏這一作品,確是運用了『十二時歌』的形式。……『黃雞催曉丑時鳴』就是擴展了的『雞鳴丑』;『白日催年酉前沒』就是擴展了的『日入酉』。」

山下蘭芽短浸溪，松間沙路淨無泥。蕭蕭暮雨子規啼。誰道人生無再少，門前流水尚能西。休將白髮唱黃雞。

蘇軾〈遊沙湖〉云：「黃州東南三十里為沙湖，亦曰螺師店，予買田其間。因往相田得疾，聞麻橋人龐安常善醫而聾，遂往求療。安常雖聾，而穎悟絕人，以紙畫字，書不數字，輒深了人意。余戲之曰：『余以手為口，君以眼為耳，皆一時異人也。』疾癒，與之同遊清泉寺。寺在蘄水郭門外二里許，有王逸少洗筆泉，水極甘，下臨蘭溪，溪水西流。

余作歌云：『山下蘭芽短浸溪⋯⋯休將白髮唱黃雞。』是日劇飲而歸。」還有在湖州之〈浣溪沙〉「莫唱黃雞並白髮，且呼張友喚殷兄」，在臨安之〈與臨安令宗人同年劇飲〉「試呼白髮感秋人，令唱黃雞催曉曲」，在密州之〈過密州次韻趙明叔喬禹功〉「黃雞催曉淒涼曲，白髮驚秋見在身」，在杭州之〈次韻蘇伯固主簿重九〉「只有黃雞與白髮，玲瓏應識使君歌」，其中，都從不同角度寄寓著對時光的珍惜，歲月的感慨，也展現著蘇軾對前賢白居易的認可和追慕。

元豐元年（西元1078年）清明初過，蘇軾在徐州有〈坐上賦戴花得天字〉：

清明初過酒闌珊，折得奇葩晚更妍。春色豈關吾輩事，老狂聊作座中先。醉吟不耐欹紗帽，起舞從教落酒船。結習漸消留不住，卻須還與散花天。

如果說，首聯只是與白居易〈酬鄭二司錄與李六郎中寒食日相過同宴見贈〉「杯盤狼藉宜侵夜，風景闌珊欲過春」偶然巧合的話，那麼，末聯顯然在用《維摩經‧觀眾生品》「散花天女」典故之外，也同時讓人聯

章五　藏書空間的雅趣

想起白居易〈齋戒滿夜戲招夢得〉「方丈若能來問疾，不妨兼有散花天」，因為頸聯裡「醉吟」二字，已經暗點出醉吟先生白居易的名號。

元豐元年（西元 1078 年）六月，蘇軾在徐州撰〈王元之畫像贊並序〉，云：「《傳》曰：『不有君子，其能國乎？』余常三復斯言，未嘗不流涕太息也。如漢汲黯、蕭望之、李固，吳張昭，唐魏鄭公、狄仁傑，皆以身徇義，招之不來，麾之不去。正色而立於朝，則豺狼狐狸，自相吞噬，故能消禍於未形，救危於將亡。使皆如公孫丞相、張禹、胡廣，雖累千百，緩急豈可望哉！故翰林王西元之，以雄文直道，獨立當世，足以追配此六君子者。方是時，朝廷清明，無大奸慝。然公猶不容於中，耿然如秋霜夏日，不可狎玩，至於三黜以死。有如不幸而處於眾邪之間，安危之際，則公之所為，必將驚世絕俗，使鬥筲穿窬之流，心破膽裂，豈特如此而已乎？始余過蘇州虎丘寺，見公之畫像，想其遺風餘烈，願為執鞭而不可得。其後為徐州，而公之曾孫汾為兗州，以公墓碑示余，乃追為之讚，以附其家傳云。」讚云：「維昔聖賢，患莫己知。公遇太宗，允也其時。帝欲用公，公不少貶。三黜窮山，之死靡憾。咸平以來，獨為名臣。一時之屈，萬世之信。紛紛鄙夫，亦拜公像。何以占之，有泚其顙。公能泚之，不能已之。茫茫九原，愛莫起之。」王元之，即北宋白體詩代表人物王禹偁。熙寧四年（西元 1071 年），蘇軾路過蘇州虎丘寺，曾瞻仰寺中陳列的王禹偁畫像，所以，當王禹偁曾孫王汾從兗州來信，邀請徐州太守蘇軾為其曾祖作畫贊題於其碑陰時，蘇軾藉此表達了對前輩王禹偁「雄文直道，獨立當世」風範的仰慕。眾所周知，王禹偁是北宋早期白體詩的代表。他自稱「本與樂天為後進」，其〈得昭文李學士書報以二絕〉題注：「來書云：『看書除莊老外，樂天詩最宜枕藉。』」

胡應麟《詩藪》外編卷五云：「學白樂天者，王元之、陸放翁。」這樣的詩學背景，自然會潛移默化地對蘇軾產生影響，使他詩學視野中的白樂天，發展出譜系性的脈絡。

（五）

綜上，蘇軾在古城徐州留下的以山水吟詠為主的文學創作，以及詩文評論，在在可見白居易的影子，多方面地展現出對白居易的主動接受，其中既有繼承前賢和師長的成分以及時代因素的薰陶，更有自己的獨到理解，因此，既有偶然性，更有必然性。同時，就徐州這一南北兼具的特定的文化地理空間而言，蘇之於白的學習，既有轉折性和階段性，也有整體性和一貫性，所以，堪稱蘇軾慕白效白道路上的重要分水嶺。在白居易的時代，蘇軾筆下徐州著名的雲龍山，是蘇軾的命名，塑造了雲龍山在今日徐州的文化地理符號的地位。與此同理，蘇軾如何回應和改造白居易遺留下來的文化遺產，既透露著唐賢白居易作用於宋代大文豪蘇軾人生與文藝思想的痕跡，同時也在重新塑造著宋代文壇視野下的白居易形象。在這個新的形象的定型過程中，醉吟詩風以及其獨特的個性風範，已經超越其文字，化為蘇軾生命詩學的有機營養成分。明代狀元唐文獻《跋東坡禪喜集後》謂：

唐有香山，宋有子瞻，其風流往往相類……香山云：「外以儒行修其身，內以釋教汰其心，旁以琴酒山水詩歌樂其志。」則分明一眉山之老人而已。[44]

在這個意義上，蘇軾眼中的前賢白樂天，不僅是其詩文創作學習效

---

[44] 祝尚書：《宋集序跋彙編》，中華書局 2010 年版，第 637 頁。

仿的重要對象，也是他為人處世的榜樣之一。蘇之於白，由欽慕、效仿，以至於後來逐漸並稱，堪稱兩位偉大文人之間的跨代對話。正是在徐州期間，蘇軾欽慕和學習白居易的傾向得以奠基。從「樂天知命我無憂」，可見白居易詩歌對徐州太守蘇軾的影響痕跡。從「我是朱陳舊使君」，可見蘇軾對白居易致敬的別樣形式，從「燕子樓空三百秋」，可見蘇軾已經將對前賢白居易的理解，與自身、眼下和未來無痕而有機地銜接起來。因此，自稱「出處依稀似樂天」的蘇軾，不愧是白居易接受史上典型和優秀的代表。

杭州白蘇二公祠

回三　千載詩傳白忠州 ——
　　〈白居易在忠州〉序

　　歲月如河，千載輕輕流過。相逢如歌，白居易在忠州傳下未朽的詩作。2022 年為白居易誕辰 1,250 周年，回望一代詩豪留給忠州的物質文化遺產和非物質文化遺產，不免令人感慨良多。白居易生於大河之南，歲近知天命之年，告別江州和廬山，來到大江之邊，就任仕途的首任地方長官，在長江上游、三峽的腹心，迎來人生的轉變。三峽名郡，古城忠州，從此昂首進入中國詩歌版圖，迎來千載詩傳白忠州的新篇。

　　「好在天涯李使君，江頭相見日黃昏」（〈初到忠州贈李六〉），元和十四年（西元 819 年）陽春三月的那個黃昏，白居易乘坐的官船，停泊於長江岸邊，忠州城下，前來交接工作的前任忠州刺史李景儉熱情相迎。履新之際，白居易在忠州的第一首詩，就是寫給這位透過至交元稹結識的故友（李景儉是歷代忠州刺史中家世最為顯赫者，其叔曾祖即唐玄宗李隆基）。故友，你還好嗎？好在，是道地的唐人存問語，猶云無恙，意謂還好吧。那麼，天涯有多遠？從忠州到長安，共兩千二百里。就在這個月，三月十一日夜，白居易、白行簡一行，與自通州（今四川達州）轉官虢州（今河南靈寶）的元稹邂逅於峽中，停舟夷陵（今湖北宜昌），置酒暢飲，傾述離情，賦詩相勉，三宿而別，留下三遊洞之佳話；三月二十八日到達忠州，自峽州夷陵至忠州約一千三百里的航程，白居易舟行用了 13 天。

　　無論和長安、洛陽，還是江州、下邽相比，天涯之地忠州皆堪稱荒

章五　藏書空間的雅趣

涼。杜甫永泰元年（西元 765 年）赴夔州時路過這裡，曾〈題忠州龍興寺所居院壁〉：「忠州三峽內，井邑聚雲根。小市常爭米，孤城早閉門。空看過客淚，莫覓主人恩。淹泊仍愁虎，深居賴獨園。」雲根者，深山雲起之處。井邑因為近山，竟然還有老虎出沒，只得孤城早早閉門，荒僻蕭疏的景況，可以概見。54 年之後，白居易初到忠州，對荒僻窮陋的惡劣環境，尤其是「吏人生硬都如鹿」（〈初到忠州贈李六〉）的窘況，也很不適應。忠州，在太守眼中，確是一個「安可施政教？尚不通語言」（〈徵秋稅畢題郡南樓〉）的蠻荒之地，誠可謂海角天涯了，但就在這海角天涯的蠻荒之地，忠州刺史白居易發現了美，發現了美味的荔枝——「嚼疑天上味，嗅異世間香」（〈題郡中荔枝詩十八韻兼寄萬州楊八使君〉），發現了美麗的木蓮——「花房膩似紅蓮朵，豔色鮮如紫牡丹」（〈畫木蓮花圖寄元郎中〉），還發現了動人的忠州民歌——〈竹枝詞〉，「江畔誰人唱竹枝，前聲斷咽後聲遲」，含思宛轉，悽楚動人，興奮的詩人一口氣學著寫了四首，這是中國文學史上「竹枝詞」的首次亮相，對其後不久劉禹錫在夔州的〈竹枝詞〉創作的影響可想而知。

　　川東山水，忠州最為清妍。美景、美食、美味和美好的音樂一樣可貴。白居易很快就愛上了忠州，接納並融入了這片土地，做了很多勤政為民的實事好事。告別之際，帶著對忠州的深厚感情，他依依不捨地作別忠州，深情寫下「二年留滯在江城，草樹禽魚皆有情」（〈別種東坡花樹〉）的詩句，表達摯愛和不捨。回到京城，忠州的山川風物、一草一木常常讓他魂牽夢繞，「巫峽中心郡，巴城四面春」（〈感春〉），忠州歲月，已成為白居易生命中美好的回憶，「時時大開口，自笑憶忠州」（〈發白狗峽，次黃牛峽登高寺，卻望忠州〉），「長憶小樓風月夜，紅欄杆上兩三

枝」(〈寄題忠州小樓桃花〉),「最憶東坡紅爛漫,野桃山杏水林檎」(〈西省對花憶忠州東坡新花樹因寄題東樓〉),這些飽含真情的詩句,滿含著白居易對忠州的眷念。

「無論海角與天涯,大抵心安即是家」(〈種桃李〉),多美的句子,不僅包含著真善,還有曠達樂觀!這是白居易貢獻給忠州、同時也是留給後人精彩無比的佳句。心安,就是安心,墨子講:「非無安居也,我無安心也。」人生如寄,如果能安心靜意,隨便置身何處,都可視為自己的家鄉。若不能心安,即便居家,自我隔離,也可能沒有家的感覺。白居易元和八年(西元 813 年)在下邽所撰〈效陶潛體詩十六首·其三〉曾云「心安時亦過」,其十五又曰:「心安體亦舒。」在元和十年(西元 815 年)被貶江州司馬、百口莫辯之際,他寫下〈自誨〉,其中曾說「無妄喜,無浪憂,此中是汝家,此中是汝鄉。汝何捨此而去,自取其遑遑」,這是從反面自誨,元和十二年(西元 817 年)在江州又從正面說「心泰身寧是歸處,故鄉可獨在長安」(〈重題〉),後來的長慶二年(西元 822 年),離開長安,去杭州赴任,又寫下「我生本無鄉,心安是歸處」(〈初出城留別〉),大和五年(西元 831 年)在洛陽復云「身心安處為吾土,豈限長安與洛陽」(〈吾土〉),皆可為此詩註腳,彼此互文,但好像都不如在忠州用來自我救贖的這兩句 —— 無論海角與天涯,大抵心安即是家 —— 說得精彩,你說怪不怪?蘇東坡說得好:「秀句出寒餓,身窮詩乃亨」。

白忠州這一秀句最佳的衣缽傳人,正是一生九番高歌「吾生如寄」的蘇東坡,其〈定風波〉序云:「王定國歌兒曰柔奴,姓宇文氏,眉目娟麗,善應對,家世住京師。定國南遷歸,余問柔:『廣南風土,應是不好?』柔對曰:『此心安處,便是吾鄉。』因為綴詞。」詞末云:「試問嶺南應不

章五　藏書空間的雅趣

好？卻道，此心安處是吾鄉。」這位千古詞人，居然逕取白詩，化為己句，就像以東坡之號向白忠州致敬一樣。站在忠州，沿江的上游，即可遠眺蘇軾的家鄉，而下游的九江，則是陶淵明的故里所在。千古詩魂，繫於一江。由此展望，竊以為，白樂天型人格，上承陶淵明，下啟蘇東坡，是中國文人三大人格中的重要一環。白居易自比「異世陶元亮」，蘇軾則自云「出處依稀似樂天」。從傳承上看，陶淵明，晉代之白樂天也；蘇東坡，宋朝之白居易也。九江有陶白合祠，蘇杭則有白蘇二公祠。陶詩融熱情於沉靜，白詩融風流於日常，蘇詩融豪曠於枯澹，各自在詩歌史上獨樹一幟，而精神卻又一脈相承。蘇軾和白居易，皆為兼具文人、朝臣和學者的三位一體的通才全才，人生經歷和風範流派，相似之處尤其居多。蘇軾號東坡，即源自白忠州的東坡種花，還自稱「平生自覺出處，老大粗似樂天」。蘇軾亦步亦趨地加以認同和欽佩者，不僅是白詩的文采意境之美，更是其中所表現出來的超脫暢達的情懷，因此，白忠州在東坡所種，不僅是花，不僅是樹，還有文化的種子——凡有井水處，即可播種的文化種子。

　　平心而論，與後來的杭州刺史、洛陽分司不同，巴蜀文化中巴文化的發祥地忠州，並非白居易的主動選擇，但是，在後來的歲月裡，忠州主動選擇了白居易。這是歷史的選擇，也是人民的選擇。「詩者，民之性情也。」（王通《中說》卷十關朗，又見劉熙載《藝概・詩概》）三峽名郡忠州滋養了白居易，為時代玉成了一位詩文並擅的賢太守，白居易也以其獨特魅力在後世不斷反哺忠州——其人生仕途遠和之末、長慶之初的重要轉變。在這個意義上，白居易對於忠州的意義，絕不亞於忠州對於白居易的意義；白居易與忠州，是完美的相互成就，是天作之合的彼

此賦能。比如，宋孝宗時期，嘉州何友諒出任忠州知州，考慮到自己任職於白忠州之舊治，於是刊刻《白氏文集》，又作《白居易年譜》，刊之集首，這是為數不多的宋人所刻白居易集和白居易年譜之一，無疑也是忠州對白居易的主動選擇。

就像蘇州從五賢祠最終選擇白太傅祠，忠州則從宋代的四賢祠——並尊劉晏、陸贄、李吉甫與白居易，到明代創修白公祠，這是四裡挑一的主動選擇。選擇者——忠州知州馬易從的解釋是：「四賢之中，風流自賞，則白文公為最。以大賢裁治理，猶之慈母之保子、良醫之察脈，此一方之沐浴膏澤，可想而知也。」（〈創修白公祠記〉）馬知州的判斷平易可從，道出了「白傅風流造坦夷」的獨特氣度。「長慶貞元人去後，一官誰稱古忠州？」（張問陶〈忠州二絕・其二〉）四賢之中，確實是白居易對後世的文化膏澤最為久遠。在日本，白居易的聲名甚至超過李白和杜甫。而最早流傳到日本的白居易詩歌，就是白忠州的〈春江〉：「炎涼昏曉苦推遷，不覺忠州已二年。閉合只聽朝暮鼓，上樓空望往來船。……」作於元和十五年（西元 820 年）的春天。《江談抄》載，與白居易同時代的日本第五十二代嵯峨天皇（786～842），召見臣下小野篁（802～852），賦詩曰：「閉閣唯聞朝暮鼓，登樓遙望往來船。」小野篁奏曰：「聖作甚佳，唯『遙』改『空』更妙也。」天皇道：「此白樂天句，試汝也，本『空』也，今汝之詩思，已同樂天矣。」日本江戶時代的《史館茗話》也有類似記載。這一則詩情遙與樂天同的資料，足以說明白詩早期傳入日本、卓然有聞的具體情況。

說來也巧，2021 年出版的拙編《白居易資料新編》，第一則資料就源自白忠州的詩歌；而其中收錄的白居易兩個弟弟白行簡（776～826）

章五　藏書空間的雅趣

和白敏中（792～861）的資料，皆與白忠州密切相關，不能不說是難得的因緣。我與白居易結緣三十餘載，常常沉醉於其獨特的人格和詩風，醉白之餘，深感這位廣大教化之主，兼得黃河文明與長江文明的南北之長，在日月爭輝的李杜之外，樹起了一座新的唐詩豐碑，走出了一條融風流於日常的新路，建構起上承陶淵明、下啟蘇東坡的樂天型人格，而這些正可與白居易在忠州的功業和遺產彼此互文，相互映襯。如果回到1,203 年前，白居易來到忠州的那個春天，我願意帶著自己的學生，高吟下面的詩句，向他致敬——野草燒不盡，春風吹永生！

忠縣白公祠

章六　學術史的縱向探微

章六　學術史的縱向探微

■ 回一　白居易研究的回顧與前瞻 ■

「離離原上草，一歲一枯榮」，寫下這偉大詩句的詩人，是一位婦孺皆知、有世界影響的偉大作家。他的詩風平易流暢，開創了影響深遠的詩歌流派，即學界相沿而稱的「元白詩派」。拙著《元白詩派研究》曾從流派角度探討白居易文學集團及其詩歌創作，在回答「元白詩派」何以可稱為詩派的基礎上，探討元白詩派的組成人員、形成過程、文學特徵和發展狀況。這裡旨在回顧 20 世紀以來的白居易研究的歷史，並在此基礎上前瞻未來的發展。總結百年來的白居易研究，前已有蹇長春〈八十年來中國白居易研究述略〉，《西北師範大學學報》1993 年第 3 期；謝思煒、郭勉愈〈近年來中國白居易研究概況〉，日本《白居易研究年報》創刊號（2000 年）；尚永亮〈白居易百年研究述論〉，《中州學刊》2006 年第 3 期，又收入《白居易詩歌國際研討會論文選》（河南文藝出版社 2009 年版；《中唐元和詩歌傳播接受史的文化學考察》，武漢大學出版社 2010 年版）；王永波《當代元稹白居易研究著作敘錄》，《唐代文學研究年鑑 2005》，廣西師範大學出版社 2005 年版。其中〈50 年白居易研究著作述評〉，又載《周口師範學院學報》2005 年第 3 期。本文重點就以上未備之處加以論述。

■ （一）

20 世紀初葉，最早發表在期刊上與白居易有關者，多是一些仿用白居易詩體詩韻的詩歌，如署名曲水山房的〈擬白樂天新樂府〉，署名一旅的〈擬白樂天樂府囚歸獄（美虞令之德政也）〉，楊夢梅擬香山《新

樂府》的〈紫毫筆（誡失職也）〉和〈澗底松（哀寒雋也）〉，康毓英的〈菊花（仿白居易六言律體）〉，也有像署名天虛我生〈戲擬檢察廳公訴白居易文〉這樣的滑稽文，還有像江紉蘭〈斥白居易立言之謬〉這樣駁斥〈長恨歌〉「不重生男重生女」者，雖可稱婦女解放之先驅，然只是政論性劄記，並非真正的研究論文；唯一可以稱道的是，因為發表在《婦女時報》上，它展開了現代白居易研究在題材上的一個別緻的類別，即白居易的婦女文學和婦女觀問題研究，引發了此後胡寄塵的劄記〈白居易之婦女觀〉、張友鶴〈白香山詩中的婦女問題〉、徐景賢〈白樂天的婦女文學：從白樂天談到唐代婦女問題〉、楊榮國〈與婦女共鳴的白居易〉、李蘊華〈白樂天的婦女文學〉、彭兆良〈白樂天詩中反映的婦女思想〉、秦桂祥〈白香山詩中關於非戰思想及婦女問題之探討〉、星子〈白樂天的婦女思想〉、齊公遠〈白居易的婦女觀〉、曼雲〈白居易與婦女問題〉、芝薰〈白居易詩中婦女問題的研究〉等文章。值得一提的是，1917年2月1日，陳獨秀在《新青年》第2卷第6號發表〈文學革命論〉，將「革命」引進文學，否定桐城謬種、選學妖孽，評判中國文學史重要流派、作家，其中提到元白，稱元白應運而出，是南北朝貴族古典文學向宋元國民通俗文學過渡的中樞。這，可以視為後來胡適《白話文學史》對白居易「高尚」定位的先聲。

關於白居易的真正現代意義上的研究性論文，以期刊而論，開風氣之先的第一篇，是1921年署名「四郎」所發表的〈白居易「新樂府」〉。儘管發表在偏於文藝性質上的報刊《晨星》，但已經明確置於「研究」一欄，以別於「敘述」、「詩歌」、「雜感」等其他欄目，應該說已經頗具現代論文的樣貌。此前，梁啟超1920年撰有〈晚清兩大家詩鈔題辭〉，認為白

章六　學術史的縱向探微

　　香山是「專描寫社會實狀」一派的代表，但並非專論白居易之文。四郎當即潘漠華（1902～1934），宣平（今浙江武義）人，詩人。著有〈漠華的詩〉等。該文篇幅不長，首先點出白居易是中國屈指可數的真正的幾位詩人之一，然後敘述《新樂府》，重點分析〈新豐折臂翁〉、〈縛戎人〉、〈賣炭翁〉、〈紅線毯〉、〈上陽白髮人〉、〈李夫人〉、〈井底引銀瓶〉這幾首詩。結尾總結說，白居易用熱烈的仁愛之心，對於人間所現出的罪惡（這些罪惡使人們受了痛苦），很微細地攢入他們每一個細胞裡，用普通的辭句——既沒有什麼神祕的氣味，也沒有什麼虛偽的態度——懇摯地寫出他們的悲哀來。這是很切實的評論。

　　兩年後，1923年1月1日至23日，甘蟄仙撰寫了〈白香山的文藝〉，於1923年2月12日至3月23日，連載於《晨報副刊》，分31次，平均每次至少一個版面，全部大約15萬字，不僅篇幅大大增加，儼然一部專著的規制，學術性也更強了。甘蟄仙（1892年～？）[45]，又名甘大文（一說字蟄仙），大竹人（今屬四川達州）。其《白香山的文藝》共計四章，第一章「白香山在文藝史上的位置」，作者認為，白居易在他那個時代，是代表時代的文藝作家，白居易文藝的表現形式有兩個特點，一是詩體的活用，二是詩句語料的通俗。第二章「對於白氏文藝見解的評論」，一方面紹述白香山詩文中有關文藝上的見解，另一方面評論這些見解。第三章「對於白氏文藝作品的考證」，首先從縱的角度，考察白香山的人生經歷，然後從橫的角度，即他與元稹等同代詩友的交往唱和，加以敘述。同時結合政治、社會、家庭、地理等外緣因素，探討形成白香山文藝作品風格的原因。第四章「對於白氏文藝作品的賞會」，分為九個小節，前

---

[45]　朱羲胄《林氏弟子表》云：「（甘蟄仙）少先生四十餘歲。」（《民國叢書》第94冊，上海書店1989年版）先生指林紓（1852～1924），甘蟄仙當生於1892年之前。

八節是具體的析觀，分別析觀白香山描寫社會、自然等各類詩歌作品，最後一節「人生觀念的根本回照」為綜觀，其中總結說，從藝術獨立派和耽美派文學的角度看，白香山的文藝被評價得稍低，但在人生派文學中，白香山確為有唐之絕代英物。以上這些評論，可以與後來胡適的〈元稹白居易的文學主張〉相互參看，很有可能受到其老師胡適的影響。該文在發表的第二年，1924年，即與梁啟超〈情聖杜甫〉並列，成為中學語文詩歌評論教學的參考講義。其影響可見一斑。

1926年1月，佘賢勳發表在《金陵光》雜誌第15卷第1期的〈白香山詩研究〉，也是值得推薦的論文。文中指出，香山詩可謂今日白話詩之鼻祖，蓋其詩在各家中最稱淺易，且其取材於社會現實，故益覺動人。[46] 此後，詔年〈詩人白居易的兩個特徵〉論述白居易詩的兩個特徵，一是純自然的描寫，二是社會問題的取材。陶愚川〈詩人白居易析論〉分析並評論白居易的性格和思想，云：「白居易不是一個普通的詩人，他有偉大的抱負和熱烈的心腸。他作詩的目的是很純正的，他要在詩中充分的暴露出當時政治的黑暗和人民的苦痛」，指出，「唯有人們所不愛的諷諭詩，卻正是他的『詩的靈魂』」。作者希望有人出來像白居易一樣攻擊二三十年代詩壇上的那些「吟風月」之詩。近代〈琵琶行〉研究的第一篇專文，是1931年戴仁文在《澄衷半年刊》發表的《讀白居易〈琵琶行〉》，從「蒼茫萬古的事實」和「作者如神的文筆」兩個方面談論讀白居易〈琵琶行〉的感想和心得，對〈琵琶行〉處理景、情、聲的高超藝術大加讚嘆。張正夫《讀了白居易的〈新豐折臂翁〉、〈杜陵叟〉以後》、吳紹泰《讀

---

[46] 佘賢勳（1903～1942），字磊霞，安徽含山人，南京彙文女子中學國文教師，一面執教，一面就讀金陵大學中文系，從胡翔冬、吳梅、黃侃等學詩詞古文，畢業後留校任講師，主講中國文學史、中國詩學。1937年抗日戰爭爆發，隨校西遷成都。歷任教授、中文系主任。1942年，病逝於成都。酷愛收藏古籍字畫，除明清作品外，多為同代詩人學者及書畫家所題贈。遺著《珍廬詩詞稿》由夫人陳澤珩整理，金陵大學出版。

章六　學術史的縱向探微

白居易〈新豐折臂翁〉詩》、王槐林《讀〈長恨歌〉後》等，也是讀後感性質的文章，評論多於分析，今天看來影響都不是很大。

(二)

影響較大的白居易研究，應始於胡適。1915年8月3日，胡適《留學日記》有「讀白居易〈與元九書〉」一則，將元白一派稱為「唐代之實際派」，並云：「李公垂有《樂府新題》二十首，元微之和之有十二首，蓋皆在白詩之前，則其時必有一種實際派之風動（Movement），香山特其領袖耳。」[47] 1927年，胡適在北京文化學社出版《國語文學史》，稱「白居易是有意做白話詩的」，「是一個平民詩人」。[48] 更為系統的論述是〈元稹白居易的文學主張〉，初刊載於《新月》第一卷第二期（1928年4月10日），後收入其《白話文學史》，成為第十六章的內容，影響更為深遠。後人的研究，對胡適的觀點或有所參考，或有所深入，或有所擴展。胡適在開創新一代中國文學史寫作風格的同時，也開創了元白研究的新思路。尤其值得一提的是，在中國文學評論史上，胡適是較早借鑑現代西方文藝思想來研究中國古代文學的，也是最早將元白這一派詩人的創作稱為「文學革新運動」的。後來眾多中國文學史著作中所謂「新樂府運動」的名稱，乃是直接地受到了胡適的影響。

---

[47] 季羨林主編：《胡適全集》第28卷，《留學日記》卷十，安徽教育出版社2003年版，第214頁。
[48] 《國語文學史》原是胡適1921～1922年在教育部主辦的第三、四屆國語講習所和南開大學講課時所編的講義，1927年由北京文化學社正式出版。此處引文見《胡適學術文集·中國文學史》上冊，中華書局1998年版，第43頁。此前，梁啟超1920年撰有〈晚清兩大家詩鈔題辭〉，認為白香山與杜工部是中國舊詩「專描寫社會實狀」一派的代表（另一派是陶淵明、王摩詰、李太白、孟襄陽等，專玩味天然之美）。「白香山詩，不是說『老嫗能解』嗎？天下古今的老嫗，個個能解，天下古今的詩人，卻沒有幾個能做，說是他的理想有特別高超處嗎？其實並不見得。只是字句之間，說不出來的精嚴調協，令人讀起來，自然得一種愉快的感受。」見《飲冰室文集》卷四十三，中華書局1936年版。

〔明〕唐寅〈潯陽八景圖〉（區域性二）

　　胡適1928年4月撰有《跋宋刻本白氏文集影本》[49]，以〈傳法堂碑〉、〈與元九書〉、《長恨歌傳》、〈琵琶引〉及《舊唐書·白居易傳》所收白居易「奏狀」四篇為範圍，用涵芬樓影瞿氏鐵琴銅劍樓藏宋紹興刻本，與《四部叢刊》影印日本那波道圓翻宋本《白氏長慶集》對勘，列表比較二本之優劣。其勘校範圍雖小，內容也較簡略，卻引起時任浙江圖書館中文部主任、古籍版本學家單丕（字不庵，1877～1930）的極大興趣，並就此與胡適展開學術討論，先後利用文瀾閣本《白氏長慶集》及《文苑英華》、《全唐文》等與《四部叢刊》本對校。[50] 儘管二者文獻考據的範圍未出胡適所列篇章，後來更僅限於禪宗史料〈傳法堂碑〉的勘校，但胡適的這項研究及與單不庵的討論，卻為後來專力於白居易考據的岑仲勉所注意。岑仲勉《論〈白氏長慶集〉源流並評東洋本〈白集〉》一文，即提到刊布於《浙江圖書館報》上的胡適之文及其與單不庵的學術通訊。[51]

---

[49] 胡適：《跋宋刻本白氏文集影本》，《浙江圖書館報》第2卷第1期，1928年8月；又收入歐陽哲生主編《胡適文存》三集卷四，北京大學出版社2013年版。
[50] 胡文及與單不庵的通信，見歐陽哲生主編《胡適文集4·胡適文存三集》，北京大學出版社2013年版，第267～294頁。
[51] 岑仲勉《論〈白氏長慶集〉源流並評東洋本〈白集〉》提到：「此本抄自東瀛，魯豕滋甚，略覽《浙江圖書館報》所校〈傳法堂碑〉數篇，足窺涯略。」（《岑仲勉史學論文集》，中華書局1990

章六　學術史的縱向探微

　　在胡適之後，1930年代末到1950年代初，岑仲勉、陳寅恪兩位學者的卓越成果，代表了白居易實證研究方面的高水準。1947年，岑仲勉發表《論〈白氏長慶集〉源流並評東洋本白集》等七篇有關白居易文集的考證文章，共十八萬多字，詳細、精博、系統地研究和考證白集流傳的版本、白居易詩文的真偽，解決了白居易研究在文字方面的不少關鍵性問題。而陳寅恪的《元白詩箋證稿》，其言說背景和對象，與胡適對白居易的推崇密切相關，但因為深入論及具體作品，所以在文學研究界的影響更大更廣更深。該著結合中唐時代的社會政治、科舉制度、佛道文化、生活習俗、民間歌謠和古文運動等各種因素，來研究元白的詩歌創作，將元白對照並舉，逐一加以詳細地考釋、分析、箋證其典故本事、寫作背景，在字詞語句背後尋繹其文化內涵；先考並世資料之異，複合古今情意之同；對白居易作品與事實不符之處多有辨正。儘管在個別細節、個別結論上，或有時而可商，或後出乃轉精，但其用思之綿密、學識之博深、見解之獨到，卻堪稱超拔，罕有其匹；而且無論在「詩史互證」的文化分析方法上，還是在「比較分析」的論證上，其思路都具有典範意義，沾溉至今。

　　除實證研究外，學界在白居易研究的文學評論方面亦頗有進益，儘管它們大都並非白居易研究專論之著。例如聞一多在〈賈島〉一文開篇中，論及元和、長慶間詩壇動態中三個較有力的新趨勢：韓孟、姚賈之外，「那邊元稹、張籍、王建等，在白居易的改良社會的大纛下，用律動的樂府調子，對社會泣訴著他們那各階層中病態的小悲劇」。文章還說，「白居易等為講故事而做樂府」；白居易是帶著「那樣悲傷」的眼光在觀察

年版，第98～99頁）

時代。[52] 這些出自詩人的對詩的評價，自然別有會心。

1948 年，錢鍾書的《談藝錄》出版。其中論及元稹、白居易的筆墨很多，剖斷精當而富有啟迪。像第五十則，論述白居易一派之形成：

> 韓之於孟，歐之於梅，工同曲異……白傅、元相，風格相近，而才力相懸，白之尊元，與斯異例。《誠齋集》卷十《讀元白長慶二集》詩曰：「讀過元詩與白詩，一生少傅重微之。再三不曉渠何意，半是交情半是私。」蓋文人苦獨唱之岑寂，樂同聲之應和，以資標榜而得陪襯，故中材下駟，亦許其齊名忝竊。白傅重微之，適所以自增重耳。黃公（賀裳）謂「詩文之累，不由於謗而由於諛」，其理深長可思。余則欲更進一解曰：詩文之累學者，不由於其劣處，而由於其佳處。《管子·樞言》篇嘗謂「人之自失也，以其所長者也」，最是妙語。蓋在己則竊意擅場，遂為之不厭，由自負而至於自襲，乃成印板文字；其在於人，佳則動心，動則仿造，仿造則立宗派，宗派則有窠臼，窠臼則變濫惡，是則不似，似即不是，以彼神奇，成茲臭腐，尊之適以賤之，祖之翻以祧之，為之轉以敗之。

第五十九則，批評白詩才情之外的弊病：

> 香山才情，照映古今，然詞達意盡，調俗氣靡，於詩家遠微深厚之境，有間未達。其寫懷學淵明之閒適，則一高玄，（按香山〈題潯陽樓〉稱淵明曰：「文思高玄。」）一瑣直，形而見絀矣。其寫實比少陵之真質，則一沉摯，一鋪張，況而自下矣。故余嘗謂：香山作詩，欲使老嫗都解，而每似老嫗作詩，欲使香山都解；蓋使老嫗解，必語意淺易，而老嫗使解，必詞氣煩絮。淺易可也，煩絮不可也。（按《復堂日記補錄》光緒二年八月二十二日云：「閱樂天詩，老嫗解，我不解」；則語尤峻矣。）西人好之，當是樂其淺近易解，凡近易譯，足以自便耳。

---

[52] 聞一多：〈賈島〉，載昆明《中央日報·文藝》第 18 期。除此之外，鄭臨川述評《聞一多論古典文學》（重慶出版社，1984 年 11 月）第 122～123、156 頁亦涉及對白居易的評價。

章六　學術史的縱向探微

第二十五則，分析張籍與韓、白兩派之離合：

> 張文昌〈祭退之〉詩云：「公文為時帥，我亦微有聲；而後之學者，或號為韓張」；是退之與文昌亦齊名矣。然張之才力，去韓遠甚；東坡〈韓廟碑〉曰「汗流籍湜走且僵」，千古不易之論。其風格亦與韓殊勿類，集中且共元白唱酬為多。唯〈城南〉五古似韓公雅整之作，〈祭退之〉長篇尤一變平日輕清之體，樸硬近韓面目，押韻亦略師韓公〈此日足可惜〉。其詩自以樂府為冠，世擬之白樂天、王建，則似未當。文昌含蓄婉摯，長於感慨，興之意為多；而白、王輕快本色，寫實敘事，體則近乎賦也。近體唯七絕尚可節取，七律甚似香山。按其多與元白此喁彼於，蓋雖出韓之門牆，實近白之壇坫。

近代以來古典文學研究方式新舊遞嬗，文學史著作這樣嶄新的形式也多有關於元白的研究成果。例如鄭賓於《中國文學流變史》、曾毅《中國文學史》、胡雲翼《中國文學史》、顧實《中國文學史大綱》、趙景深《中國文學小史》、鄭振鐸《插圖本中國文學史》、劉大傑《中國文學發展史》、林庚《中國文學史》、陳鍾凡《中國韻文通論》、李維《詩史》、胡樸安和胡懷琛《唐代文學》、陸侃如和馮沅君《中國詩史》、費有容《唐詩研究》、胡雲翼《唐詩研究》、吳經熊《唐詩四季》、蘇雪林《唐詩概論》、楊啟高《唐代詩學》、陳子展《唐代文學史》等，不少是與專題研究結合在一起，其中論及元稹、白居易，多能各有所得，不乏精彩之見，並非像 1980 年代前後許多陳陳相因、教材性質的文學史著那樣乏善可陳。如曾毅《中國文學史》說，「白之詩尚坦夷」，「白務言人所欲言」，「白之詩能沁人心脾，耐人咀嚼」，「如水之蕩蕩，亦覺有平淺之陋，然其抗壘前賢，特開生面，皆於文學上可大書特書者也」，「論者以其清空如話，絕少豪放高古之趣，而嗤為淺俗，亦非無故，然與李白之飄逸、杜甫之沉

鬱、韓愈之奇險外，卓然以流麗伍於三家之間，為百代之儀型，亦不可謂非人傑者矣」。顧實《中國文學史大綱》指出：「蓋當時之詩，競擬漢魏，甚者至肖《詩》之雅頌，強自鳴高，而炫學博。白居易獨以入俗耳為主者；顯為一種反動，洵具有慧眼卓見者也。今觀〈長恨歌〉、〈琵琶行〉，皆無註腳，即可明白。宜乎彼詩在當時，大行於世，上自王公，下至野老村嫗，莫不玩誦之。白居易者，純粹平民詩人也。」趙景深《中國文學小史》亦云：「因為他反對『藝術的藝術』，所以他以白話作詩；因為他主張『人生的藝術』，所以他有許多詩為社會鳴不平。」相對於元稹、白居易專論而言，這些文學史著作，與前引聞一多、錢鍾書等文學評論者的論評，雖然往往隻言片語，但因為有更廣闊的詩學及文學史背景作參照，所以多有不容忽視的慧眼卓識。

1949 年以前，在白居易集的文字整理方面，詩文全集有《四部叢刊》初編中所收《白氏長慶集》，係日本元和四年（1618）那波道圓翻刻北韓刻本《白氏文集》之影印本，《萬有文庫‧國學基本叢書》中所收《白香山集》，乃《四部叢刊》本《白氏長慶集》之鉛印本；詩歌全集有《四部備要》中所收《白香山詩集》，乃清人汪立名（西亭）編訂《白香山詩集》之排印本。詩歌選集有沈伯經《音注白樂天詩》、傅東華選注《白居易詩》、高劍華選注《白香山詩選》、史漱石編校《（新式標點）白香山詩前集》、杜芝泉標點《（新式標點）白香山詩後集》、中華書局據沈德潛（歸愚）選本音注《白樂天‧柳柳州‧韋蘇州詩》和王學正編選《白居易詩選》。

生平事蹟研究方面，有周慶熙《白樂天評傳及其年表》、郭虛中《白居易評傳》、戴傳安《白髮詩人白樂天》、施學習（鳩堂）《白香山關係年譜》。周慶熙的《白樂天評傳及其年表》是 20 世紀最早的白居易評傳，但

章六　學術史的縱向探微

此文對白居易一生行事、思想和詩文創作的敘述還顯得粗淺，文後所附年表極為簡略，對樂天生平事蹟亦無甚發現。稍後出版的郭虛中《白居易評傳》，是作者用不到 4 個月時間寫成的一部介紹性質的小冊子，也比較簡略，只有 87 頁。除「導言」外，分為「白居易的一家」、「白居易的生平」、「白居易的思想及人物性格」、「白居易的作品」四個部分。儘管作者自己也感到「淺薄」和「淺陋」，但畢竟是近代以來第一部略具框架的白居易評傳。

（三）

1950 年代以後，白居易在中國被推為偉大的現實主義詩人，成為與李白、杜甫齊名的唐代最為著名的三大詩人之一，真正應驗了白氏「身後文章合有名」的預言，白居易研究也隨之一度形成熱潮。

在白居易集的文字方面，有文學古籍刊行社據宋紹興刊本影印的《白氏長慶集》七十一卷，附敦煌卷子本白氏詩集殘一卷（北京圖書館所攝唐抄本影印），書末據日本翻宋本（當即那波道圓本）補了不少闕字。但稍有遺憾的是，出版說明增加了一個誤字，即其中引用白居易的名句「但傷民病痛，不識時忌諱」，將「時」誤作「詩」。

中華書局 1958 年據光緒十九年（1893）武進費念慈（1855～1905）影刻宋本《新雕校正大字白氏諷諫》影印的《白氏諷諫》。整理本先後有顧學頡校點的《白居易集》、朱金城的《白居易集箋校》、喻岳衡點校的《古典名著普及文庫·白居易集》、劉明傑點校的《白居易全集》、丁如明和聶世英校點的《白居易全集》及《增訂注釋全唐詩》中的白居易詩。其中，顧學頡校點的《白居易集》，以宋紹興刻七十一卷本《白氏長慶集》

為底本，參校宋、明、清的一些主要刊本，改正了原本明顯的錯誤和脫漏，並將前人已經拾補的連同新發現的佚詩佚文編為外集兩卷。朱金城1955年開始撰寫的《白居易集箋校》，以明萬曆三十四年（西元1606年）馬元調刊本《白氏長慶集》為底本，參校宋紹興本、日本那波道圓本、清汪立名一隅草堂本等各種白集刊本11種，及唐、宋兩代重要總集和選本7種，羅列異同，近乎集校，同時盡力吸收已有的學術成果，因而具有較高的學術價值。箋證部分以箋釋人名為主，兼及歷史事件、人物交遊、地理名物、典章制度、詞語典故；在廣泛吸收陳寅恪、岑仲勉等前輩學者相關成果的基礎上，努力發掘新資料，糾正了不少前人和時人的失誤。總之，《白居易集箋校》在箋證和校勘兩方面均有豐碩的成果，堪稱是20世紀白集整理的集大成之作。

謝思煒《白居易詩集校注》和《白居易文集校注》以1955年文學古籍刊行社影印宋紹興刻本《白氏文集》七十一卷為底本，是白居易集的全新整理本，廣泛吸收海內外研究成果，以中國近20種珍本、善本及日本16種珍稀刻本、寫本參校，同時對照以相關總集，是中國迄今為止文字校勘上參照最為廣泛、權威的校本。於史實、典事、語源、詞義均有揭示，對理解、研究白詩白文及相關語言現象很有幫助。對作品所涉及的各種問題，諸如地理、人事、制度朝章、官職服飾、農桑商貿、日用百工、房舍建築、四時習俗、婚喪禮儀、歌舞伎藝乃至象戲博弈之類，都透過史料，提供盡可能詳實的說明，或對前人考釋成果有所補充修正。無論文字校訂，還是文字注釋，皆後來居上，厥功至偉。

詩文選集方面，1950、1960年代三部各有特色的白詩選集先後問世。其中蘇仲翔《元白詩選》是較早的一部，比較簡略。霍松林《白居易

章六　學術史的縱向探微

詩選譯》的特色主要在白居易詩的今譯上，作者選擇白詩 100 多篇，用現代漢語做了詩體翻譯。其中不少篇什能保持原作的詩意，重視文詞的藻飾，在古詩今譯方面做了有益的探索。列入「中國古典文學讀本叢書」的顧肇倉和周汝昌的《白居易詩選》則在注釋和編年上都做了不少紮實的工作，學術性較強，書後還附有《白居易年譜（簡編）》，是當時印數較多、影響較大的白居易詩選注本。

1980 年代以來，又陸續出版不少白居易詩文選注本。如王汝弼《白居易選集》、李希南和郭炳興《白居易詩譯釋》、龔克昌和彭重光《白居易詩文選注》、梁鑑江《白居易詩選》、朱金城和朱易安《白居易詩集導讀》、鄭永曉《白居易詩歌賞析》、褚斌傑主編《白居易詩歌賞析集》、吳大奎和馬秀娟《元稹白居易詩選譯》、徐子宏《白居易詩精華》、王一娟和傅紹良《白居易元稹韓愈柳宗元詩歌精選 200 首》、鄒言《白居易詩詞：插圖本》、時宜之《白居易詩歌精選》、施蓉和蘇建科《白居易詩精選精注》、王培源等《中國詩苑英華‧白居易卷》、姚大勇等《唐名家詩選賞‧白居易卷》、謝思煒《中國古代十大詩人精品全集‧白居易卷》和《白居易詩選》、趙立和馬連湘《白居易詩選注》、郭傑《元白詩傳》、《白居易詩歌選注》、汪啟明《白居易詩選》、姜洪偉《中國古典文學精品屋‧白居易》、張少康主編《古詩名家誦讀本‧白居易》、周勳初和嚴傑《白居易選集》、蕭瑞峰和彭萬隆《劉禹錫白居易作品選評》、孫安邦和孫蓓《中國家庭基本藏書‧名家選集卷‧白居易集》、孫明君《唐詩名家誦讀‧白居易詩》、陳才智《白居易詩賞讀》、《白居易詩品彙》、霍松林編選《歷代名家精選集‧白居易集》等。還有許凱如《白居易詩選譯》、李瑞騰《一曲琵琶說到今：白居易詩賞析》、陳香《白居易的新樂府》、張健《大唐詩魔白居易詩

選》、湯華泉《白居易詩選》、陶敏和魯茜《新譯白居易詩文選》等。

年譜及生平事蹟考證方面，有王拾遺《白居易生平事蹟考略》和《白居易生活繫年》、蘇仲翔《元白簡譜》、顧肇倉《白居易年譜（簡編）》、朱金城《白居易年譜》、白書齋續譜和顧學頡編注《白居易家譜》，羅聯添《白香山年譜考辨》和《白樂天年譜》。其中，王拾遺《白居易生活繫年》是問世較早的著作。該書以紀年的形式考訂了白居易生平、行事、思想、交遊等各個方面的情況，每年白居易事蹟下均列出論據若干，但因資料來源不廣，故發現不多。書後附〈白居易簡要年表〉，分為紀年、時事、出處、主要詩文等四個欄目，使人對白居易一生行事和詩文創作一目了然。朱金城《白居易年譜》是作者多年箋校白居易集累積的成果，徵引廣博，論證縝密，考訂白居易的生平事蹟、作品紀年、人事交遊及相關史實，有不少自己的新見解，是目前公認最為完備詳實的白居易年譜。《白居易家譜》原名《樂天後裔白氏家譜》，是 1980 年 7 月在河南洛陽白家發現的，記載了從白居易到現代共 50 餘代的情況。譜中記載各代的婚配、子嗣、昭穆次序，井然不亂，為研究白居易的後裔情況提供了寶貴的資料。但其中有關白居易卒日（八月十四日）的記載，未見於他書，不知何據。書中還編入顧學頡撰寫的《白居易行實繫年》。

傳記方面，先後出版了王進珊《人民詩人白居易》、蘇仲翔《白居易傳論》、范甯《白居易》、萬曼《白居易傳》、王拾遺《白居易》和《白居易傳》、張炯《白居易詩傳》、褚斌傑《白居易評傳》和《白居易》、陳友琴《白居易》、劉維崇《白居易評傳》、邱燮友《白居易》、劉太棟《白居易》、陳翔《大詩人白居易》、子諤、一飛和吉庠《白居易的故事》、汪褆義《白居易傳》、王遂今《白居易與杭州》、胡濟濤和施星火《江州司馬傳

章六　學術史的縱向探微

奇》、黃綿珠《白居易：平易曠達的社會詩人》、陳敏傑和羊達之《白居易》、梁容若《文學二十家傳・白居易》、花房英樹《白居易》、王能傑《白香山之性情與生活》、肖文苑《白居易》、潘秦泉《白居易傳》、居新宇和王憲章《白居易》、李芍《白居易》、劉劍鋒《白居易風雨之旅》、劉維治和焦淑清《白居易傳》、吳偉斌《文章已滿行人耳：白居易全傳》、楊志賢《白居易：中唐・現實主義詩人（西元 772 ～ 846 年）》、蹇長春《白居易評傳》、張先德《白居易》、陳建國《江州司馬白居易》、鄭京鵬《大唐賢刺史》、趙瑜《人間要好詩──白居易傳》等。其中，學術性較強的是蹇長春《白居易評傳》。

研究著作和論文集方面，先後有王拾遺《白居易研究》和《老嫗都解白居易》、施鳩堂《白居易研究》、張靜曄《白居易新樂府研究》、陳立偉《白居易研究》、劉蘭《白居易與音樂》、楊宗瑩《白居易研究》、丸山清子《〈源氏物語〉與〈白氏文集〉》、廖美雲《白居易新樂府研究》和《元白新樂府研究》、朱金城《白居易研究》、梁厚建《白樂天陸放翁兩家較析》、彭安湘《白居易研究新探》、左忠誠主編《白居易研究》、金文男《詩情與友情：元稹、白居易》、四川省忠縣政協委員會編印《白居易與忠州》、秦泥《唐代三大詩人：李白、杜甫、白居易的詩歌與生平》、馬寶蓮《白居易律賦研究》、馬歌東編譯《日本白居易研究論文選》、李中編著《白居易在渭南故里》、謝思煒《白居易集綜論》、劉維治《元白研究》、馬銘浩《唐代社會與元白文學集團關係之研究》、王元明《白居易新論》、陳煥祥編著《論說白居易》、張弘《迷路心回因向佛：白居易與佛禪》、楊樹民、劉百寬、薑繼業、陳西軍《白居易與下邽故里》、中西進《〈源氏物語〉與白樂天》、王相民《白居易研究》、張榮慶和張海娜《賢達詩人白居

易與〈白氏長慶集〉七二個慧知》、張再林《唐宋士風與詞風研究：以白居易、蘇軾為中心》、蹇長春《白居易論稿》、白高來和白振修《白居易與洛陽》、莫礪鋒《莫礪鋒評說白居易：品味一代文豪白居易的別樣人生》、肖偉韜《白居易研究的反思與批判》、《白居易生存哲學本體研究》和《白居易詩歌創作考論》、雋雪豔《文化的重寫：日本古典中的白居易形象》、靳亞洲編著《白居易與新樂府》、文豔蓉《白居易生平與創作實證研究》、鮑鵬山《白居易與〈莊子〉》、趙建梅《心安是歸處——白居易詩歌空間書寫研究》、焦尤傑《白居易生平與作品導讀》等。

其中，謝思煒《白居易集綜論》是最為出色、值得推重的一部研究專著。針對專篇的單行本則有楊國娟《白居易長恨歌與琵琶行的研究》、周天《〈長恨歌〉箋說稿》、賈恩洪《破繹〈長恨歌〉之謎》、靳極蒼《〈長恨歌〉及同題材詩詳解》、周相錄《〈長恨歌〉研究》、張中宇《白居易〈長恨歌〉研究》、王萬嶺《〈長恨歌〉考論》、付興林與倪超《〈長恨歌〉及李楊題材唐詩研究》等。

而中國、港臺和新加坡有關的博士和碩士學位論文至少已有254篇。此外，陳友琴《溫故集》和《長短集》、顧學頡《顧學頡文學論集》、羅聯添《唐代文學論集》、裴斐《看不透的人生：裴斐學術論文集》亦收有各自在白居易研究領域的系列論文。值得參考的相關著作還有張修蓉《中唐樂府詩研究》、黃浴沂《唐代新樂府詩人及其代表作品》、尚永亮《元和五大詩人與貶謫文學考論》、曾廣開《元和詩論》、鍾優民《新樂府詩派研究》、孟二冬《中唐詩歌的開拓與新變》、查屏球《唐學與唐詩：中晚唐詩風的一種文化考察》、胡可先《中唐政治與文學：以永貞革新為研究中心》、唐曉敏《中唐文學思想研究》、賈晉華《唐代集會總集與詩人群

章六　學術史的縱向探微

研究》、劉寧《唐宋之際詩歌演變研究：以元白之元和體的創作影響為中心》、劉航《中唐詩歌嬗變的民俗觀照》、馬自力《中唐文人之社會角色與文學活動》等。

資料整理方面，有陳友琴《白居易詩敘述彙編》，儘管遠未收羅無遺，但篳路藍縷，不僅為當時白居易研究的進一步深入提供了必要的資料，而且方便後學之功也未可埋沒。此外還有朱傳譽主編的《白居易傳記資料》，將各種白居易傳記資料複印彙訂為 21 冊；欒貴明、田奕、陳抗、林滄編著的《全唐詩索引·白居易卷》，以中華書局排印本《全唐詩》1960 年 4 月第 1 版、《全唐詩外編》1982 年 7 月第 1 版為底本，逐字立目，標明所在詩句（或異文、標題、序言、注文）的冊、卷、頁、行。

透過這些文章的撰寫和發表，學術界在白居易的先祖世系、家族家世、生平交遊、人生觀及思想轉變、政治傾向、與佛道之關係、新樂府的理論與實踐、〈長恨歌〉的主題等方面進行了相當深入的研究。就新樂府運動是否存在、〈長恨歌〉的主題還產生過廣泛的爭鳴，至今未能達成共識。

筆者所著《元白研究學術檔案》，意在總結 20 世紀元稹、白居易研究的成績，就上述存在爭議的論題加以綜述和評論。全書分為兩個部分：專書和論文評介、論著目錄。前者求精，依照出版或發表時間為序；後者求全，在論著性質、語種國別分類的基礎上依時間為序，並附列文獻資料的來源，希望可以幫助大家拓寬和加深對 20 世紀白居易研究狀況的了解。

可以說，在唐代文學研究領域中，白居易研究一向占有舉足輕重的地位。各種成果的發表數量，近年以來保持著高速增長的慣性，雖有碱

砆亂玉之虞，但無可爭議的是，研究範圍確實進一步得到拓寬，論述對象確實更加細緻入微，不少論著確實有突破性進展，資料整理為進一步拓展打下基礎。由此而論，或將目光上溯以尋淵源，或將視野下延後世以探流變，接受與傳播研究漸次鋪開，從空間角度出發的詩跡研究方興未艾。作家作品、文體流派等傳統純文學意義上的白居易研究固然日漸深入，新興的角度也在逐漸拓寬，不少選題拓展至文化學、思想史、歷史學、社會學、考古學、文物學、地理學、建築學、園林學、養生學、心理學等，學科界線日漸模糊，但對問題的了解則越發清晰。

（四）

儘管學術界在白居易研究方面已取得相當可觀的實績，成果已涵蓋白居易的生平研究，如世系、家族、交遊、戀情、婚姻、貶謫等；白居易思想研究，如儒釋道思想、人生觀、政治觀等；白居易文論研究，包括文學觀、美學觀等；白居易詩歌創作研究，如詩歌成就總評和風格總論、藝術淵源和影響、分類和題材研究等；白居易散文創作研究；白居易詞作研究；白居易作品集的整理和版本研究。但毋庸諱言，在這一領域中仍有不少空白和有待深入之處。如白居易研究方面，主要集中在〈長恨歌〉、〈琵琶行〉、《新樂府》等作品，和〈與元九書〉等所展現的詩歌理論方面，而占更大比例的其他內容的詩作，以及新樂府詩論之外的其他文學思想尚未受到足夠的重視。

尤其應當指出的是，與日本學術界相比，中國在白居易研究中的很多領域都已經落在後面。由於白居易與日本文化史深久的淵源，白居易研究在日本堪稱顯學。下定雅弘《戰後日本的白居易研究》曾給予全面

章六　學術史的縱向探微

而詳實的梳理。此外,根據《中國文學研究文獻要覽 1945～1977（戰後編）》統計,1945 年 8 月至 1977 年 12 月,日本白居易研究文獻的數量（209 篇）僅略少於杜甫（241 篇）,而幾乎兩倍於李白（106 篇）;其間發表過白居易研究專著及論文的學者近二百人。而據丸山茂編《白居易相關圖書目錄（日文）》統計,自 1896 年至 1994 年,日本已出版與白居易相關之圖書達 107 部之多（如果不包括修訂或再版,則為 78 種）,加上此後出版的《白居易研究講座》第五至第七卷,則至少有 110 部。其中研究著作近 20 部。而丸山茂《白居易相關圖書目錄（中文）》統計,1930～1992 年有關白居易的出版品合計才 65 種。[53]

　　日本的白居易研究者,各以其不同的角度闡說各自的理解,以其不同的特點在研究中做出了貢獻。例如,堤留吉（1896～?）著有《白樂天:生活與文學》（敬文社,1947）、《白居易的文學理論與文學主張》（敬文社,1961）及《白樂天研究》（春秋社,1969）,是日本戰後白居易研究的早期開拓者;近藤春雄（1914～1994）以〈長恨歌〉、〈琵琶行〉研究聞名,著有《長恨歌、琵琶行研究》（明治書院,1981）、《白氏文集與國文學新樂府・秦中吟的研究》（明治書院,1990）、《長恨歌與楊貴妃》（明治書院,1993）、《白樂天與其詩》（武藤野書院,1994）;太田次男（1919～）著有《諷諭詩人白樂天》（集英社,1983）,還曾與小林芳規（1929～）合著有《神田本白氏文集的研究》（勉誠社,1982）,是白氏文集版本研究方面的專家,代表作《以舊抄本為中心的白氏文集本文研究》（勉誠社,1997）是其有關白集文字研究的論文結集;神鷹德治（1947～）也是版本研究方面的專家,對《新樂府》和《策林》的版本研究頗有創穫。此外,金子彥二郎（1889～1958）對平安時代文學與白氏文集的比較研究,平野顯

---

[53]　丸山茂《白居易相關圖書目錄（中文）》尚有遺漏,詳見拙編《元白研究學術檔案》。

照（1928～）對白居易及其作品與佛教關係的研究，前川幸雄（1937～）對元白唱和詩的研究，埋田重夫（1957～）對白居易作品中各種具體的語言特色的研究，宇都宮睦男（1936～）對白氏文集訓點的研究，布目潮渢（1919～2001）、大野仁對白居易〈百道判〉的研究，靜永健（1964～）對白居易諷諭詩的研究，也各有千秋。其他白居易研究領域的重要學者還有小松英生（1933～）、西村富美子（1934～）、高木重俊（1944～）、波戶岡旭（1945～）、松本肇（1946～）、下定雅弘（1947～）、川合康三（1948～）、新間一美（1949～）、丸山茂（1949～）、遠藤寬一（1949～）、赤井益久（1950～）、津田潔（1951～）、芳村弘道（1954～）、澤崎久和（1955～）、丹羽博之（1955～）、諸田龍美（1965～）等。

老輩學者中，平岡武夫（1909～1995）和花房英樹（1915～1998）尤為引人注目。他們以多年孜孜不倦的努力和卓異的成就，成為日本白居易研究領域當之無愧的專家。平岡武夫的白居易研究成就是多方面的，其中關於《白氏文集》的成立和版本，以及白居易家世生平的研究尤為突出。其成果已結集為《白居易：生涯と歲時記》。花房英樹的代表作《白氏文集の批判的研究》和《白居易研究》，更是白居易研究的扛鼎之著。

1990年代，日本的白居易研究出現高潮，其象徵就是：日本勉誠社自1993年至1998年，陸續出版了太田次男、神鷹德治、川合康三、下定雅弘、丸山茂等編集的煌煌七卷的《白居易研究講座》。其作者以日本學者為主，涵蓋中國、韓國和美國，可以視為白居易研究領域的一個國際舞臺。講座分為「白居易的文學與人生」、「日本對白居易的接受（韻文篇）」、「日本對白居易的接受（散文篇）」、「圍繞白詩接受的有關問

題」、「白氏文集的本文」、「日本的白居易研究」等六個專題，收錄中、日上述專題之下的研究論文或研究概述近百篇，是白居易研究集大成之作，同時也堪稱古代作家個案研究的史無前例的創舉。其中收錄的太田次男《白居易文學如何產生》、興膳宏《白居易的文學觀：以〈與元九書〉為中心》、成田靜香《白居易之詩的分類與變體》、入矢義高《白居易的口語表現》、松浦友久《白居易的節奏：詩型及其個性》、中純子《白居易與詞：洛陽履道里的江南再現》、宮澤正順《白居易對三教之態度》、蜂屋邦夫《白居易與老莊思想：兼論道教》、孫昌武撰（副島一郎譯）《白居易與佛教：禪與淨土》、吉川忠夫《白居易的仕與隱》、布目潮渢《白居易之官歷》、澤崎久和《白居易之日常生活》、礪波護《白居易生長的時代》、金在乘《白居易與元稹》、齋藤茂《白居易與劉禹錫》、丸山茂《白居易周邊的人們：作為交遊錄的〈白氏文集〉》、周建國撰（橘英範譯）《白居易與中晚唐的黨爭》、澀谷譽一郎《白居易的周邊與傳奇：從說話的觀點來看傳奇》、靜永健《白居易的諷諭詩》、埋田重夫《白居易的閒適詩》、川合康三《言語的過剩：唐代文學中的白居易》等，涵蓋了時代、交遊、思想、傳記、生活、文學觀、詩體分類等白居易研究的主要範圍。

從 2000 年起，勉誠社又開始出版《白居易研究年報》，以日本為主的白居易研究者以之為陣地，發表了許多紮實的研究論文。蔣寅主編《日本唐代文學研究十家》（中華書局 2014 年版）彙集了日本研究唐代文學的中堅學者的代表性論著，其中下定雅弘《中唐文學研究論集》、丸山茂《唐代文化與詩人之心》、赤井益久《中唐文人之文藝及其世界》、芳村弘道《唐代的詩人研究》、齋藤茂《文字覷天巧：中晚唐詩新論》、戶崎哲彥《唐代嶺南文學與石刻考》，關於白居易的研究占有相當比重，例如

戶崎哲彥《白居易〈七老會詩〉中所見盧貞考辨》一文，即頗多新見，足可與陳冠明《唐詩人盧貞考辨》、金景芝、王玲玲《唐代范陽詩人盧真與盧貞考辨》相互補充。韓國在白居易研究領域，也有不容忽視的成績。據統計，1925年至1999年，韓國出版的白居易研究單行本5種，論文59種（其中包括13篇碩士論文和2篇博士論文），代表學者有金在乘（1937～）、俞炳禮（1954～）、金卿東（1960～）等。

白居易也是西方國家最為熟悉的唐代詩人。在歐洲，白居易與大藝術家貝多芬齊名。《英譯文學百科全書》對幾乎所有英譯中國文學作品加以統計，在「中國文學譯介」這個獨立的單元中，中國歷代作家作品裡，唐代詩人占了一半，依目錄排次有：白居易、杜甫、韓愈、寒山、李白、李商隱、王維。也就是說，在英譯唐代詩人作品的數量上，白居易名列前茅。白居易詩歌英譯的第一人是英國漢學家翟理斯，一譯翟理思，出身書香門第，22歲來華，在華生活24年，先後任英國駐華使館翻譯和英國領事館官員，返英後，1891～1932年，繼威妥瑪之後，任劍橋大學第二任漢學教授。他在1883年自費印刷、1884年公開出版的《古文選珍》裡選譯了白居易的10首詩。最早介紹和評價白居易的西方學者也是翟理斯。在兩卷本《古文選珍》中，每個詩人均有簡介，其中《古文選珍》散文卷的介紹是：「白居易：中國最偉大的詩人之一，一生豐富多彩的政治家。升至高位後他突然被貶謫，放逐到偏遠之地，使他從此開始厭倦政治生涯。結香山九老會，與詩酒為伍。後來他被召回，官至兵部尚書。」《古文選珍》詩歌卷則介紹說：「白居易，中國最偉大、最多產的詩人之一，一位仕途上有過正常起伏的成功的政治家。孩提時代很早熟，17歲就得到最高學歷。」其《中國文學史》，1897年作為戈斯主編

章六　學術史的縱向探微

的「世界文學簡史叢書」第 10 種在倫敦出版，是世界上第一部現代意義的、以西方語言寫成的中國文學通史，其中譯述並評論了白居易的代表作〈琵琶行〉、〈長恨歌〉。

此後，亞瑟‧偉利（Arthur Waley，1889～1966）英譯有 200 多首白居易詩歌，因其流暢優美和著名的「跳躍韻」而成為英美文學的經典之作。作為西方白居易詩歌翻譯和研究專家，亞瑟‧偉利還撰有《白居易的生平與時代》，不僅是西方最著名的白居易研究著作，也堪稱是一部有影響力的西方漢學研究經典著作。其貢獻與得失，可參見拙撰《一部有影響力的西方漢學經典──評亞瑟‧偉利〈白居易的生活與時代〉》（收入《海外中國古典文學研究》，社會科學文獻出版社 2016 年版）。

西元 1971 年至西元 1978 年，美國漢學家霍華德‧李維又陸續出版有四卷本《英譯白居易詩歌》，其中後兩冊與詩人威爾斯（Wells, 1895～1978）合譯。總之，目前來看，白居易詩歌英譯總數是中國詩人裡最多的，影響也自然最大。有關研究，可參見〈英美漢學中的白居易研究〉。翻譯首先是一個理解原文的過程，而後才是一個文字轉化的過程，為了提升譯者的原文理解水準，可以引入一些方法和模式來引導譯者對原文的解構。藉由跨文化角度的審視，白居易詩歌的深層內涵得到挖掘。透過對不同譯本的比較，可見出原文的理解程度，對譯文品質發揮決定性的影響。

〔明〕周臣〈香山九老圖〉

（五）

　　回顧是為了前瞻，總結 20 世紀白居易研究的歷史，介紹白居易研究的現狀，目的無疑是為了前瞻今後前進的方向。未來的研究，我認為需要留意以下兩個方面。第一，白居易詩跡研究。詩跡指詩人留下的歷史遺跡。廣義上涵蓋物質性遺跡和非物質性遺跡，狹義上僅指前者，包括與詩人相關的遺跡遺址、故居舊宅、墳塋墓地、祠堂廟祀、墓碑墓葬、樓閣亭榭、堂舍石窟、石刻壁畫，及各種紀念性塑像、雕塑、場館、建築物等不可移動或難以移動的名勝遺跡。

　　「詩跡」一詞，至晚在唐代已經出現。孔穎達〈毛詩正義序〉云：「詩理之先，同夫開闢；詩跡所用，隨運而移。上皇道質，故諷諭之情寡；中古政繁，亦謳歌之理切。」言古今《詩》跡之所用，或諷諭或謳歌，應當根據不同的時運政情變化而隨時轉移。宋慶曆中，羅道成遊岳題詩云：「白騾代步若奔雲，閒人所至留詩跡。欲知名姓問源流，請看郴陽山下石。」（宋陳葆光《三洞群仙錄》卷四）元人趙孟頫有〈題溫雪峰詩跡〉（《松雪齋文集》卷五），「詩跡」之涵義已隨時轉移為詩歌之遺跡。不少宋代地方志更開設有獨立部類收錄各地之詩跡。[54] 地不自美，借詩而顯；跡難自勝，因詩而彰。山川名勝，因為詩歌吟詠而魅力倍增。假設在中國廣大的風土中沒有形成各式各樣的此類詩跡，那麼，對於古今中外愛好中國詩歌的讀者來說，其風土的魅力也許會減少一半。正因為有名詩對歷史或風土抒發情感，地名才具有詩歌的強烈喚起力並永遠閃耀。

---

[54] 地方誌如《吳郡志》（范成大）、《乾道四明圖經》（張津等）、《（寶祐）重修琴川志》（孫應時、鮑廉）、《嘉泰會稽志》（施宿等）、《（嘉定）剡錄》（高似孫）、《開慶四明續志》（梅應發等）、《景定建康志》（周應合）、《咸淳臨安志》（潛說友）、《（咸淳）重修毗陵志》（史能之）等。總志如《輿地紀勝》（王象之）專列有「詩」一欄，大量收錄詠誦各地的詩歌，並注重與詩歌鑒賞創作相關的輿地勝跡，「江南西路・江州」部分錄有琵琶亭詩七篇；《方輿勝覽》（祝穆等）則專列有「題詠」一欄。

章六　學術史的縱向探微

宋元明清以降，關於各地山川名勝、文人遺跡詩歌吟詠的記載和品評，一向不絕於縷。在各種山志、縣志、府志、鎮志等方志中比較集中。北宋陳舜俞（1026～1076）《廬山記》已經注重作詩地點，其中卷二詳錄白公草堂之變遷及周圍環境、勝蹟等。至南宋陸遊《入蜀記》、范成大《吳船錄》等遊記，尋訪詩跡已成旅行重要主題，其中也述及白公草堂。《入蜀記》並引白詩「白狗到黃牛，灘如竹節稠」寫峽州，引「潯陽欲到思無窮，庾亮樓南溢口東」，論庾樓附會承誤之久；《吳船錄》則述及與白居易相關的忠州四賢閣、荔枝樓，江州琵琶亭、思白堂，及江州呂勝己隸書〈琵琶行〉刻石。據拙編《白居易資料新編》，以琵琶亭為題之詩詞，共計203題234首，還有許多未在題目出現但主題亦為詠琵琶亭者，合計232題266首，涉及作者166人。[55] 可見，除仿擬擴續與唱和之外，〈琵琶行〉主題沿承主要展現在蔚為大宗的琵琶亭詩。而所謂詩跡研究則興起於1980年代末的日本。松浦友久教授及其學生寺尾剛、松尾幸忠均有相關論作。2010年，植木久行開始主持編纂《中國詩跡事典》，2015年面世。中國學者相關研究近年來也日漸增多，僅2014年，即有焦尤傑〈白居易和新鄭〉、〈白居易洛詩紀年表現與探因〉、〈白居易「忠州情感」述論〉，彭靜靜〈論忠州之移與白居易思想及詩歌創作轉變之關係〉，王定璋〈小宅·大宅·凶宅——從白居易詩看白居易的住宅觀〉，孫麗娟〈洛陽東都履道坊白居易第宅庭園研究〉，徐暢〈盩厔縣尉白居易的長安城鄉生活體驗〉，周治傑《「野火春風古原情」：白居易的符離情緣及其〈賦得古原草送別〉》，盧秀峰〈「失意」與「詩意」的交融：白居易的江州生活與詩歌創作〉等，均從詩跡或者環境地域角度出發的研究，

---

[55]　拙撰《白樂天流寓江州的流響—以琵琶亭詩為中心》（收入《區域文化與文學研究集刊》第3輯，中國社會科學出版社2015年版）曾估算為百餘首，在此訂正。

成為 2014 年白居易研究的一個重要趨勢。

　　尤其值得一提的是，近年來白居易終老之地 —— 洛陽與白居易的相關成果較為突出。以洛陽白居易研究會為核心，僅 2014 年，洛陽白氏家族後裔即出版 3 部研究論著和 1 部詩文選集。其中白寧北、白靈坤《走近白居易》以歷史事實為準繩，以澄清歷史真相、還原歷史面目為宗旨，深入剖析千百年來強加在白居易及其家人頭上的不實之詞，深刻揭示這些不實之詞的來龍去脈，展示白居易豐富多彩的壯闊人生。白坤堂、白璐瑤《再讀白居易》在《解讀白居易》基礎上，加以提煉和完善，分兩章二十二節，記述白居易的生平和創作，對網路上傳播的一些褻瀆之詞多有辯駁。白坤堂、白振修《白居易的洛陽緣》，在《白居易與洛陽》、《唐詩與洛陽》、《白居易在洛陽》基礎上，論述白居易與洛陽的不解之緣。白高來《白居易長安詩文精粹》分三編，輯錄白居易在長安時期創作的詩歌 391 首，散文 50 篇，集中給予解讀和賞析。

　　近年來，白居易詩跡研究隨著地域文學研究的興起，正逐漸成為大家關注的重點，民間學者的成果日益突顯，儘管在水準上可能和學院派無法相提並論，但其作用和特色毋庸置疑。與某些職業性乃至作業性的論文作者相比，那些因為地域和家族因緣而投入白居易研究的民間學者，擁有一份做事業乃至是志業的心懷。發上等志，尋平處論，向寬處展，姑以此與同道者共勉。

（六）

　　第二個值得留意的，我認為應該是白居易的接受和影響研究。白居易接受史研究，從現代學術意義上講，始於異域日本，日語稱為「受

章六　學術史的縱向探微

容」。1960 年，丸山清子撰有《〈源氏物語〉對〈白氏文集〉的受容概觀》，太田次男撰有《平安時代白居易受容史的考察》，此後屢見不鮮；東京勉誠社 1994 年出版的《白居易研究講座》第三、四、五卷，即日本對白居易的受容和圍繞白詩受容的諸問題。若以借鑑西方接受學理論而言，則始於 20 世紀末，代表性文章有陳文忠《〈長恨歌〉接受史研究》（《文學遺產》1998 年第 4 期）等。進入 21 世紀，尚永亮等《中唐元和詩歌傳播接受史的文化學考察》（武漢大學出版社 2010 年版），有專章從文化學角度考察元白詩派的傳播接受史。此外，還有陳金現《白居易與宋代重「意」，「理」的詩學發展：宋人對白居易〈長恨歌〉的接受與詳論》等論著，筆者亦有相關撰著，但全面梳理和研究尚付闕如。

　　身為唐代首屈一指的多產作家，白居易各體兼擅，取材廣泛，加之精勵刻苦，故作品數量之多，在唐代首屈一指。正因為白居易作品數量多、地位高，因此對中晚唐以來的後世文學影響極大。藉由自己的作品，白居易已超越唐代的時空，經無數後代讀者的閱讀，證明其永恆的生命力。這樣一位偉大的作家，應當也有必要擁有一部系統全面的接受史研究，這一方面可以更全面準確地定位和估量白居易的影響力，也將有助於深入理解中國文學和文化的精義，另一方面也有助於了解不同時代在審美情趣、鑑賞能力、期待視野、社會思潮以及某些意識形態上的發展和變化。而目前學界之所以尚無一部系統的白居易接受史，大概主要是因為關於這樣一位元眾所矚目的焦點人物，歷代留存的文獻資料比較豐富，替接受史研究帶來一定的挑戰性。

　　相對於文字文獻整理的斐然成績，學界在白居易的外學方面，如個性、思想發展、詩歌理論等關鍵問題上，尚鮮有突破。欲尋突破，往下

接著說（用馮友蘭語），當為一重要出路。如何接著說？不妨首先了解白居易對後世文人的影響。從表面上看，這是迂迴，不是創新，但為了創新或突破，有必要迂迴；為了前進，有必要回顧。只有較好地總結歷史，才能清楚地認清未來的方向。古今相通，時異境似，歷代文人對白居易其人其文的接受史，是尋找白居易研究突破口的重要參照。

　　從橫通角度看，接受史研究可以參考的理論資源，一方面生根自本土，一方面需要借鏡於異域。從本土理論資源看，詩無達詁，比興附會，詞主寄託，意內言外，披文入情，涵泳品味，知人論世，以意逆志，言不盡意，得意忘言，斷章取義，箋證訓詁，奪胎換骨，點鐵成金，循名責實，活參體悟，切己體認，各以情遇，抉隱闡幽，見仁見智，實事求是，作者未必然而讀者何必不然，這些傳統詩學中的習見詞語、經典命題，蘊含著豐富的接受美學思想。六祖惠能禪師曾云：不是風動，亦非幡動，只是心動，堪稱接受理論的最佳寫照。「風」者，知人論世之文學外部研究；「幡」者，強調文字維度的文學內部研究；「心」者，注重接受者維度的接受史研究。白香山〈與元九書〉曾云：「風雪花草之物，《三百篇》豈捨之乎？假風以刺威虐也，因雪以湣征役也，感華以諷兄弟也，美草以樂有子也。皆興發於此而義歸於彼。」以為詩「義」雖「在言外」、在「彼」不在「此」，然終可推論而得確解。錢鍾書《談藝錄》謂，其事大類西方心析學判夢境為「顯見之情事」與「幽蘊之情事」，圓夢者據顯以知幽……其於當世西方顯學所謂「接受美學」……亦如椎輪之於大輅焉。東海西海，心理攸同；於此可見一斑。另外，自唐人孔穎達撰《毛詩正義》以來，中國典籍整理歷來有集注、輯釋、彙評、會箋、叢話之傳統，其中蘊含著豐富的接受美學史料，急待有志於建立中

國特色之接受美學的研究者加以開掘和利用。

舊學商量更加精密，新知培養轉為繁榮。1980年代末以來，接受美學引入中國，耀斯（Jauss）等《接受美學與接受理論》和《審美經驗與文學解釋學》，伊瑟爾（Iser）《審美過程研究──閱讀活動：審美響應理論》，湯普金斯（Tompkins）等《讀者反應批評》，劉小楓選編《接受美學譯文集》，史坦利·費什（Fish）《讀者反應批評：理論與實踐》等譯著，朱立元《接受美學》及《接受美學導論》、金元浦《接受反應文論》等論著，推動了中國接受美學研究的展開，為古典文學接受史研究提供了理論借鏡，許多學者開始將中國文學研究與接受美學結合。陳文忠《中國古典詩歌接受史研究》從理論、方法層面上對古典詩歌接受史的研究作了有價值的探索，並以若干經典作品、藝術原型為個案進行嘗試。其《文學美學與接受史研究》又略有增補。尚學鋒、過常寶、郭英德《中國古典文學接受史》、鄧新華《中國古代接受詩學》及《中國古代接受詩學史》、鄔國平《中國古代接受文學與理論》，亦各有進境。斷代方面，王玫《建安文學接受史論》允稱先聲，張浩遜《唐詩接受研究》與張毅《唐詩接受史》，則可互為補充。

作家個案方面，陸續有尚永亮《莊騷傳播接受史綜論》、楊合林《陶淵明接受史稿》、李劍峰《陶淵明接受史（元前）》和《陶淵明接受通史》、劉中文《唐代陶淵明接受研究》、楊文雄《李白詩歌接受史》、王紅霞《宋代李白接受史》、蔡振念《杜詩唐宋接受史》、袁曉薇《王維詩歌接受史研究》、谷曙光《韓愈詩歌宋元接受研究》、查金萍《宋代韓愈文學接受研究》、全華凌《清代以前韓愈散文接受研究》、楊再喜《唐宋柳宗元傳播接受史研究》、劉學鍇《李商隱詩歌接受史》、米彥青《清代李商隱詩

歌接受史稿》、程繼紅《辛棄疾接受史研究》、朱麗霞《清代辛稼軒接受史》、張靜《元好問詩歌接受史》等。綜觀這些成果可以看出，傳統的問題，加上嶄新的視角，發展出耳目一新的感受。接受史研究業已成為重點，是近年來有機吸收外來理論運用於文學研究較為繁榮的領域。

白居易研究史，應該圍繞白居易其人其詩、其文其學的獨特面貌，力求全面準確展示其對後世文學影響的獨特軌跡。如果說拙著《元白詩派研究》意在梳理白居易對中唐詩壇的影響的話，那麼承之而下延，白居易接受史研究，無疑重在清理白居易在中唐以後的影響。透過敘述、研究、接受、傳播等相關文獻資料的收集和排比，在此基礎上，系統分析白居易其人其詩、其文其學的接受史，以期拓寬和加深對這位大作家的了解。拙編《白居易資料新編》的編纂目的，就是為撰寫白居易接受史、傳播史和研究史提供史料基礎。前人有「著書不如編書」一說，剔除考量經濟利益的因素，排除規避作者責任的調侃意味，也暗含這樣一個價值判斷：承繼高於出新。在提倡創新的今日，這種傾向或許有些落伍。但退一步講，即使是出己一說，總須交代前人成果，方不負推陳出新之意。許多同儕頂禮膜拜錢鍾書，而其代表作《談藝錄》、《管錐編》，就名為「錄」和「編」。這裡絕非強調文獻重過理論，收集和整理資料畢竟只是初步工作，科學的分析和綜合的研究才是最終目的；但沒有文獻支持的理論，就像有些光鮮亮麗的廣告，讓人不免有幾分懸心。其理想之境，或應如有源之水，有本之花。在個人成長歷程中，少影響老，童年經歷影響青年、中年和老年；但在群體系列中，則恰恰相反，老影響少，前輩（代）影響後輩（代）。這就是傳統的統緒所在。撰寫文學史，無非是要勾勒出歷代層累、前後影響的軌跡。「後之視今，亦猶今之視昔」（〈蘭

章六　學術史的縱向探微

亭集序〉），慨之深矣；而「已有的事，後必再有；已行的事，後必再行。日光之下，並無新事」（《舊約·傳道書》），則話說得更為斬絕，但不無啟迪，亦頗堪玩味。

　　閱讀和考察前人在白居易研究領域留下的足跡，相信會對今日研究提供參考和借鏡。筆者因工作之需，長期承擔撰寫《唐代文學研究年鑑》白居易和元稹研究綜述，已近十年，同時撰寫《中國文學年鑑》唐代文學研究綜述，持續關注學術動態，迄今已二十餘載。儘管相對於研究對象而言，二十載只是歷史長河中的一絲微瀾，但對研究者而言，卻堪稱承舊啟新的重要階段。一方面，學者對研究對象的基本知識來源於紙本文獻，另一方面，又適逢文獻數位化、電腦檢索乃至分析工具的飛速發展，心智與技術之間的互動作用日益頻繁，資料庫和網路資源日漸難捨難離。閱讀和研究工具的轉換，勢必引發研究形勢的丕變。前輩學者從前只能心領神會的一些朦朧模糊的理解，現在得以藉助技術的手段，給予比較清晰準確的描述和印證。

　　僅就白居易資料收集而言，前輩學者陳友琴（1902～1996）編撰《白居易詩敘述彙編》，主要還是利用其供職的中國社會科學院文學研究所之藏書，依靠目力披閱紙本文獻。儘管作為「古典文學研究資料彙編」叢書中的開創之作，有垂範後來者的榜樣意義，獲得中國學術界的廣泛好評，在海外也深受歡迎，並有力促進了當時的白居易研究，但今天看來，排除因轉述而重複者，《彙編》遠未收羅無遺，因此當時即被錢鍾書先生譏為「傖荒家當」。筆者1998年始撰《元白詩派研究》，在得力於《白居易詩敘述彙編》的同時，也發現它多有遺漏，開始留意搜輯其未備，原計劃在《彙編》的基礎上加以補訂，但做下來，發現不僅《彙編》的訛

誤需要修訂，遺漏需要補充，蒐集範圍需要擴大，而且作者先後次序，均需根據近 50 年來的研究成果重新編排，新加資料數量巨大，已遠非補訂所能容納──《彙編》29 萬字，拙撰《白居易資料新編》歷經十餘年，迄今篇幅已擴至 676 萬字。在此期間，古籍整理和數位化工作日新月異，《全宋詩》、《全宋文》、《全元文》、《全元詩》、《宋詩話全編》、《遼金元詩話全編》、《明詩話全編》、《全明詩話》、《民國詩話叢編》、《中華大典‧文學卷》等相繼付梓；《四庫全書存目叢書》及補編、《四庫未收書輯刊》、《四庫禁毀書叢刊》、《故宮珍本叢刊》、《續修四庫全書》、《中國地方誌整合》、《清代詩文集彙編》等陸續影印；《中華電子佛典》、《文淵閣四庫全書電子版》、《四部叢刊原文及全文檢索版》、《古今圖書整合全文檢索系統》、《國學寶典》、《漢籍全文檢索系統》、《中國基本古籍庫》等大型資料庫以及網際網路資源，又為收集相關資料提供了便利條件。

例如，可輸入檢索關鍵詞──「居易／白居易／樂天／白樂天／香山／白香山／香山居士／白公／白公居易／白二十二／白二十／白舍人／白學士／白侍郎／紫薇郎／白賓客／白贊善／東宮白贊善／白氏／白老／白侯／白才子／白先生／白鬢太守／迂叟／履道叟／履道主人／白監／白頭老監／白尹／白頭尹／白頭老尹／白傅／白少傅／白太傅／白尚書／白司馬／白江州／江州司馬／江州白司馬／潯陽司馬／九江司馬／青衫司馬／白忠州／忠州刺史／南賓太守／杭州刺史／蘇州太守／詩魔／醉吟／醉吟先生／醉尹／河南醉尹／河南大尹／東都閒散官／白庶子／白使君／白太守／醉太守／白文公」等關於名號者；「元白／劉白／陶白／白蘇／白陸／香山會／七老會／九老會／香山九老」等關於合稱者；「廣大教化主」等關於尊稱者；「樂天體／樂天句／白樂天體／香山

章六　學術史的縱向探微

體／香山句／元和體／元和詩體／元和體詩／長慶體／白派／白體／元白體」等關於詩體者；「元輕白俗／白俗」等關於詩風者；「琵琶圖／潯陽圖／七老圖／九老圖／會昌九老圖／香山九老圖／樂天九老圖」等關於繪畫者；「白詩／白詞／白文／白賦／長慶集／長慶詩／九老詩／香山九老詩／新樂府／秦中吟／長恨歌／琵琶行／琵琶引／潯陽琵琶／擬何處難忘酒／何處難忘酒／何處春深好／何處生春早／不如來飲酒／擬不如來飲酒／刈麥行／觀刈麥／擬放言／放言／憶江南／金針詩格／白樸／制樸」等關於作品者；「白樂天宅／樂天故宅／白家／白家池／白公祠／白傅祠／白太傅祠／樂天祠／白居易祠／白文公祠／白文公廟／白公草堂／白傅草堂／白公影堂／白公堂／醉白堂／醉白樓／醉白池／白園／白徑／白亭／景白亭／景白軒／花徑／花徑景白亭／白居易墓／白墓／白公墓／香山墓／陶白祠／陶白二公祠／陶白庵／白蘇祠／白蘇二公祠／琵琶亭／琵琶洲／浸月亭／喚渡亭／冷泉亭／三遊洞／三賢祠／四賢閣／五老堂／七老堂／九老堂」等關於遺跡者；「醉白／思白／尊白／崇白／追白／景白／仰白／敬白／愛白／慕白／效白／仿白／擬白／沿白／襲白／摹白／學白／酬白／和白／祖白／法白／宗白／友白／師白」等關於心態行為者。一一搜查以避免遺漏，仔細篩選以避免誤收，再充分提取並統計化用或暗用樂天詩文語句典故的各種情形，這樣，儘管仍未必能毫髮無遺，但較紙本閱讀而言，大大減少了工作強度，縮小了遺漏比例。

　　當然，電子文獻遠未能取代紙本文獻。例如目前收書數量和字數首屈一指的《中國基本古籍庫》，拙編《白居易資料新編》頗受惠於此，但亦深感其難以據信；雖幾經完善，此庫仍存在大量訛脫衍倒、銀根亥

豕，以筆者使用情況而論，幾乎每頁都會遇到程度不同的各類訛誤，遠未達到可直接引用的精度。最離譜者，此庫居然將清人李鼎元（1751～1814）《師竹齋集》張冠李戴為明人王祖嫡（1531～1591）《師竹堂集》。[56]因屢屢發現古籍庫在文字錄入上遠未做到精校，所以常常需要核對原版影像，但目前看，一一對應費時費力，往往不如直接對照《續修四庫全書》、《四庫全書存目叢書》、《四庫未收書輯刊》、《四庫禁毀書叢刊》，因為除《文淵閣四庫全書》、《四部叢刊》之外，《中國基本古籍庫》選目基本不出於此。當然，若說中國基本古籍庫只是提供了檢索的線索，也不免有所低估。

總之，一方面，電子文獻尚未足完全可靠可信，紙本出版品儘管亦然，但其歷史更為悠久，因而略勝一籌；另一方面，上述從電子文獻檢索出來的結果，還需要人工加以篩選鑑別，去除重複與無效部分。打個比方，紙本文獻恰如「廟列前峰迴，樓開四望窮。嶺猨嵐色外，陂雁夕陽中」（李商隱〈登霍山驛樓〉），歷歷在目，直觀性強，然須登頂，還得輔以綜合索引，庶可一覽無遺。[57]電子文獻則恰如「見說路岐嶮，不通車馬行。瘴煙迷海色，嶺樹帶猿聲」（孟貫〈送人遊南越〉），嶺樹瘴煙，直觀性弱，唯有尋聲，端賴輔以人工智慧，方能不迷其色。人腦與電腦，在這段不會很短的過渡期還需要互幫互補，彼此扶持。

有上述文獻整理作為基礎，白居易接受史研究可望展示其對後世影響力的全貌。至於接受史的具體研究範圍，則至少應顧及以下六個方面：

其一，文集編纂史。歷代書目提要、版本序跋中有關白集的著錄，

---

[56] 《師竹齋集》十四卷，《續修四庫全書》影印復旦圖書館藏清嘉慶刊本，第1475冊，集部；《師竹堂集》三十七卷目錄二卷，《四庫未收書輯刊》影印明天啟間刊本，集部第五輯第23冊。
[57] 參見陳冠明等《李商隱詩集綜合索引·自敘》，中州古籍出版社2018年版，第20～21頁。

章六　學術史的縱向探微

可見白集流傳之脈絡，編纂之歷史。白居易在世時，他的集子曾經歷十次編集整理（參見拙著《元白詩派研究》附編，社科文獻出版社 2007 年版）。宋初，白體流行，引領白集由抄本向印本過渡，但數量尚有限。據周必大〈文苑英華序〉：「是時印本絕少，雖韓、柳、元、白之文尚未甚傳，其他如陳子昂、張說、張九齡、李翱等諸名士文集，世尤罕見。」今日有倖存世的白居易集，有南宋初的紹興刻本，其中收詩三十七卷、文三十四卷，儘管已失原編面貌，卻是存世最早的白集刊刻本，保留了不少白集原注，文字訛誤也較少。

明代最早的白集刻本，是正德八年（西元 1513 年）錫山華堅蘭雪堂銅活字本《白氏長慶集》七十一卷（目錄二卷）。六年後的正德十四年（西元 1519 年），郭勛（1475～1542）將詩文分開編集，分別編訂為《白樂天詩集》四十卷，《白樂天文集》三十六卷，惜前者早已失傳。嘉靖十七年（西元 1538 年），有伍忠光龍池草堂刊本及姑蘇錢應龍重修本《白氏文集》七十一卷。而流傳較廣、影響較大的刊本，是後來入選《四庫全書》的萬曆三十二（西元 1604 年）至三十四年（西元 1606 年）雲間馬元調（1576～1645）刊《白氏長慶集》七十一卷，前有嘉定文人婁堅（1567～1631）序。有魚樂軒、寶儉堂兩種刊本。

清康熙四十一年（西元 1702 年），汪立名編有《白香山詩集》，次年由汪氏一隅草堂付梓。這部詩集單行槧本，是近千年來第一個對白集加以一番較為系統整理的本子。據明胡震亨編《唐音丁籤》所收白居易詩，汪立名將原《白氏文集》前 20 卷詩置為前集，卷二一至卷三七共 17 卷詩編為後集，將原附見的應制詩、試作詩、謠吟歌篇 11 首編為別集一卷；又收集逸詩 85 首編為補遺二卷，合計四十卷，參校眾本，加以校正，附

以宋陳振孫撰年譜舊本、己撰年譜等，除原注外另增箋釋，同時採諸相關記載引錄於各詩之下。其主要特色在於校讎文字，收集逸詩，而箋注性質的文字並不太多，還偶有疏漏，但畢竟在陳振孫所編年譜基礎上，「披榛莽而掃蕪穢」，「溯其源流之分合」（《白香山詩集》自序），前修未密，後出轉精，初步考訂白詩編年，並嘗試復原白集前後集分編的原貌，於白詩之編集、校勘、考證、輯軼而言，程功甚偉，故王漁洋稱讚其「極精審」。宋代以來，箋注之學漸盛，李、杜、韓、柳和王維等集，都不止一種注本，注韓集甚至號稱五百家，而白集注本則僅此一種，這一現象值得玩味。

傳承於日本的和刻本白集，價值較高者有兩種，第一種是17世紀江戶時代的那波道圓（1595～1648）刊活字本《白氏文集》七十一卷，這個版本是以北韓半島所傳本為底本復刻而成的，《四部叢刊》據以影印，其刊刻年代為後水尾天皇元和四年（西元1618年），僅相當於中國明萬曆末年，不算早，但其所據覆宋本約為南宋高宗時刻本，其源出自五代東林寺本，卷帙順序與中國通行的「前詩後筆本」有很大不同，保留了白集原編「前集後集本」原貌，即前集五十卷，先詩後文，皆長慶四年（西元824年）春以前作品，是《白氏長慶集》第一次結集時的原貌；其後卷五十一至卷六十、卷六十一至卷七十，分為兩個單元，均先詩後文，保留了白氏《後集》前十卷和後十卷分次編輯的面貌。與紹興刻本相比，那波本校勘品質要略遜一籌，而且那波本還有一大缺點，就是原夾行小注概行刊落，大概是由於活字排版的技術關係，而非所據原本沒有注文。第二種是金澤文庫舊藏本《白氏文集》，現存二十多卷，已散藏於金澤文庫之外。開成四年（西元839年），白居易編定《白氏文集》六十七卷，

章六　學術史的縱向探微

送蘇州南禪院收藏。會昌四年（西元844年），日本僧惠萼於南禪院抄寫《白氏文集》攜歸。各卷後往往有惠萼跋語，後轉抄時亦得到保留。鎌倉時期，豐原奉重主持轉抄校勘《白氏文集》，始於寬喜三年（西元1231年），完成於建長四年（西元1252年）。據各卷後豐原奉重跋語，其轉抄主要依據博士家菅原家傳本，而菅原家傳本又係惠萼本之轉抄，所以金澤文庫本雖係唐抄本之轉抄本，但文獻價值可與唐抄本相媲美。例如，〈琵琶行〉詩序，紹興刻本之「元和十年」，金澤文庫本作「元和十五年」，因此，日本學者下定雅弘據以推斷，〈琵琶引〉不是元和十一年白居易在江州遇到琵琶女所作，而是從貶地回到長安不久的長慶初年創作的虛構作品。歷代白居易文集編纂的歷史，是白居易接受史研究的基礎和起點。

其二，選本沉浮史。和他推崇的前輩詩人杜甫相比，白居易詩歌的經典化比例相形見絀。這不能盡歸因於數量太多，揀擇不嚴。選本的因素也很重要。作為古老的古典文學評論方式，選本與評點、序跋、詩話等，共同構成中國文學評論的形態，其影響力不可小覷。「選書者非後人選古人書，而後人自著書之道也。」（譚元春《古文瀾編序》）層出不窮的各類選本中，作家作品的入選比例，是作家地位高低的象徵，作品關注程度的代表，對接受者的閱讀趣尚有很大的導向和牽制作用，正如鍾惺〈詩歸序〉所言：「選者之權力，能使人歸。」

唐以來的選本及評點中，選編白詩者，有唐人韋莊《又玄集》、韋縠《才調集》等，宋人《分門纂類唐宋時賢千家詩選》（署劉克莊）、《注解章泉澗泉二先生選唐詩》（趙蕃、韓淲選，謝枋得注）、《詩林廣記》（蔡正孫編撰）、《唐宋千家聯珠詩格》（于濟、蔡正孫編，徐居正增注）；元人《瀛

奎律髓》(方回)、《唐音》(楊士弘);明人《唐詩品彙》、《唐詩正聲》(高棅)、《唐詩紀》(黃德水等)、《刪補唐詩選脈箋釋會通評林》(周珽)、《唐詩歸》(鍾惺、譚元春)、《唐詩解》(唐汝詢)、《唐詩鏡》(陸時雍)、《石倉歷代詩選》(曹學佺);清人《貫華堂選批唐才子詩》(金聖歎)、《唐詩快》(黃周星)、《雅倫》(費經虞)、《詩法醒言》(張潛)、《而庵說唐詩》(徐增)、《唐詩評選》(王夫之)、《唐詩評三種》、《增訂唐詩摘鈔》(黃生)、《唐七律選》(毛奇齡)、《唐詩別裁集》(沈德潛)、《中晚唐詩叩彈集》(杜詔、杜庭珠)、《網師園唐詩箋》(宋宗元)、《初白庵十二家詩評》(查慎行)、《唐詩三百首》(孫洙)、《唐宋詩醇》(弘曆)、《唐詩成法》(屈復)、《唐詩合解箋注》(王堯衢)、《五七言今體詩鈔》(姚鼐)、《(朱選)玉臺新詠》(朱存孝)、《十八家詩鈔》(曾國藩)、《唐詩選》(王闓運)、《歷代詩評注讀本》(王文濡)、《詩境淺說》(俞陛雲)等。考察其所選白詩篇目和具體評點,是研究白詩接受史的重要一端。

其三,接受效果史。白居易的科試文章,當時曾被士人當作學習仿效的範本。白詩當時廣泛流傳於宮廷和民間,歌伎唱他的詩,寺廟、旅舍貼有他的詩,僧侶、官人、寡婦、少女讀他的詩,宮中妃嬪甚至以誦得他的〈長恨歌〉而自負。相傳寫有白詩的帛可以當錢用。荊州市民葛清紋身,在身上刻滿白詩,稱為白舍人行詩圖,圍觀的人十分羨慕。四明人胡抱章作《擬白氏諷諫五十首》,行於東南;後孟蜀末楊士達亦撰五十篇,頗諷時事。不但如此,白詩還遠播北韓、日本、越南、暹羅(泰國)。今敦煌所見抄本白居易詩及託名「白侍郎」詩作,晚唐出現、後世多有翻刻的白居易《新樂府》單行本《白氏諷諫》,日本《文德實錄》、圓仁《入唐新求聖教目錄》、藤原佐世《日本國見在書目》中的紀錄,以及

章六　學術史的縱向探微

　　現存源自平安時代抄本的多種古抄本《白氏文集》，可以印證上述說法。白居易身後，其詩仍廣為流行，晚唐五代的羅隱、皮日休、陸龜蒙、聶夷中、黃滔、杜荀鶴、貫休，宋代的晁迥、王禹偁、梅堯臣、蘇軾、張耒、陸遊，元代的王惲，明代的宋濂、吳寬、唐寅、文徵明、袁宗道，一直到清代的吳偉業、趙執信、俞樾、黃遵憲，等等，都是受到白居易影響很深的文人。白居易聲名傳播歷久未衰，與這些重量級文學接受者的支持者和推崇密不可分。

　　晚唐張為《詩人主客圖》將中晚唐84位詩人分為廣大教化、高古奧逸、清奇雅正、清奇僻苦、博解宏拔、瑰奇美麗六派，每派都有主有客，客分上入室、入室、升堂、及門四格。白居易為「廣大教化主」，可見晚唐詩壇對白居易品第之一斑。明人江盈科《雪濤小書》云：「前不照古人樣，後不照來者議；意到筆隨，景到意隨；世間一切，都著幷包囊括入我詩內。詩之境界，到白公不知開擴多少。較諸秦皇、漢武，開邊啟境，異事同功，名曰『廣大教化主』，所自來矣。」褒獎之至矣，而王世貞《藝苑卮言》卷四卻說：「張為稱白樂天『廣大教化主』。用語流便，使事平妥，固其所長，極有冗易可厭者。少年與元稹角靡逞博，意在警策痛快；晚更作知足語，千篇一律。詩道未成，慎勿輕看，最能易人心手。」至清代翁方綱《石洲詩話》又反其道而稱揚：「白公之為廣大教化主，實其詩合賦、比、興之全體，合風、雅、頌之全體，他家所不能奄有也。」僅就「廣大教化主」而言，歷代評論之褒貶即懸隔如雲泥。譽滿天下，謗亦隨之。再以元和體為例，其指稱對象最早是元和年間「江湖間新進小生」之「自謂」，「巴蜀江楚間泊長安中少年」之「自謂」，長慶三年白居易《餘思未盡加為六韻重寄微之》又用來指稱元白之詩，此後在

不同讀者的不同視域下,指稱對象愈加紛紜複雜,莫衷一是,或擴指韓愈、樊宗師、張籍、孟郊、白居易、元稹,或斥言「當時輕薄之徒」,或僅指白居易的全部詩歌。可見有不同的接受者,便會有不同的期待視野和接受取向,便會形成接受過程中的錯位和變異。白居易接受史上的元和體這一個案,正如一柄雙刃劍,既擴大元白的影響,也產生了意想不到的殺傷力,使元白之清名反受其累。因此白居易自己在不以為然與矜持自恃之間,也不免顯出遊移徘徊。

其四,作品模仿史。沒有誰的成功可以複製,但沒有哪部名作不可以模仿。模仿者越多,經典化機率越大。作品模仿的形式,既有創作過程中的效仿、模擬,也有唱和,且往往不限於體式體裁、藝術風格、寫作技法、詞語典故等的學習,有時還採用主題沿承的形式。以〈琵琶行〉為例,除仿擬擴續與唱和之外,即有〈衍琵琶行〉這樣的擴寫,〈琵琶行分句吟草〉這樣的改作,不限於體式體裁上的繼承。至於在主題上沿承〈琵琶行〉天涯淪落之感,或在自己的詩歌創作中,學習〈琵琶行〉的藝術風格、寫作技法、詞語典故等,則數不勝數。

其五,作品闡釋史。歷代文學評論家撰寫的詩話詩論、序跋筆記中,富含著大量有關白居易作品的評論與考釋。評論多為概括性,如李肇所謂「淺切」,蘇軾所謂「白俗」,王若虛所謂「情致曲盡」,李東陽所謂「淺俗」,鍾惺所謂「淺俚」,周敬、施閏章、姜宸英、徐焴所謂「真率」,葉燮所謂「春容暇豫」,趙翼所謂「坦易」,潘德輿所謂「率易」。考釋內容則或針對具體作品,或圍繞生平事蹟。

篇幅較多較為集中者,有宋晁迥《法藏碎金錄》、葛立方《韻語陽秋》、阮閱《詩話總龜》、胡仔《苕溪漁隱叢話》、計有功《唐詩紀事》、

章六　學術史的縱向探微

洪邁《容齋隨筆》、明何良俊《四友齋叢說》、胡震亨《唐音癸籤》、清賀裳《載酒園詩話》、吳景旭《歷代詩話》、宋俊《柳亭詩話》、趙翼《甌北詩話》、翁方綱《石洲詩話》、潘德輿《養一齋詩話》、方東樹《昭昧詹言》等。

其六，以文學家為主體的接受影響史。接受影響史，以文學家為主體，當兼顧其文與其人。在這一點上，白居易接受史並不僅僅是其文學主張、詩文風格的繼承，還應包括對其思想情趣、性情風儀、人格的接受，兩者在接受史之位置同等重要。其中後世文人中屢見不鮮的五老會、七老會、九老圖、五老堂、真率會、耆英會、後耆英會，均與白居易密切相關。白居易其人與其文的歷史價值，最終實現於其接受過程，創作主體與接受對象的不同，往往會使其作品風貌發生變化。明人袁宗道欽慕白居易、蘇軾，其書齋取名「白蘇齋」，了解其志向的弟弟袁中道稱為「以示尚友樂天、子瞻之意」（《白蘇齋記》）。影響史，還應兼顧影響與接受雙方，其間因果有如水灑在地上，浸溼附近的土壤是水的本性，但被浸溼的程度則需要視土壤具體情況而定。影響有的直接，有的間接；有時是單一的，有時則是多元的；有些是顯見的，有些只是暗合；有的具有事實連繫，有的則只是神思共通，性之所近，貌亦相隨而已，常常並非「步亦步，趨亦趨」。還有的則是接而未受，影而未響，生根而未發芽，或發芽而未開花，因此，其間未易輕斷因果，只宜擺明條件。畢竟影響與接受也是一種緣分——接者，緣也；受者，分也。影響亦如是。完美的接而受之，理想的影之隨形、響之應聲，自是因緣合適之際的水到渠成，而更多場合下，一定還有更為多元的影響與接受樣態。有時，既有影響之焦慮，也有接受之快意，還有在某種環境之下的互逆反

仿。因此，白居易接受史研究，必須兼顧接受與被接受，並觀影響與被影響，系統揭示文學發展中影響→接受→容納→熔鑄→自立的全過程，這樣，故事才完整。

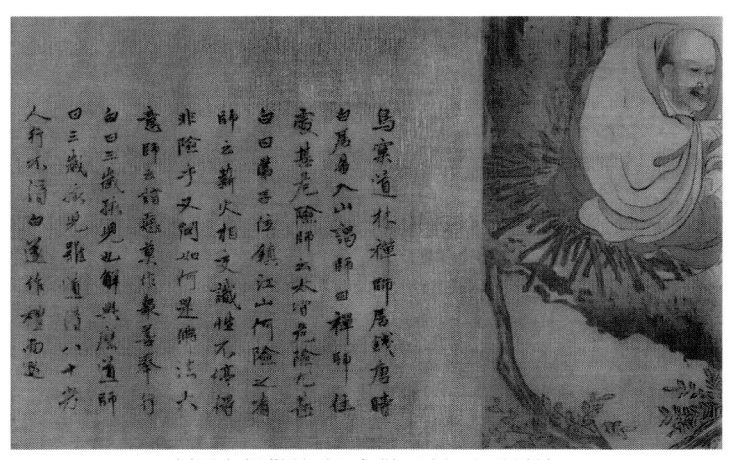

〔南宋〕梁楷繪〈八高僧圖卷〉（區域性）

綜上，包含以文集文獻整理者為主體的文集編纂史，以歷代詩文選本與評點為主體的選本沉浮史，還有以普通讀者為主體的接受效果史，以文學作品為主體的作品模仿史，以文學評論家為主體的作品闡釋史，以文學家為主體的接受影響史，這六個方面，並非截然隔離，或各自獨立，而是經常相互、彼此交疊互滲的，而總體上則大致涵蓋了白居易接受史研究的範圍。這樣從時間線索上展開的接受史研究，與上述從空間領域展開的詩跡研究加在一起，一縱一橫，正是未來白居易研究需要拓展的方向。

章六　學術史的縱向探微

■ 回二　陳寅恪先生的白居易研究 ■

　　近代幾位學界大家，從不同角度，留意到白居易。開風氣之先者，是胡適（1891〜1962）。白居易詩歌濃郁的平民化色彩和白話化風格，正與「五四」的平民化運動、胡適倡導的白話文學思潮相契合。嗣後，1920年，梁啟超撰《晚清兩大家詩鈔題辭》，認為白香山是「專描寫社會實狀」一派的代表。但影響最大的，則是陳寅恪。於陳寅恪而言，白居易研究也是奠定其學術成就的重要組成部分。上海古籍出版社印行的《陳寅恪文集》中，印數最多者即《元白詩箋證稿》。而在白居易研究史中，陳寅恪所占有的重要地位，不僅源於其歷史學家的獨特角度，源於其比較分析方法的嫻熟運用，更源自其詩史互證的文化史研究，影響深遠，沾溉至今。其態度之謹嚴，用思之綿密，學識之博深，考據之精深，見解之獨到，亦堪稱超拔，罕有其匹，晚近以來，尤為後學者所豔稱。這裡意在勾勒陳寅恪先生的白居易研究成就，在此基礎上，對其研究的價值和意義提出一些淺見。

■ （一）

　　陳寅恪（1890〜1969），其白居易研究，可以追溯至1932年開始講授的相關課程。1932年，陳寅恪任清華大學中文、歷史兩系合聘教授，為中國文學系和研究所開設「唐詩校釋」，內容主要是校釋白居易和元稹詩。三年後，1935年秋季，為中國文學系所開設的課程，乾脆即改稱「劉禹錫、元稹、白居易」。1940年春季，任昆明西南聯大中文、歷史兩

系合聘教授時，又縮小定位為「白居易研究」。1944 年春季，在成都燕京大學，則稱為「元、白詩」。6 月 16 日，陳寅恪致信史語所同事，「元白詩應用教材，姑先以《元氏長慶集》、《白氏長慶集》及《全唐詩》為主。以後，在教室再酌量告知。弟擬首說〈長恨歌〉、《鶯鶯傳》、〈連昌宮詞〉」。秋季又改回「元、白、劉詩」。1953～1958 年，在中山大學所授則標明「元白詩證史」。名稱之改換，亦可見興趣之趣尚。

至於相關論著的發表，始於 1935 年 10 月的〈元白詩中俸料錢問題〉，刊載於《清華學報》第 10 卷第 4 期，後收入其《金明館叢稿二編》。

1942 年，曾由北平國立清華大學刊印《白香山新樂府箋證》。1944 年 8 月 10 日，陳寅恪致陳槃信中即說道「弟近草成一書，名曰《元白詩箋證》，意在闡述唐代社會史事，非敢說詩也。弟前作兩書，一論唐代制度，一論唐代政治，此書則言唐代社會風俗耳」。並云書已脫稿，向史語所要稿紙重謄清稿，可見此著當時業已成稿。1947 年至 1950 年，陳寅恪又陸續在《清華學報》、《嶺南學報》發表《〈長恨歌〉箋證》(1947)、《白香山〈新樂府〉箋證》(1948 年)、《論元白詩之分類》(1949 年)、《元和體詩》(1949 年)、《白樂天之先祖及後嗣》(1949 年)、《白樂天思想行為與佛道之關係》(1949 年)、《白居易與劉夢得之詩》(1949 年)、《白香山〈琵琶行〉箋證》(1950 年) 等。

在此基礎上，陳寅恪先生修訂前文，於 1950 年 11 月，由嶺南大學中國文化研究室（廣州）線裝印行《元白詩箋證稿》這部專著，列為「嶺南學報叢書」第一種。再經修改，由文學古籍刊行社（北京）1955 年 9 月正式出版。此後，古典文學出版社（上海）1958 年 4 月重印；再經校正錯誤，增補資料，中華書局上海編輯所 1959 年 11 月重版。香港商務印

章六　學術史的縱向探微

書館1962年5月翻印；臺北世界書局1963年1月翻印，1976年重印。

《元白詩箋證稿》乃患難發憤之著。早在1946年春，陳寅恪遠涉重洋，漂泊萬里，到英國醫治眼疾，卻未能治好，失望之際，賦詩曰：

> 眼昏到此眼昏旋，辜負西來萬里緣。杜老花枝迷霧影，米家圖畫滿雲煙。餘生所欠為何物？後世相知有別傳。歸寫香山新樂府，女嬰學誦待他年。[58]

詩題為〈來英治目疾無效將返國寫刻近撰元白詩箋證留付稚女美延讀之〉，昔左丘失明，厥有《國語》，孫子臏足，始成《兵法》，司馬遷遭腐，乃著《史記》，賈誼不左遷失志，則文采不發；揚雄不貧，則不能作《玄》、《言》，世間佳著，每出於佗傺困窮，困厄悲愁；無所告語，遂只得奮發於撰述文章，所謂發憤著書，窮而後工，前人之述備矣。陳寅恪有關白居易的幾篇論文，大都撰寫於1944年的成都，「時先生生活最困難，亦眼疾日益惡化之時」。1944年12月一個早晨，陳寅恪忽然感到眼前一片漆黑，經醫院檢查，左眼視網膜脫落。至此，雙目完全失明。這一悲劇，除了個人方面的原因外，與半個多世紀顛沛流離，抗戰後期生活更加艱苦，生計困窘，教學勞累，營養匱乏也緊密相關。如今在目疾醫治無效的境況中，陳寅恪自抒心情：「餘生所欠為何物，後世相知有別傳」，他要「歸寫香山新樂府」，完成有關元白詩研究的專著，亦堪稱發憤著書，窮而後工；而「女嬰學誦待他年」，即唐篔所錄詩題「留付稚女

---

[58]《陳寅恪集‧詩集》，生活‧讀書‧新知三聯書店2001年版，第57頁。胡文輝《陳寅恪詩箋釋》云，「眼」字重出，疑第二處當為「益」。（廣東人民出版社2008年版，上冊，第408頁）1948年，沈祖棻有〈浣溪沙〉詞，序云：「前歲寅恪丈赴英倫醫治眼疾無效，將歸國寫定元白詩箋證，付美延世妹讀之，賦詩云：『眼昏到此眼昏旋，辜負西來萬里緣。杜老花枝迷霧影，米家圖畫滿雲煙。餘生所欠為何物？後世相知有別傳。歸寫香山新樂府，女嬰學誦待他年。』伏讀增感，亦成小詞，戊子三月。」詞曰：「哀樂人間奈此情，聊憑蠻管寫新聲。何年習誦待嬌嬰。未定相知期後世，已教結習誤今生。有涯難遣況時名。」（《沈祖棻詩詞集》，江蘇古籍出版社1994年版，第185頁）

美延讀之」之意,也頗有以此著傳後人之意,可見他對這部著作的重視。

對白居易詩,陳寅恪非常精熟,而且一直頗有感情,早年有好幾篇史學論文中曾引用白詩來考證史事。俞大維是他親上加親的同學和朋友,曾回憶陳寅恪「詩推崇白香山」,「特別喜好平民化的詩,故最推崇白香山。所以在他《論再生緣》中有『論詩我亦彈詞體』之句」。

「白居易歌行純似彈詞」(王闓運《論唐詩諸家源流答陳完夫問》),而彈詞中恰恰頗有詠寫白居易者,如咸豐同治間馬如飛(1851～1908)之《白樂天》(葭盦主人藏本),清代佚名之《潯陽琵琶》。可謂體趁其用。1927年陳寅恪撰〈王觀堂先生輓詞〉,亦採元白長慶體,以抒發深切悼念之懷。王國維1912年曾作長慶體長詩〈頤和園詞〉述清朝一代興亡,寓其家國之思,為其生平最得意最傑出之作。明此以表其志是一方面;而詠人兼述史、抒情融議論,唯有元白長慶體可以擅場,則是更重要的選擇之因。

陳寅恪《元白詩箋證稿》盛讚白居易,尤推重其《新樂府》,譽為「洵唐代詩中之鉅製,吾國文學史上之盛業也」。以「唐代鉅製」、「文學盛業」之高譽,而無視李杜,曾引起異議,蕭公權《陳寅恪著〈元白詩證稿史〉》即云:「豈以杜公之技巧未逮元白耶?竊謂詩歌之體與散文有別,其特殊之功用在以優美之詞藻音韻,以及充沛之情感,打動讀者。少陵樂府如〈石壕〉、〈新安〉諸篇正具有此種力量,故能膾炙人口。樂天之《新樂府》五十篇中殆無一篇在技巧上足以抗衡杜作,而趣味索然之句則不乏其例……陳君於洋洋十萬言長篇中未嘗一論技巧品質,而僅詳考《新樂府》某篇依據某某史實……遂斷然欲令元白奪少陵之席。如此評論文學,吾人實不敢阿好苟同矣。」實則陳寅恪並無意抑李杜而揚元白,其

章六　學術史的縱向探微

《書杜少陵哀王孫詩後》就曾稱許「少陵為中國第一詩人」，雖撰於 1953 年，但足以代表其一貫態度，而偏重考史，鮮論文學技巧，則僅僅是揚長避短而已。論文學技巧者也有，如高度評價《新樂府·新豐折臂翁》，說：「此篇為樂天極工之作。其篇末老人言君聽取以下，固《新樂府》大序所謂『卒章顯其志』者，然其氣勢若常山之蛇，首尾迴環救應，則尤非他篇所可及也。」該著以詩文證史，詩史互證，著眼點不在詩文而在歷史。名曰「箋證」，亦可見其用意。

(二)

《元白詩箋證稿》共六章，分別箋證「長恨歌」、「琵琶行」、「連昌宮詞」、豔詩及悼亡詩（附：讀《鶯鶯傳》）、「新樂府」、古題樂府。

第一章「長恨歌」，從文體關係和文人關係的角度進行闡說。認為陳鴻《長恨歌傳》與〈長恨歌〉有不可分離的關係。在趙彥衛所云「文備眾體」中，白氏之歌相當於「詩筆」部分；而「史才」、「議論」部分，「陳氏之傳當之」。因此，二者「必須合併讀之、賞之、評之」。唐明皇與楊貴妃的關係，雖為唐世文人公開共同習作詩文之題目，而增入漢武帝、李夫人故事，新增升天的情節，則為白居易、陳鴻之所特創。

文中所考，涉及楊玉環的身世之謎，針對朱彝尊等清代學者力證楊貴妃「以處子入宮」一事，重新辯證史傳小說所稱唐玄宗開元二十八年娶壽王妃楊氏之說最為可信。關於其入宮始末，《箋證》引述朱彝尊《書楊太真外傳後》有關武惠妃薨年之考證，結合兩《唐書》、《唐會要》、《資治通鑑》、《大唐新語》等史籍，斷定惠妃於開元二十五年薨，而非開元二十四年。楊妃亦非於開元二十五年入宮，而在開元二十八年。史料詳

實,考證精確。

此外,從「雲鬢花顏金步搖」句,證明其中所包含的唐代貴族婦女的時妝實錄;從「驚破霓裳羽衣舞」句中的「破」字,考見一個重要的唐代樂舞術語及白居易用語之「渾成」;從「西出都城百餘里」的「西」字,考見白居易對於史實的熟稔與下筆之不誤;從「風吹仙袂飄飄舉」一句,考出白居易所寫楊妃親舞霓裳羽衣舞,實有其事等等,從而證明此詩寫作在社會生活與習俗層面上確有可稱得上嚴謹的事實根據。至於有關唐明皇在楊玉環死後是否相思不已這一重大史實關節問題,唯一一個傳說根據正是他在往返蜀地之時雨中聞鈴音而傷心腸斷。陳寅恪從新舊《唐書》中唐玄宗幸蜀的記載,以及「雨霖鈴」曲調的源流,考證此一傳說的種種來源,以及種種資料之間比較而言的可信性。其可信者,正是白居易「夜雨聞鈴腸斷聲」一句所本。

對於李楊故事的核心,即李楊相思的真實性問題,該著做出顛覆性考證。根據《長恨歌傳》文及異本校讀,證明開篇「漢皇重色思傾國」一句「實暗啟此歌下半段故事」,即白居易實受漢武帝故事之啟發,而虛構了一段相似的人仙相戀的愛情故事。關於「七月七日長生殿,夜半無人私語時」,資料證明唐代溫泉的作用在於祛寒去風,詳檢兩《唐書》,無一次有關玄宗駐蹕溫泉的記載,由此證明玄宗與楊妃絕無可能在夏季到達華清宮之理。而長生殿乃唐代祀神沐浴之齋宮,絕無曲敘兒女私情之理。

第二章「琵琶引」,從《唐摭言》記載的唐宣宗李忱吊白樂天的詩「童子解吟長恨曲,胡兒能唱琵琶篇」談起,連繫張戒《歲寒堂詩話》「〈琵琶行〉雖未免於煩悉,然其語意甚當,後來作者,未易超越也」的評論,

章六　學術史的縱向探微

加以辨析。

接著，運用比較研究的方法，與元稹《琵琶歌（寄管兒兼誨鐵山）》、劉禹錫〈泰娘歌〉、李紳〈悲善才〉等同一性質題目的詩作相互比較，考定作成年代，於同中求異，異中見同。認為「元作先而白作後，此樂天得以見元作，而就同一性質題目，加以改進也」。指出元稹、劉禹錫詩在白居易詩前，李紳詩在其後，四首詩因創作者的交往而互有異同。其中白詩「既專為此長安故倡女感今傷昔而作，又連綰己身遷謫失路之懷，直將混合作此詩之人與此詩所詠之人二者為一體。真可謂能所雙亡，主賓俱化，專一而更專一，感慨復加感慨，豈微之浮泛之作所能企及者乎」。充分肯定〈琵琶行〉的歷史地位和價值，成就最高。不過在白詩中仍可找到演變擴充元稹詩歌以及自己舊作的痕跡，可見〈琵琶行〉的成功並非偶然。

然後，反駁洪邁《容齋隨筆》涉及文字敘述和唐代社會風俗方面的不妥之處，針對《容齋隨筆》所謂白居易移船聽曲頗涉瓜田李下之疑，及洪邁就此為白居易所作辯護之辭詳加辯證，指出洪邁之誤，一在未通白詩文意，二在不了解唐代士大夫極輕賤等級低下女子，進士進身之新興階級大都放蕩不拘禮法的社會風俗。又辨析白居易元和十年貶謫江州司馬的真正原因，並非如史書所云「先諫官言事」，而是與當時政府主要政策，即用兵淮蔡有關。至於中書舍人王涯上疏論及白居易所犯「不宜治郡」之「狀跡」，也並非如史書所云「其母以看花墜井而死，而居易作〈賞花〉、〈新井〉詩，甚傷名教」，實際上是因為白居易父母乃舅甥婚配，不合禮法，方為王涯落井下石之藉口。

最後，就七處〈琵琶行〉詩與序的文字加以箋證和辨析。（一）序中

「凡六百一二言」應為「凡六百一六言」。[59]（二）「幽咽泉流水下灘」應作「冰下難」。（三）駁沈德潛《唐詩別裁集》「諸本『此時無聲勝有聲』，即無聲矣，下二句如何接出？宋本『無聲復有聲』，謂住而又彈也。古本可貴如此」，認為「無聲勝有聲」是正確的。（四）由「家在蝦蟆陵下住」談琵琶女身分，推測自稱「京城女」的善彈琵琶婦人可能就是史籍中所謂的「酒家胡」。（五）考論「秋娘」。（六）考論「前日浮梁買茶去」。（七）考論「青衫」，認為「江州司馬青衫溼」中「青衫」的出典，在唐制服色不視職事官，而依階官之品，白居易作此詩時，散官之品為從九品下的將士郎（唐代最低之文散官），故著青衫。這些有關詩句的具體考釋，正是傳統箋證之學的沿承與發揚。

　　第三章「連昌宮詞」，主要研究此詩的寫作時、地，認為元稹此作，深受白樂天、陳鴻〈長恨歌〉及《長恨歌傳》之影響，乃合併融化唐代小說史才、詩筆、議論為一體而成，是元稹取白居易〈長恨歌〉的題材，依照白氏「新樂府」的體制改進創造的產物。文中逐條辯駁元稹可能經過連昌宮的五個年分，陳寅恪考證，此詩作於元和十三年暮春，即元稹任通州司馬時；它不是元稹經過其地所作，而是元氏依題懸擬。其所依之題，可能為韓愈的七絕〈和李司勳過連昌宮〉。對詩中「老翁此意深望幸，努力廟謨休用兵」二句，陳寅恪引正史元和間上屬官宦「消兵」之說為證，說明此詩特受唐穆宗喜愛的原因。同時指出「上皇正在望仙樓，太真同憑欄杆立」等句為附會傳說，楊貴妃從未侍伴唐玄宗到過連昌宮。

　　第四章「豔詩及悼亡詩」，連繫元稹及其家庭的社會地位，及當時風習道德對元稹的影響，分析其豔詩和悼亡詩，肯定它們「哀豔纏綿，不

---

[59] 陳寅恪《元白詩箋證稿》及《元白詩證史講義》，均以汪本《白香山詩集》為底本。參見張求會《陳寅恪叢考》，浙江大學出版社 2012 年版，第 220 頁。

章六　學術史的縱向探微

僅在唐人詩中不可多見,而影響及於後來之文學者尤巨」,同時指出:

縱覽史乘,凡士大夫之轉移升降,往往與道德標準及社會風習之變遷有關。當其新舊蛻嬗之間際,常呈一紛紜綜錯之情態,即新道德標準與舊道德標準、新社會風習與舊社會風習並存雜用。各是其是,而互非其非也。斯誠亦事實之無可如何者。雖然,值此道德標準社會風習紛亂變易之時,此轉移升降之士大夫階級之人,又有賢不肖拙巧之分別,而其賢者拙者,常感受苦痛,終於消滅而後已。其不肖者巧者,則多享受歡樂,往往富貴榮顯,神泰名遂。

這樣對士大夫在道德標準、社會風氣變遷之際不同命運的探討,已超越元白研究乃至對一朝一代文學探討,上升為具有廣闊視野的文化闡釋,顯示出陳寅恪先生宏大的學術眼光。

第五章「新樂府」,是篇幅最長,也是最重要的部分。這一部分從比較元、白二人有關「新樂府」的主張入手,敘述元、白詩論共同之處,探討新樂府產生的背景、元白二人的詩歌主張與創作成就,然後分四十九節箋證〈七德舞〉、〈法曲〉、〈立部伎〉、〈上陽人〉、〈縛戎人〉等五十首「新樂府」詩之含義,兼釋元稹的同題之作。認為「新樂府」五十篇「洵唐代詩中之鉅製,吾國文學史上之盛業也」,「乃一部唐代《詩經》,誠韓昌黎所謂作唐一經者。不過昌黎志在《春秋》,而樂天體擬《三百》」。

不過,對元白新樂府不可作等同的估價。體裁上,元作以七字句為常則,而白作多重疊三字句後接以七字句,即三三七格式。敦煌俗曲多此格式,故白作乃吸收並改良民間歌謠,通俗易懂,廣泛流傳,開一時風氣。結構上,白詩系按時代順序來諷詠唐創業後至玄宗前事、玄宗時事、德宗朝事、憲宗朝事,最後兩篇乃總括前作。可見它是極有層次、

首尾相應的作品，總結太宗朝的創業、玄宗朝的興衰變化，針對時政而發，是諷諭詩的榜樣。陳寅恪指出，以作品言，白的成就不僅比元高，而且為元後來所效仿；而以創造此詩體的理論言，則元較白為詳。

關於《新樂府》五十篇的具體論述，亦各有勝論，如論〈七德舞〉云：「樂天此篇旨在陳述祖宗創業之艱難，以寓諷諫。其事尊嚴，故詩中不獨於敘寫太宗定亂理國之實事，一一採自國史，即如『速在推心置人腹』等詞語，亦係本之實錄。」論〈捕蝗〉云：「考貞元元年樂天年十四，時在江南，求其所以骨肉離散之故，殆由於朱泚之亂。而興元貞元之饑饉，則又家園殘廢之因。……樂天於此，既餘悸尚存，故追述時，下筆猶有隱痛，其貞元十四五年間所作〈寄家人〉詩，實可與元和四年所作此〈捕蝗〉詩互相證發也。」論〈牡丹芳〉云：「據上引唐代牡丹故實，知此花於高宗武後之時，始自汾晉移植於京師。當開元天寶之世，猶為珍品。至貞元元和之際，遂成都下之盛玩，此後乃瀰漫於士庶之家矣。李肇《國史補》之作成，約在文宗大和時，其所謂『京師貴遊尚牡丹三十餘年矣』云者，適在德宗貞元朝。此足與元白二公集中歌詠牡丹之多，相證發者也。白公此詩之時代性，極為顯著，洵唐代社會風俗史之珍貴資料，故特為標出之如此。」論〈賣炭翁〉云：「蓋宮市者，乃貞元末年最為病民之政，宜樂天新樂府中有此一篇。且其事又為樂天所得親有見聞者，故此篇之摹寫，極生動之致也。」，「《順宗實錄》中最為宦官所不滿者，當是述永貞內禪一節，然其書宮市事，亦涉及內官，自亦為修訂本所刪削。今傳世之《順宗實錄》，乃昌黎之原本，故猶得從而窺見當日宮市病民之實況，而樂天此篇竟與之吻合。於此可知白氏之詩，誠足當詩史。比之少陵之作，殊無愧色。」凡此，多自出己見，至今仍可供讀者參考。

245

章六　學術史的縱向探微

　　第六章「古題樂府」，討論元白詩中相互關聯的兩組詩。認為他們的詩相互效仿，各自改造，既為詩友，又為詩敵。其新樂府之作「乃以古昔采詩觀風之傳統理論為抽象之鵠的，而以唐代杜甫即事命題之樂府，如〈兵車行〉者，為其具體之楷模」。白居易一吟詠一事，不雜不復，詞句又自然流暢，成就在元作之上。元稹的古題樂府以復古之形造創新之辭，希望超越白居易。針對元稹新樂府不及白居易新樂府的實際情況，陳寅恪指出，元稹創作古題樂府19首的動機，是「欲改創以求超勝」於自己的詩友和詩敵白居易。元氏的古樂府，或題古而詞意俱新，或意新而題詞俱古。雖內容創新而形式卻要襲古；足以表現文心工巧之能事，所以比形實俱新的新樂府「似更難作」。

　　書後另附有〈白樂天之先祖及後嗣〉、〈白樂天之思想行為與佛道關係〉、〈論元白詩之分類〉、〈元和體詩〉、〈白樂天與劉夢得之詩〉五篇論文，亦各有新見。例如，〈白樂天之先祖及後嗣〉認為，白居易並非北齊五兵尚書白建的後裔，其祖先是後周的一位白姓弘農郡守，乃西域之胡人。文章詳細考證了白居易父母以舅甥相婚的事實。〈白樂天思想行為與佛道關係〉論述白居易的「丹藥之行為」與「知足之思想」。〈白樂天與劉夢得之詩〉考證白居易與劉禹錫的往來詩歌。〈元和體詩〉一文對「元和體詩」作了界說，提出「元和體詩」可分為兩類：其一為「次韻相酬之長篇長律」；其二為「杯酒光景間之小碎篇章」。

（三）

　　《元白詩箋證稿》結合中唐時代的社會政治、科舉制度、佛道文化、生活習俗、民間歌謠和古文運動等各種因素，來研究元、白的詩歌創

作，其最突出的意義即在於「詩史互證」的文化分析方法上。陳寅恪把文學研究與歷史學的研究結合起來，透過文學作品中的個性，抓住其反映出來的現實生活的共性，開闢了一條歷史和史料學研究的新途徑，他充分發揮兼通文史之長，別具以詩與小說證史的理論，形成一種跨越文史、亦文亦史的獨特新穎的文化闡釋方式。

第一，「詩史互證」是指以史證詩。以史籍印證詩歌，以史事解釋詩歌，體會作者的心思，通解詩歌之原意，更深刻、更透澈地領會其涵義。如分析《新樂府·賣炭翁》，小序中提到「苦宮市也」，關於宮市的事情，陳寅恪便擇錄史籍記載以供參證，其中包括韓愈《順宗實錄》，《舊唐書·張建封傳》「當士大夫同惡宮市弊害之事證」，並引《容齋隨筆》、《舊唐書·代宗紀》、《南部新書》有關記載，說明「自天寶曆大曆至貞元五六十年間，皆有宮市，而大曆之際，乃至使郁譓哭市，則其為擾民之弊政，已與貞元時相似矣」，勾勒出唐代宮市的基本面貌，這對於領會此詩意旨顯然很有幫助，其效果正如《新樂府》序所云：「其事核而實，使採之者傳信也。」

〈陵園妾〉的箋證也是運用以史釋詩，陳寅恪首先注意到此篇小序「託幽閉喻被讒遭黜也」，其旨意「實與陵園妾並無干涉」，而與朝廷官員之遷轉有關，然後又根據詩中「山宮一閉無開日，未死此身不令出」一聯，及「唐家之制，京官遷移，率以二十五個月為三歲考滿」的慣例，認為此詩不是泛指一般「被讒罷黜」的官員，如憲宗朝元和三年四月為宰相李吉甫所斥而遭外貶的韋貫直、王涯、楊於靈，而是隱指貞元年間被竄逐的韋執誼、韓泰等八個司馬。論文引證《舊唐書·憲宗紀》「永貞元年十一月壬申，貶正議大夫中書侍郎韋執誼為崖州司馬。己卯，再貶撫州

章六　學術史的縱向探微

司馬刺史韓泰為虔州司馬。元和元年八月壬午，左降官韋執誼、韓泰、陳諫、柳宗元、劉禹錫、韓曄、凌准、程異等八人縱逢恩赦，不在量移之限」，認為白居易這首詩是「以隨豐陵葬禮，幽閉山宮，長不令出之嬪妾，喻隨永貞內禪，竄逐永州，永不量移之朝臣，實一一切合也」。在指出該詩隱喻的對象後，還進一步指出白居易這樣寫的原因：「唯八司馬最為憲宗所惡，樂天不敢明以豐陵為言，復借被讒遭黜之意，以變易其辭，遂不易為後人覺察耳。」永貞元年，唐順宗支持王叔文及八司馬等人策劃革新，史稱「永貞革新」，主要內容有抑制地方割據勢力，加強中央集權，打擊宦官氣焰，舉賢才，斥奸邪，廢止苛政，減輕剝削等。「永貞革新」時，白居易 34 歲，正在祕書省校書侍郎任上。他對「二王八司馬」的革新行動持歡迎支持態度，尤其是在罷宮市、出宮女等方面完全一致。所以「永貞革新」失敗之後，白居易深感悲憤。他用曲筆為「八司馬」申冤在情在理。陳寅恪結合唐代史事、典章制度深測〈陵園妾〉的真實用意，是為了八司馬，可謂發前人所未發之言，很有說服力。

又如在「長恨歌」一章，就〈楊太真外傳〉所言楊氏「號太真，住內太真宮」一事，考證長安城中於宮禁之外，實有祀昭成太后的太真宮，而禁中亦或有別祀昭成竇后之處，與後來帝王於宮中建祠廟以祀其先世者相類，即所謂內太真宮。否則楊妃入宮，無從以竇后忌辰追福為詞，且無因乙太真為號。未可以傳世唐代宮殿圖本中無太真宮之名，而遽疑之也。

關於〈長恨歌〉中「七月七日長生殿，夜半無人私語時」的詩句，有兩個問題：一是時間問題，玄宗至溫湯療疾必在冬季春初寒冷之時節，兩《唐書‧玄宗紀》無一次於夏日炎暑時幸驪山。二為唐代宮中長生殿雖

为寢殿，獨華清宮之長生殿為祀神之齋宮。神道清嚴，不可闌入兒女猥瑣。白居易未入翰林，猶不諳國家典故，習以世俗，未及詳察，遂至失言。而胡三省為史學專家，亦混雜徵引，轉以為證，實在粗疏。

第二，更以詩證史。以詩文證史料或補證史書，或別備異說，或相互引發。以白居易《新樂府》為代表的敘事詩中，包含許多歷史性的真實內容，運用合理，可以做歷史的證明，因其別具時、地、人、事等特點。1950 年代「元白詩證史」課上，陳寅恪談及「詩」的史料價值時，曾指出：「唐人孟棨有《本事詩》，宋人計有功亦有《唐詩紀事》，但無系統無組織。《本事詩》中只說到一個人，一件事，一首首各自為詩。即使是某人之年譜附詩，也不過把某一個人之事記下來而已，對於整個歷史關係而言則遠不夠。有兩點不綜合：此詩即一件事與別事不綜合，地方空間不綜合，於歷史上不完備。作者個人與前後之人不綜合，作品也與別人之關係不綜合。……綜合起來，用一種新方法，將各種詩結合起來，證明一件事。把所有分散的詩集合在一起，於時代、人物之關係、地域之所在，按照一個觀點去研究。聯貫起來可以有以下作用：說明一個時代之關係。糾正一件事之發生及經過。可以補充和糾正歷史記載之不足。最重要的是在於糾正。元白詩證史即是利用中國詩之特點來研究歷史的方法。」[60]

白居易〈陰山道〉的箋證，就是典型的例證。此詩講回鶻與唐朝進行實物交換，以回鶻馬換取唐絹的事實。主旨是「疾貪虜也」。其中有這樣四句「縑絲不足女工苦，疏織短截充匹數。藕絲蛛網三丈餘，回鶻訴稱無用處」。陳寅恪先引用《舊唐書·食貨志》說明唐代絲織品之法定標準

---

[60] 唐筼：《元白詩證史第一講聽課筆記片段》，《陳寅恪集·講義及雜稿》，生活·讀書·新知三聯書店 2002 年版，第 483～484 頁。

章六　學術史的縱向探微

為闊一尺八寸,長四丈,然後藉助白詩指出唐王朝「付回鶻馬價者,僅長三丈餘,此即所短截也。其品質之好壞,應以官頒之樣為式,而付回鶻馬價者,則如藕絲蛛網,此所謂疏織也。又史籍所載,只言回鶻之貪,不及唐家之詐也,樂天此篇則並言之。是篇在新樂府五十首中,雖非文學上乘,然可補舊史之闕,實為極佳之史料也」。中國舊有史書多為漢族統治階級組織修纂,往往站在漢族統治階級立場說話,貶損少數民族,所以會出現「不及唐家之詐」的情況。陳寅恪從白居易的詩中捕捉到具有史料價值的資訊,展現出他對於史籍的熟稔,也見出其細緻和敏銳。

再以〈元白詩中俸料錢問題〉一文為例。唐代官俸情況,今存典制史料,如《唐會要·內外官料錢門》、《冊府元龜·邦計部俸祿門》、《新唐書·食貨志》等,所載極不完備。洪邁曾據白樂天詩中所提俸祿數目,考知其「立身廉清,家無餘積」(洪邁《容齋五筆》卷八),而陳寅恪卻利用元白歌詩唱和中隱而未彰的史實資訊,考出唐代官俸「隨時隨地互不相同」、地方官俸每與史籍記載相悖等「特殊性」問題,進而由唐代京官外官俸祿之不同,揭出肅代以後「內輕外重與社會經濟之情勢」[61]。文章以元白詩涉及俸料錢者,與《唐會要》、《冊府元龜》所載貞元四年京文武及京兆府縣官元給及新加每月當錢之數,及《新唐書·食貨志》所載會昌時百官俸錢定額,進行互相比證,指出,凡關於中央政府官吏之俸料,史籍所載額數,與白居易詩文所言者無不相合。但地方官吏俸料,史籍所載,與白氏詩文所言多不相合。白居易詩文所言之數,悉較史籍所載定額為多。由此推知唐代中晚期以後,地方官吏除法定俸料以外,其他不載於法令,而可以認為正當之收入者,為數遠在中央官吏之上。另一方面,同一時間同一官職,俸料亦因人因地而互異。「考史者不可但依

---

[61] 《陳寅恪集·金明館叢稿二編》,生活·讀書·新知三聯書店 2001 年版,第 67 頁。

官書紙面之記載，遽爾斷定官吏俸料之實數。只可隨時隨地隨人隨事，偶有特別之記載，因而得以依據證實之。若欲獲一全部系統之知識，殊非易事。此亦治唐史者所不可不知者也。」以這樣嚴謹的史學態度處理元白詩歌，其箋其證不僅具有跨學科意義，而且已隱然超越傳統集部注疏的範疇，顯露出現代學術的境界和姿態。

詩史互證是陳寅恪解讀唐詩的重要方法，但是他也很明白詩歌與歷史畢竟不是一樣的東西，應當顧及文學自身的特點，不能以史繩詩，完全以一個史家的眼光去衡量詩歌，要求文學作品與歷史真實一一對應。史家常對詩歌中不合史實處大加訾議，如沈括《夢溪筆談》曾指出，白居易〈長恨歌〉有「峨嵋山下少人行，旌旗無光日色薄」一句，但「峨嵋山在嘉州，與幸蜀路並無交涉」，評論白居易所寫之詩與事實不符。陳寅恪《元白詩箋證稿》第一章則引元稹「身騎驄馬峨嵋下」一句，指出元稹「固無緣騎馬經過峨嵋山下也，夫微之親到東川，尚復如此，何況樂天之泛用典故乎？故此亦不足為樂天深病」。又如〈長恨歌〉中「夕殿螢飛思悄然，孤燈挑盡未成眠」一句，宋人邵博（？～1158）《邵氏聞見後錄》卷十九諷刺白居易說：「寧有興慶宮中，夜不燒蠟油，明皇帝自挑燈者乎？書生之見可笑耳。」陳寅恪則認為：「至上皇夜起，獨自挑燈，則玄宗雖幽閉極淒涼之景境，諒或不至於是。文人描寫，每易過情，斯亦無足怪也。」這表明，他對於歷史真實與文學創作的差別十分清楚。

（四）

除了詩史互證的方法，《元白詩箋證稿》值得留意的成就，還有比較研究法的運用。書中處處將元、白對照並舉，逐一加以詳細地考釋、分

章六　學術史的縱向探微

析、箋證其典故本事、寫作背景，在字詞語句背後尋繹其文化內涵[62]；先考並世資料之異，複合古今情意之同；對元白作品與事實不符之處多有辨正，用陳寅恪先生自己的話說就是：「區分其題目體裁，考定其製作年月，詳繹其意旨詞句」，以「比較分析之研究」，「就同一性質題目之作品，考定其作成之年代，於同中求異，異中見同，為一比較分析之研究，而後文學演化之跡象，與夫文人才學之高下，始得明瞭」。

論「新樂府」一章，就是比較研究法具體運用的典型。該章認為，元稹《新樂府》不及白居易之處有二：一為元詩一題數意，使人不知主旨，讀後印象不深，感染力不及白詩一題一意之大。二為元詩語辭晦澀，不似白詩詞句的簡單曉暢。白詩為改進元詩之作品。

論「琵琶引」一章，亦運用此法，首先從時間上考證題材相似的元稹〈琵琶行〉、劉禹錫〈泰娘歌〉俱作於白居易〈琵琶引〉前，再從空間上說明白居易有可能於元和十年春見到劉詩，但從兩人交遊而論，則兩詩互不相謀，故可以元詩箋白詩，而不能以劉詩箋白詩。白居易〈琵琶引〉的藍本是元稹〈琵琶行〉，白詩乃改進元詩而成。但在題旨明晰、寓意真切方面超過了元詩。因白詩抒遷謫之懷，有真情實感，故較元稹之僅踐宿諾、償文債者迥異。又引李紳〈悲善才〉加以比較，四首詩歌的演化之跡，與文人才學之高下，比較之後，乃得以鑑別高下。

此外，陳寅恪《「元白詩證史」講席側記》第三節專記陳寅恪在大學課堂講授〈琵琶引〉之內容。陳寅恪認為，白居易的〈琵琶行〉與元稹的〈琵琶行〉、劉禹錫的〈泰娘歌〉、李紳的〈悲善才〉，都有濃厚的「自悲身世」，這一見解點出「長慶體」內容上的共同取向，亦頗有見地。其中還

---

[62] 此亦可謂考核闡義法。陳寅恪 1936 年 4 月 18 日致沈兼士函：「依照今日訓詁學之標準，凡解釋一字即是作一部文化史。」(《陳寅恪集·書信集》，生活·讀書·新知三聯書店 2001 年版，第 173 頁；《沈兼士學術論文集》第 202 頁)

提到「同是天涯淪落人，相逢何必曾相識」，這個意思是重要的，但是在詩中它並不是最重要的。更深刻隱晦的感情是存在於下面這句詩裡：「弟走從軍阿姨死。」這裡標明了詩人反對戰爭的態度。可以與其論文相互參看。

陳寅恪先生在白居易研究方面運用比較研究的典範意義，已遠遠超越具體作品的箋證，成為具有廣闊視野的文化闡釋。此亦可稱為歷史文化法，即在歷史文化的大背景下，結合當日社會風習道德觀念，作家本身及其家族在當日社會中所處之地位，當日風習道德二事影響及於作家之行為者，來對相關的文學現象作出融會貫通的理論闡釋。陳寅恪在《馮友蘭〈中國哲學史（上冊）〉審查報告》曾說，「凡著中國古代哲學史者，其對於古人之學說，應具了解之同情，方可下筆。蓋古人著書立說，皆有所為而發。故其所處之環境，所受之背景，非完全明瞭，則其學說不易評論」，「所謂真了解者，必神遊冥想，與立說之古人，處於同一境界，而對於其持論所以不得不如是之苦心孤詣，表一種之同情，始能評論其學說之是非得失，而無隔閡膚廓之論」。

基於這一認知，陳寅恪先生的白居易研究從箋釋考證出發，運用歷史文化法，還原文字的歷史語境，道出對作家作品的新見。第一章「長恨歌」中，陳寅恪開宗明義提出：「欲了解此詩，第一，須知當時文體之關係。第二，須知當時文人之關係。」就文體而論，「中國文學史中別有一可注意之點」，即唐代古文運動與唐人小說創作的關係，「此二者相互之關係，自來未有論及之者」。陳寅恪論述「備具眾體」的小說與詩歌的關係，認為陳鴻《長恨歌傳》與白居易〈長恨歌〉「非通常序文與本詩之關係，而為一不可分離之共同機構」。關於文人之關係，當時存在著這樣的

章六　學術史的縱向探微

文士風習:「各出其所作互事觀摩,爭求超越」,「非徒沿襲,亦有增創。蓋仿效沿襲即所謂同,改進增創即所謂異」。因此:

> 苟今世之編著文學史者,能盡取當時諸文人之作品,考定時間先後,空間離合,而總彙於一書,如史家長編之所為,則其間必有啟發,而得以知當時諸文士之各竭其才智,競造勝境,為不可及也。

書中對新興進士集團和社會風氣的分析,從社會集團升降、道德標準與社會風習在歷史轉變時期的紛陳和演變,來探討社會變革時期的價值標準的變遷,同時將文化闡釋與文學評論相結合,從而掌握一個時代的智慧與情感的主要潮流,展現出超前性的現代意識。

以上這些融會中西的研究方法的綜合運用,使得陳寅恪以《元白詩箋證稿》為代表的白居易研究取得卓越成就。可以說,《元白詩箋證稿》不僅是一部文學研究的著作,同時也是一部歷史學著作,是一部詩史互證的歷史研究方法的示範之作。

陳寅恪先生將文史哲融會,並與語言文字學貫通,繼承並發揚清代乾嘉學者治史重證據、重事實的科學精神,又汲取歐洲近代研究梵文、佛典的傳統,及西方的「歷史演進法」,運用中西結合的考證比較方法,對一些資料窮本溯源,核定確切。《元白詩箋證稿》堪稱其代表,該著充分反映了其研究中國古典文學的特點及其成就。其形式是傳統的,但思路是現代的,在繁複徵引和綿密演繹的深處,有著詩的才情的潛流,有著超越於史事證述的對人生、對社會的深刻思考,展現出一種古典文學研究中文化史批判的傾向。儘管在個別細節、個別結論上,或有時而可商,或後出乃轉精,但其用思之綿密、學識之博深、見解之獨到,卻堪稱超拔,罕有其匹;而且無論在「詩史互證」的文化分析方法上,還是

在「比較分析」的論證上,其思路都具有典範意義,沾溉至今。

1951年,陳寅恪先生聞杭州市政府欲遷散原老人墓,深為不安,作〈有感(辛卯舊曆八月初十日)〉:「蔥翠川原四望寬,年年遙祭想荒寒。空聞白墓澆常溼,豈意青山葬未安。一代簡編名字重,幾番陵穀碣碑完。趙佗猶自懷真定,慚痛孤兒淚不乾。」頷聯之「白墓」,指洛陽龍門石窟對面的香山白居易墓,張洎(934～997)《賈氏談錄》載:「白傅葬龍門山,河南尹盧真刻〈醉吟先生傳〉,立於墓側,至今猶存。洛陽士庶及四方遊人過其墓者,必奠以卮酒,故塚前方丈之土,常成泥濘。」廼賢(1309～1368)〈北邙山歌〉詩序亦云:「白樂天賜第履道坊,既葬北邙,敕命遊人至墳所者,必酹酒,至今墓前隙地泥潦。」此處借指詩人之墓長受祭奠。1962年,陳寅恪先生目盲之外,又添足臏,翌年歲末,這位倡導「脫心志於俗諦之桎梏」的大學者,在〈癸卯冬至日感賦〉詩中,感慨時勢和身世之際,有「十部儒流敢道貧」之嘆,仍然不忘寄情於白居易之詩,稱:「文章堆幾書驢券,可有香山樂府新?」40年後的2003年,陳寅恪先生歸葬九江廬山,此江此山,正與白居易息息相關,而白居易景仰的陶淵明也歸隱歸葬於此,56歲寫過「歸寫香山新樂府」的陳寅恪,在61歲生日那天〈贈曉瑩〉中亦有「穩和陶詩畫閉門」的詩句,松風明月中的廬山,有白居易草堂和花徑,旁邊就是景白亭,陳寅恪尊公陳三立所撰《花徑景白亭記》云:「懷賢弔古,慨慕流連,想像其時其人,精魂冥合,如親杖履,而接謦欬,其流風遺韻,相與蕩摩吾心之哀樂。」[63]

---

[63] 1930年,李鳳高(1868～1949)與友過擲筆鋒,見石工伐石築室,石旁有「花徑」二字,經審讀考證,斷為白居易手跡。於是興建石牌坊以紀念,花徑大門「花開山寺,詠留詩人」之聯刻,即李鳳高所書。又修建花徑亭、景白亭,1932年5月立碑。邀八十老人義寧陳三立(1852～1937)撰《花徑景白亭記》,南豐吳宗慈(1879～1951)儷林書丹,漢陽李鳳高(拙翁)篆額。文云:「匡廬山北上中下三大林寺,最著上大林寺。建於晉,迭更興廢。唐元和十二年四月,白傅樂天來遊宿,有序,歎為若別造一世界,中綴寺旁觀桃花絕句,自是好事者遂名曰花徑。清初查初白、潘次耕遊記,皆有花徑名,然迷而莫知其處。前數歲己巳,漢

章六　學術史的縱向探微

陳寅恪先生長眠之地，距離景白亭只有五公里，香山流風遺韻，相與盪摩，斯可謂魂歸適得其所。

陽李拙翁攜客過寺旁，聞匠工伐石聲錚然，視之，餘一石，鐫花徑二字，徑尺餘，異之，戒勿伐。旁小字雖漫滅，莫辨何代人書，要留遺久遠，測其確為白傅詠桃花處無疑也。名賢遺跡，湮晦幾千餘歲，一旦得拙叟邂逅，保留殘石，使彰顯於世，且為山北增故實、娛遊觀，寧非神靈相之耶？於是拙翁向主者嚴君孟繁丐其餘地，圖築亭其間，並遍種桃數百千株續其盛，而胡君幼腴、方君耀庭聞而躍起，咸輸金為助。越二年，至辛未夏，遂興工役，及秋，所建亭落成，題曰景白，有連屋數椽，備宴集，復築小亭，覆鐫字石上。其冬，拙叟偕吳君藹林導余往遊，亭東距上大林寺數百步，寺之北，為大林峰，後承醫生窪，迤西小山之北麓，西為佛手岩，西南為天池，諸山四顧，雖環蔽垤阜，無由盡收峰壑奇勝之觀，然而於斯亭懷賢吊古，慨慕流連，想像其時其人，精魂冥合，如親杖履，而接聲欬，其流風遺韻，相與盪摩吾心之哀樂，而永其趣，所獲不已多乎？余老矣，倘得久留山中，俟觀所補種桃花滿穀，竊不自揆，尚當追白傅哦詠，為諸君子一賡和之。壬申春正月，八十老人陳三立記。」（《散原精舍文集》卷十六，遼寧教育出版社1988年版，第239頁；《散原精舍詩文集》，上海古籍出版社2014年版，第1084頁）此文碑刻即立於景白亭前。這位同光體詩魁又有〈曉抵九江作〉詩：「藏舟夜半負之去，搖兀江湖便可憐。合眼風濤移枕上，撫膺家國逼燈前。鼾聲鄰榻添雷吼，曙色孤篷漏日妍。咫尺琵琶亭畔客，起看啼雁萬峰顛。」（《散原精舍詩》卷上，《散原精舍詩文集》，上海古籍出版社，第41頁）自比江州司馬白樂天。〈見在庵集序〉稱：「白太傅所為詩，切摯溫淑，探綜性本，有德人儒吏之風。」（《散原精舍詩文集》，第936頁）可見陳寅恪研究白居易，亦家族宗風之遺緒。

回三　陳友琴先生及其樂天研究

　　1950 年代的白居易研究專家，名字適與錢鍾書成為對仗，中國社會科學院文學研究所古代室享年最長的學者——陳友琴。提起他，許多青年學子已經不知道。這並不足怪，古代室名人太多。

　　陳友琴（1902～1996），原名陳楚材，後改友琴。筆名陳玨人、夏靜巖、郭君曼、玨人、楚才、疇人、笠僧、琴廬。籍貫安徽當塗，寄居安徽南陵，清光緒二十八年七月二十七日晨，出生於南陵縣城關的一個中醫世家。祖父陳錦蘭純樸懇摯，是當地頗受患者稱頌的中醫大夫，但在幼年陳友琴的眼裡，不免嚴厲。父親陳煦生則平和開明，他是前清秀才，對國學素有根底，閒暇時曾手抄過許多古典詩詞，對陳友琴深有影響。父親承繼家業，也成了一名醫生，兼營藥材生意。或許是書生氣太濃，家裡的小藥鋪一直經營得不太景氣，經常贏少虧多。陳友琴是在南陵縣城南書屋讀的私塾，後插班到宣城的中學。1921 年又在上海讀中學，1923 年 3 月，與王蘅洲結為伉儷。妻子小他一歲，出身藥商家庭。一年後，他考入上海一所由外國人創辦的教會學校，是當時上海有名的「貴族學校」，學費高昂。因祖父去世，父親負債，無法負擔大學全部費用，所以陳友琴只讀了兩年，1926 年 8 月便肄業離校。

　　輟學後，經別人介紹，陳友琴在圖書館當了一個學期的職員，後回鄉教書。此後，又到父親的朋友、雜貨店商人家裡教私塾。此間，堅持自學，博覽群籍。後來在又讀了三年的文學系。陳友琴曾說過一句名言：「讀書一目十行，這是所謂才子嚇唬人的，凡是求讀書真正有所得的，還需十目一行才是。」這句甘苦之談被「補白專家」鄭逸梅採入其

章六　學術史的縱向探微

《藝林散葉》。1928年8月至1929年1月，在職業學校任國文教師。此後，他主要投身於教育事業。1929年2月至7月，在安徽的一所高中任國文教師。1930年2月，任上海市私立中學的文史教師。因私立學校薪水較少，又於1930年夏至秋，編輯《訓練》半月刊。1931年1月至12月專任中學教師。1932年起，任上海市一所女子中學文史教師，同時在另一所中學兼課。1932年「一二八」事變以後，學校陷於停頓，回安徽避難，在縣立小學代課。1933年春，上海戰事平息，攜眷回到上海，在恢復了的中學教國文課，同時兼任上海民眾教育館幹事。1933年12月至1934年，任中央通訊社上海分社記者、編輯。其間，1934年1月至5月，以特派員身分參加川康（當時的四川省和西康省）考察團，在上海《民報》連載專題報導。1934年10月，陳友琴的第一部遊記文集《川遊漫記》出版，收入《江行初寫》等二十二篇遊記。這部遊記後來令其他作家、學者都十分嘆服。

1935年3月，陳友琴在《申報·自由談》發表〈活字與死字〉，提到北京大學招考，投考生寫了誤字，「劉半農教授作打油詩去嘲弄他，固然不應該」，但魯迅「曲為之辯，亦大可不必」。那投考生的誤字是以「倡明」為「昌明」，劉半農的打油詩是解「倡」為「娼妓」，魯迅的雜感，是說「倡」不必一定作「娼妓」解。文章認為「所謂『活字』者，就是大多數識字的人所公認的字……識字太多的朋友，搬出許多奇字僻字古字，與實際運用文字的需求全不相干，我對於這一類的字，一概諡以佳號曰『死字』」。此文引起魯迅的注意，專門寫〈從「別字」說開去〉[64]一文，加以辯駁，認為「寫別字的病根，是在方塊字本身的，別字病將與方塊

---

[64] 發表於1935年4月20日上海《芒種》半月刊第1卷第4期，署名旅隼，後收入《且介亭雜文二集》。編者注釋：陳友琴「當時是上海務本女子中學教師」，誤。陳友琴當時是中央通訊社上海分社記者。

字本身並存,除了改革這方塊字之外,實在並沒有救濟的十全好方法」。長期擔任國文教師的陳友琴自然從中得益,後來在《國文十講》這部小冊子裡,繼續探討了與此相關的論題。

1935 年 8 月,由於性情和待遇等原因,陳友琴辭去記者職務,重新回到上海一所女子中學,任文史教師。在此期間,因為與同鄉前輩胡樸安、胡懷琛兄弟頗有交情,得以經常在胡樸安主持的《民報》上發表文章。1937 年 8 月「八一三」事變以後,返安徽南陵,與同學組織抗日救亡會,做抗日宣傳工作。1938 年春,家裡的藥鋪被日本飛機炸毀,為謀生,至安徽涇縣東鄉黃田村,在一所私立中學任國文教師。1938 年 8 月至 1942 年 1 月,任浙江一所中學文史教師,教授歷史地理、國音字母、論理學等。學生有後來的武俠小說大家金庸(查良鏞)(1924～2018)、北京大學歷史系教授。1942 年 2 月至 6 月,在浙江任《東南日報》資料室幹事。1942 年 7 月至 12 月,在安徽一所中學任文史教師。1943 年 1 月至 1944 年 7 月,在安徽另一所私立中學任教導主任。1944 年 8 月至 1945 年 9 月,在江蘇任臨時中學文史教師。1943 年至 1945 年,還兼任《復興日報》副刊編輯。1945 年 9 月至 1946 年 1 月,在上海一所中學代課。1946 年 2 月,任杭州一所大學國文系講師。1946 年 8 月至 1947 年 12 月,轉回《東南日報》,負責青年版和副刊《東南風》的編輯。1948 年 1 月,任浙江大學附屬中學國文教師。1948 年 8 月起,在師範學校上課。

陳友琴的教學在學生中留下了很深的印象。他於 1930 年代執教的中學,值百年校慶時,都不約而同地在校刊開闢專欄紀念陳友琴,高度評價和稱讚他的教學和為人。陳友琴在中學裡教國文和歷史等,教學中經常旁徵博引,講究靈活有趣,不侷限於書本,因此深受學生歡迎。他還

章六　學術史的縱向探微

注意將課本與現實連繫,引導學生怎樣正確了解時代,懂得自己所肩負的責任。在中學時,當蔣中正鼓吹「攘外必先安內」時,他曾為此組織了一次班級辯論會,辯論究竟是應該「攘外」還是「安內」,這場辯論使他的學生受益匪淺。1946年任大學國文系講師期間,由於他在課堂上宣講魯迅、郭沫若、茅盾和丁玲的作品,發表針對時局的言論,惹惱了這所教會學校的校長,後被校方解聘。陳友琴注重教學,更注重育人。他熱愛學生,對學生的關愛無所不至,也深受學生的愛戴。

1930年代,正在上海任教的陳友琴結識了開明書店的葉聖陶,他的才華和學問頗受葉聖陶的賞識,在葉聖陶、王伯祥的鼓勵下,陳友琴編撰了《清人絕句選》(又名《清絕》)。據該書編撰凡例後的題署時間,可知這部詩選1933年8月就已確定體例,直到1935年1月才由上海開明書店正式出版鉛印本。徐乃昌題籤,柳亞子題字,王西神題詩,查猛濟、葉聖陶兩人作序,以此推重,引起學人的留意和興趣。民國時期,學界對前清文學並無太高評價,當時大學開唐詩課比較多,宋詩課比較少,清詩課就更少了。清詩不為人重視,一是研究清詩的人比較少,一是有些人對清詩存有偏見。例如,梁啟超《清代學術概論》就曾經說過,清詩衰落已極,吳偉業之靡曼,王士禎之脆薄,袁枚、蔣士銓、趙翼,臭腐殆不可向邇,龔自珍、王曇、舒位粗獷淺薄。稍可觀者,反在生長僻壤之黎簡、鄭珍。直至末葉,始有金和、黃遵憲、康有為,元氣淋漓,卓然稱大家。文廷式、金天翮、章太炎等對清詩之衰也異口同評。當時只有三十幾歲的青年陳友琴,認為這樣的定位不公正,也不夠全面。清朝從順治入關至1912年覆亡,前後267年,詩人輩出,並非只有梁啟超所說的幾個大家。陳友琴認為清詩研究是一個薄弱環節,要正確評價清詩,必須掌握全部資料,細心研究,科學分析,才能得出正確結論。他

治清詩，既向前人學習，也向當代人學習。在上海教書課餘之暇，陳友琴常以鄉里後生的身分到徐乃昌家裡去看書。徐家藏書很多，自費刻書也不少，允許他出入書房，盡情瀏覽。陳友琴拿清詩和唐詩、宋詩對照起來研究，認為唐人絕句以神韻勝，宋人以清新勝，清人神韻兼清新。當他鑽研清詩的時候，了解到宋人洪邁編過《萬首唐人絕句》，清人嚴長明編過《千首宋人絕句》，而清詩絕句則沒有人編過，於是立志填補這一空白。陳友琴的《清人絕句選》被當時的學人認為替古典文學界注入了一股清新的風。[65]

這部詩選甄選五絕作家 110 名，七絕作家 262 名，將近 400 名清代詩人，1000 多首絕句，選編在一卷，可粗略地看出：清詩（至少清代絕句）不是「衰落已極」，而是大昌；不是清代沒有好詩，而是如近人王西神（蘊章）所云：「皎如明月清如雪，雲水光中洗眼來。」

1936 年 1 月，他的第二部遊記文集《萍蹤偶記》，作為「創作新刊」之一，由上海一所書局出版。書名取意於「十年滄海寄萍蹤」[66]，收入《上天臺》等十八篇遊記。書前有「卷頭語」，書末有趙景深的跋。1953 年 11 月，依依不捨地離開幼兒師範學校，北上就職於研究所古典文學組，從此一直在文學研究所從事研究工作，直到退休和去世。這一年陳友琴已經 51 歲，和文學研究所的許多先生一樣，一家人住在中關園。因為相距不遠，陳友琴常到鄧之誠家去做客，討教治學的經驗。鄧之誠時任大學歷史系教授，專攻明清史，收藏的清代詩文集、史籍很多，替陳友琴的研究提供了方便。[67] 陳友琴很敬佩鄧之誠，認為他是一個讀書人，治

---

[65] 參見陳振藩：《陳友琴和〈清人絕句選〉》，《圖書情報工作》1984 年第 4 期。
[66] 見《卷頭語》，明王恭《初秋寄清江林崇高先輩》詩，《白雲樵唱集》卷三。
[67] 鄧瑞整理《鄧之誠文史劄記》載：「正月十四日，二月二十七日，星五，陰，陳仲夫偕文學研究所買書人王蔚文來商買我藏書。」（鳳凰出版社 2012 年版，下冊，第 701 頁）

章六　學術史的縱向探微

學謹嚴，學問踏實，知識淵博，樂於幫助志同道合的人。時隔多年，每每談及，猶深深感懷於其真誠與親切。陳友琴認為，鄧之誠的《清詩紀事初編》是那個時期最有參考價值的成果。

1954年3月1日，鄭振鐸、陳翔鶴等提議，由作協古典文學部和北京大學文學研究所主辦，在《光明日報》上設定學術副刊「文學遺產」，余冠英和陳友琴被推為編委。這並非虛銜，陳友琴投入了大量精力參與刊物的審稿和編輯工作。1955年，陳友琴加入作協。1956年，文學研究所隸屬關係由北大轉到中科院。隨後，進行了第一次職稱等級的評定。文學研究所只有錢鍾書、俞平伯、何其芳三人被評為一級研究員，陳友琴被評為六級副研究員。1956年7月，中國作家協會古典文學部撤銷，《文學遺產》（周刊）改由中國科學院文學研究所主辦，陳翔鶴繼續擔任主編。1956年秋，文學研究所由北京大學遷至中關村，陳友琴繼續在古典文學組從事研究。

1958年秋，文學研究所又一次進行研究人員職稱等級的評定工作，陳友琴仍為六級副研究員。秋冬之際，文學所由中關村遷至建國門，不久成立了資料室，由吳曉鈴兼任主任，陳友琴兼任副主任。何其芳的設想是要把資料室辦成「資料庫」，要為從事文學研究的工作者、大學教師、中學語文教師和大學中文系的學生服務，而且不但收集中國的，還要收集海外漢學家研究中國文學的資料。1960年2月9日，周揚到文學研究所考察工作時，也提出「研究所要大搞資料，文學所要有從古到今最完備的資料」。在這一思想指導下，文學研究所資料室從百餘種報刊中挑選重要論文，按專題和作家作品分類剪貼，迄今已累積5,000餘冊的剪報資料。同時開始「大型文學評論目錄索引」的資料收集工作，時間從

1901 年至 1949 年 10 月,跨度大約五十年。另從 1949 年 10 月至 1959 年 10 月跨度為 10 年,前後共 60 年。後來出版了《中國古典文學研究論文索引》五冊。

陳友琴的代表作《白居易詩敘述彙編》,就是在當時要加強文獻資料的收集和整理這一思想指導下展開的。[68] 圍繞《白居易詩敘述彙編》的編撰,陳友琴先後撰寫了一系列論文,其中比較重要、影響較大的是〈白居易作品中的思想矛盾〉、〈白居易詩歌藝術的主要特徵〉〉這兩篇長文。

1950 年代中後期至 1960 年代初,短短的幾年時間裡,中國湧現出多部用馬克思主義理論來研究和分析白居易及其創作成就的傳記類著作。陳友琴撰寫的《白居易》是其中出版較晚的,收入「古典文學基本知識叢書」,1961 年 12 月出版。儘管只有 3.6 萬字,卻是影響廣泛的普及讀物,多次重印。這是論說平實而準確的一部白居易傳,在介紹其生平的同時,以專節分析評價代表作〈長恨歌〉、《秦中吟》、《新樂府》、〈琵琶行〉。其敘述扼要簡潔,語言通俗易懂,注釋詳細精當,而且在學術層面上,吸收此前著作成果的同時,避免了一些過於平面化、簡單化的論斷。今天看來,仍不失為值得推薦的白氏小傳。

1959 年 4 月 10 日,《文學評論》第一次編委會在北京召開,余冠英、陳友琴借便邀與會的夏承燾至文學研究所參觀,此時文學研究所已由中關村遷至建國門。1959 年 5 月 15 日,陳友琴也和許多同事一樣,自中關園搬入東四頭條衚衕一號學部宿舍,鄰居有余冠英、錢鍾書等。這一年春季,中央書記處下達任務,資料室副主任陳友琴從何其芳那裡接受了編輯、注釋《不怕鬼的故事》一書的工作。在酌定篇目、釋文過程中,俞平伯、余冠英、錢鍾書、孫楷第分別予以指導。出版後,陳友琴贈出

---

[68] 詳參拙撰《〈白居易資料新編〉芻議》,《北京聯合大學學報》,2011 年第 1 期。

章六　學術史的縱向探微

不少樣書，廣泛聽取意見。時在中國歷史博物館工作的沈從文收到後，很重視這本書，在書上密密麻麻寫滿眉批和注釋，然後轉送回陳友琴。同時專門撰寫《從〈不怕鬼的故事〉注談到文獻與文物相結合問題》[69]，提出 11 則名物方面的修改意見。

1959 年 7 月，陳友琴的第一部論文集《溫故集》，在友人陳向平的鼓勵和支持下躺在多數在《光明日報》「文學遺產」專刊上發表過。除前四篇是長文以外，其餘篇幅都很短。其中與同行商榷之作頗多，正是當時學術界百家爭鳴氣氛的縮影。內容以唐詩（尤其是白居易詩）研究為多。這些或長或短的文章，是他學習運用馬克思主義文藝理論研習古典文學，分析故書舊學的產物，所以名為《溫故集》。1962 年 4 月，《中國文學史》出版內部鉛印本，7 月正式出版。陳友琴參加編寫唐代和清代部分章節。第二年，陳友琴由六級副研究員提升為五級副研究員。

1966 年至 1979 年，和其他學者一樣，陳友琴進入學術冬眠期。從發表《重讀舒位〈瓶水齋詩集〉》一文（《光明日報》1965 年 6 月 13 日《文學遺產》第 512 期）以後，直到〈略論清代初期詩壇上的南施北宋〉（《河北師院學報》1979 年第 1 期）。

1977 年 5 月 7 日，中國社會科學院成立。中國科學院文學研究所隨之改稱中國社會科學院文學研究所。陳友琴繼續任文學所副研究員。1978 年 4 月，中國社會科學院文學研究所編《唐詩選》出版。作為白居易專家，陳友琴參加了初稿的撰寫，執筆了白居易等相關詩家部分，同時也批閱其他部分的初稿。他「在資訊考訂方面的嚴謹」，對〈秦婦吟〉注釋初稿上的長篇批語，讓參加編寫的王水照留下了深刻印象。1978 年

---

[69] 載《光明日報》1961 年 6 月 18 日《文學遺產》第 368 期。收入王序、王亞蓉選編《龍鳳藝術》，商務印書館香港分館 1986 年版；凌宇編《沈從文集·龍鳳藝術》，北京十月文藝出版社 2010 年版。

9月，陳友琴參撰的另一部《唐詩選注》出版，署名「中國社會科學院文學研究所古代組、北京市維尼綸廠小組選注」。1979年11月，《樂府詩集》出版，陳友琴參加了卷四十七至卷七十三的校勘和標點。

1980年3月，陳友琴的第二部論文集《長短集》出版。這部22.9萬字的集子收有〈論杜甫對學習、繼承和批評的看法〉等比較長的論文22篇，有些是第一部論文集《溫故集》中收錄的，另外還有比較短的小品36篇，題為詩文小語。附錄《〈長恨歌〉輯評》、《琵琶亭詩話》，可以與《白居易詩敘述彙編》相互參看，應該是後者早期分類編輯的產物，更有利於專題研究。

1983年7月，陳友琴由五級副研究員升為研究員。在此前後，研究重心開始向清代回移。1982年，他選編出版了《元明清詩一百首》。宋振庭讀後，以滿腔熱情，撰文給予了很高的評價（見1983年6月28日《文彙報》）。李荒蕪也寫信給陳友琴說：「選注很好，就是少了一些。」隨後，他又全力投入選注《千首清人絕句》的工作。這是1930年代上海開明書店《清人絕句選》的增訂注釋本。這本60.8萬字的大書，歷時數年，終於在1985年年底完稿。新稿在篇目上作了較大調整，增選了作者，注釋更加詳盡，作家小傳也多有修訂。1988年5月，《千首清人絕句》出版。同年12月，他又編選了《元明清詩選注》，出版共兩冊，選元明清詩人270家，詩歌666首。

1985年11月，陳友琴的第三部集子《晚晴軒文集》出版，書名取意於李商隱《晚晴》詩「天意憐幽草，人間重晚晴」。「弁言」云：「我是從舊社會經歷艱難困頓的境遇，翻騰磨練過來的。如今真是『雲開日出，有人欲天從之快』。晴窗之下，掇拾小文，名之曰《晚晴軒文集》。其中

章六　學術史的縱向探微

有論古代詩歌的,有談文人軼事的,也有類似雜感隨筆的,不名一體。讀書劄記較多,短小而並不精悍。另外還附有舊體詩數首。」這部9.1萬字的集子收有《關於清代重要詩人的評介──讀張維屏〈國朝詩人徵略〉》等論文或散文,以及讀書劄記和詩抄,這是他晚年最後一部結集的著作。

進入1980年代,陳友琴在集中精力著述之餘,也參加了一些學術交流活動。1980年秋,他參加「日本茶道文化考察團」赴日本訪問。1984年12月,參加《文學遺產》創刊三十周年、復刊五周年慶祝大會。1986年5月8日,陳友琴還和鄧紹基、楊柳等人,一道與中日人文社會科學交流協會第六次訪華團代表舉行學術交流會,由當時的文學研究所副所長馬良春主持。1986年11月,陳友琴按司局級待遇離休。1991年10月,榮獲國務院頒發的有突出貢獻的專家特殊津貼。1996年5月17日,在北京病故,享年95歲。

陳友琴先生稱得上一位世紀老人,他前半生獻身教育事業和報刊編輯,從小學老師、中學教師到大學講師,從副刊編輯又到副校長,後半生則在古典文學研究領域默默耕耘,從清詩到白居易,再回到清詩,此外對唐代詩人杜甫、盧綸、崔顥、韋應物、柳宗元、劉禹錫、羅隱、於濆以及宋代詞人李清照等,也做過深入研究,前後結集有《溫故集》、《長短集》、《晚晴軒文集》。友琴先生一介書生,不慕虛榮,平和沖淡,樸實厚道,有學者風,無市儈氣,對關係學一竅不通,在生活上淡泊為懷,整日勤耕默耘,無暇他顧。其間,他和俞平伯的老實還鬧出不少笑話。據說,一日見集市賣河蝦,俞平伯問小販多少錢一隻,小販皆樂,戲以一角一隻,竟以六塊錢數六十隻。而陳友琴先生買花生,亦問多少錢一

顆。1973年回京後，原住宅早已另行分配，當時只有兩間共二十平方公尺、無上下水道、無暖氣的簡易平房供年逾古稀的陳先生夫婦居住。友琴先生急於爭取時間開展研究，一再提出要恢復自己的工作。多次受到白眼後，先生無奈，只好將書櫃、生活用品塞滿房間，在床邊擠進一張兩屜桌，不分晝夜地默默筆耕，需尋找書籍資料時，只能爬到床上打開書櫃翻找。狹窄的房間，夏天悶熱，冬天透風，數年過後，陳友琴先生的右腿受寒得了風溼病，從此行走困難。直到「四人幫」粉碎後的1985年，他還不知道管房子的歸哪個處，甚至連房產處在哪裡辦公都不知道。許多人說他有「名士氣」，看來並非虛言。

1996年5月17日是周五，那一天，陳友琴先生在北京病故，享年95歲。那一天，我第一次來到文學所，參加博士生面試。此前，在撰寫畢業論文時，我曾選擇〈長恨歌〉作為論題，因《白居易詩敘述彙編》得知友琴先生大名。後來獲知這一巧合，頗為感慨。大家知道，在西方，葬禮儀式上的發言者往往會回顧逝者的一生，總結其成就，聽到最多的大概就是——He is a MAN, GREATMAN, BIGMAN. 其作用多少有些像我們古代的墓誌銘。有時去世還會稱為往生（佛教淨土宗就認為，具足信、願、行，一心念佛，與阿彌陀佛的願力感應，死後能往西方淨土，化生於蓮花之中），這一辯證的說法，對至親至近的生者而言，不僅是安慰，也是提醒——在告別逝者的同時，如何走好餘生。有時，我就會想，一代又一代學者的各種學術研究，是不是也在做著類似的工作？今天研究的另一端，連線的是昨日的歷史，死與生透過回頭端詳和評價得以連繫，新聞與歷史透過端詳者和評價者不斷轉換。在文學所裡讀博三年，再次選擇白居易作為論題，得以對白居易研究專家——友琴先生的

章六　學術史的縱向探微

學問有了進一步的了解，對學術的薪火傳承增添了具體的感知。

1998 年著手撰寫《元白詩派研究》，在得力於友琴先生《白居易詩敘述彙編》的同時，發現它多有遺漏，於是開始留意搜輯其未備。原本計劃加以補訂，但做下來，發現不僅訛誤需要修訂，遺漏需要補充，蒐集範圍需要擴大，而且先後次序，均需重新編排，新加資料數量巨大，已遠非補訂所能容納：「彙編」29 萬字，而「新編」涵蓋文獻 676 萬字，只得另起爐灶，名為《白居易資料新編》。但無舊不成新，後之視今，亦猶今之視昔，《新編》正接續了友琴先生的研究工作。

2002 年，為慶祝文學所成立五十周年，受命編寫《古代室紀事長編》，在收集前輩資料的過程中，有幸獲得家屬的支持和幫助，同時參閱有關科學研究和人事資料等原始文獻，得以了解到友琴先生著作之外，其生平的整體面貌乃至細枝末節。這些面貌和細節，不僅是了解友琴先生學術成長歷程的重要背景，更是當代學術史不可或缺的組成。

由於這些因緣，2005 年便愉快地接受了《陳友琴集》的編輯任務。

2007 年 10 月 23 日初稿完成，2007 年 12 月 22 日改補，出版後收入科學研究局 1999 年開始組織編選的「中國社會科學院學者文選」叢書（對象為中國社會科學院資深專家）。因叢書體例對篇幅的限制，刪去 20 餘萬字，留存 40 萬字，2008 年 1 月 1 日形成三稿，此後又屢經修改，幾番打磨，2013 年 3 月 1 日始得定稿，2014 年 8 月 24 日再加校訂，同年 12 月付梓出版。

其間，撰寫了《陳友琴先生古典文學研究述論》(《文學遺產》2009 年第 4 期)和《陳友琴先生的杜甫研究》(《杜甫研究學刊》2014 年第 4 期)，並編輯整理了友琴先生早年的兩部遊記《川遊漫記》和《萍蹤偶

記》，2012 年 10 月出版。此間《鄭振鐸集》、《俞平伯集》、《孫楷第集》、《范甯集》、《力揚集》陸續面世，唯《陳友琴集》最後完成。出版付梓之際，曾賦俚句，述其始末。

友琴先生籍南陵，聲名曾與鍾書並。本室壽享年最長，端賴效白大道行。精研香山與子美，斷代兼探唐與清。為報因緣樂承命，書編十載印始成。叢書體例早擬就，以公代私成定型。精裝精選精意編，編隨著者傳微名。自愧空疏恰同姓，論齒遙隔七十年。多幸不才隨履舄，願效心遠朝市喧。城外飄雪化偏晚，城內隔河人遙羨。人世俯仰成今古，逝者如水水如煙。唯緣樂天吾亦好，資料續貂為新編。萬木雖承新雨露，朝陽猶在舊青山。千古文章妙必傳，歷久彌新靜如練。

字韻尚待斟酌，但表達的意思發自內心。當我們踏上旅途，或開車上路，或騎車出遊，或遨遊江海，前面如果有人帶領，肯定既可避免彎路，不錯失美景，也會減少阻力，歷陳途而避舊，履新陽於故陰。即使有一天自己獨創新路，獨闢蹊徑，獨樹一幟，但從前受到的惠澤一定會積澱在新路的探索之中，所以應該銘感在心——萬木雖承新雨露，朝陽猶在舊青山。

章六　學術史的縱向探微

結語

以上六章十六回,透過品讀白居易其人其詩其文,我們也一起分享了筆者走過的醉白之路,分享了樂天之風範人格,欣賞了樂天詩歌中的風景與節氣,品味了其詩歌之雙璧〈長恨歌〉與〈琵琶行〉的成就與魅力,感受了其散文潔淨中含靜光遠致之風度,還有白居易在藏書史上的貢獻,他與徐州和忠州的詩緣,同時擇要進行了白居易研究學術史的縱覽。至此,可作結語,總括一下筆者眼中的白樂天。

晚唐詩人張為稱白居易是「廣大教化主」,可謂恰如其分。所謂廣大教化,從詩歌創作上來看,首先是指白居易在詩歌創作表現領域,有重大的開掘和擴展。正如明人江盈科《雪濤小書》所說:白居易詩「前不照古人樣,後不照來者議;意到筆隨,景到意隨;世間一切,都著幷包囊括入我詩內。詩之境界,到白公不知開擴多少。較諸秦皇、漢武,開邊啟境,異事同功,名曰『廣大教化主』,所自來矣」。

其次是指白居易詩歌體貌與手法的多樣性。關於這一點,長慶四年(西元842年)元稹為《白氏長慶集》作序時,就曾指出:「大凡人之文各有所長。樂天之長,可以為多矣。夫以諷諭之詩長於激,閒適之詩長於遣,感傷之詩長於切。五字律詩,百言而上長於贍,五字七字,百言而下長於情。」

最後,也是最重要的一點,是指白居易詩歌風格通俗平易的藝術價值和影響廣遠的社會價值。陳毅元帥曾有詩云:「吾讀樂天詩,曉暢有深

結語

意。一生事白描，古今誰能繼？」(《陳毅詩詞選集》，人民文學出版社 1977 年版，第 259 頁) 白詩在當時廣泛流傳於宮廷和民間，歌伎唱他的詩，寺廟、旅舍貼有他的詩，僧侶、官人、寡婦、少女讀他的詩，宮中妃嬪甚至以誦得他的〈長恨歌〉而自負。相傳寫有白詩的帛可以當錢用。荊州市民葛清紋身，在身上刻滿白詩，稱為「白舍人行詩圖」，圍觀的人十分羨慕。四明人胡抱章作《擬白氏諷諫五十首》，行於東南；後孟蜀末楊士達亦撰五十篇，頗諷時事。

不僅如此，白詩還遠播契丹、新羅、日本、越南、暹羅（泰國）。晚唐五代的釋匡白、貫休、羅隱、皮日休、韋莊、聶夷中、黃滔、陸龜蒙、吳融、杜荀鶴、鄭穀、釋齊己、韋穀、馮道、陶穀、孫魴等，宋代的徐鉉、徐鍇、李昉、宋白、田錫、張詠、李至、晁迥、王禹偁、蘇易簡、魏野、李宗諤、陳從易、錢易、楊億、釋智圓、梅堯臣、歐陽脩、蘇軾、黃庭堅、張耒、陸游等，金元時期的王若虛、元好問、王惲、楊維楨、馬祖常、廼賢，明人宋濂、吳寬、唐寅、文徵明和公安三袁等，清人吳偉業、吳嘉紀、張英、蒲松齡、趙執信、唐英、袁枚、陳文述、俞樾、王闓運、黃遵憲等，都是受到白居易影響很深的著名文人。其他許多文人和作家，也在不同方面不同程度上受到白居易的啟示。

元明清三代，有許多劇作家取白居易敘事詩為題材編寫戲曲，如取自〈長恨歌〉的白樸《梧桐雨》、洪昇《長生殿》，取自〈琵琶行〉的元馬致遠《青衫淚》、明顧大典《青衫記》、清蔣士銓《四弦秋》、清趙式曾〈琵琶行〉及清佚名之子弟書〈琵琶行〉等。白居易的詩句詞句乃至文句，也有很多被宋、元、明話本所採用。

不過，相對於白居易其詩而言，其人格同樣有著不愧為「廣大教化

主」的巨大影響和當代價值。因為詩品出於人品,故「廣大教化主」更為重要的一個含義,是指詩歌創作主體海納百川、無所不容的「廣大」性。白居易不僅對中國文學有突出貢獻,在世界文壇上也享有很高聲譽。白詩當時就遠播新羅(韓國和北韓)、日本、越南、暹羅(泰國)。在雞林(古國名,在今北韓半島),宰相以百金換白居易的一首詩,而且能辨明真偽;在東瀛,白居易更具有至高無上的影響力,平安文士大江唯時編輯的《千載佳句》,共收集唐代153位詩人的1,083聯詩作,其中白居易詩就占了511聯,獨占半數。平安時期藤原公任(966～1041)編纂《和漢朗詠集》,精選當時日本人欣賞推崇的和歌216首和漢詩588句,後者有234句錄自中國古代詩作,而其中139句都出自白居易一人之手,大部分為被貶江州後的詩作。

與白居易同時代的日本第五十二代嵯峨天皇(810～823)尤其鍾愛《白氏文集》,並有以白詩考對臣工佳話傳世。仁明天皇承和五年(838),藤原岳守「出為太宰少貳,因檢校大唐人貨物,適得《元白詩筆》,奏上。帝甚耽悅,授五位上」。從日本平安時代的漢文文獻中,對白居易及其作品的推崇之風屢屢可見,《都氏文集》、《菅家文草》等私家文集、《千載佳句》、《和漢朗詠集》等漢詩總集、《江談抄》等說話集、《源氏物語》、《平家物語》等物語文學,其中所涉作家皆以白居易為最多。平安朝還絕無僅有地開設了《白氏文集》講座,由大江唯時為醍醐、村上天皇侍讀,此後,數代天皇都參與了這個講座。村上天皇還開了御前舉辦詩會之先河。詩會詩題大都參照白氏七律。

有「日本文聖」之稱的漢學家菅原道真特別尊崇白居易,自稱「得白氏之體」。醍醐天皇在收到菅原道真的詩集後,以〈見右丞相獻家集〉為

結語

題，作詩大加讚賞，誇菅原道真「更有菅家勝白樣」，並在詩後自注：「平生所愛，《白氏文集》七十卷是也。」據統計，《菅家文草》引用化用《白氏文集》就達 80 餘次 500 多首。醍醐天皇把《白氏文集》置於宮殿之上，作為範本，用來考試其臣民。具平親王（村上天皇第六子）〈和高禮部再夢唐故太保之作〉詩注云：「我朝詞人才子以《白氏文集》為規模，故承和以來言詩者，皆不失體裁矣。」號稱世界第一部長篇小說的《源氏物語》作者紫式部，不僅作為後宮女官替一條彰子皇后講授《白氏文集》，更在其作品中引用白詩 106 處之多。清少納言所著《枕草子》中活用《白氏文集》之處亦不在少數。

白居易也是西方國家最為熟悉的唐代詩人。《英譯文學百科全書》對幾乎所有英譯中國文學作品加以統計，在「中國文學譯介」這個獨立的單元中，中國歷代作家作品裡，唐代詩人占了一半，依目錄排次有：白居易、杜甫、韓愈、寒山、李白、李商隱、王維。也就是說，在英譯唐代詩人作品中，白居易名列前茅。

在法國，來華傳教的耶穌會士錢德明（1717～1793）著有《中國雜纂》（留駐北京的耶穌會士所著：中國人的歷史、學術、藝術、風俗、習慣及其他），其中第五卷「中國名人肖像」部分，白居易作為博學者得到介紹，生平部分較關注其佛教信仰。20 世紀初，曾仲鳴、徐仲年在法留學期間，都翻譯過白居易作品，羅大岡則以白居易研究為其巴黎大學博士學位論文選題，1939 年在巴黎出版博士論文〈詩人白居易的雙重靈感〉，這是第一部法語白居易研究專著。所謂白居易的雙重靈感，是指其作為社會行政官員與詩人的雙重身分，同時兼指窮則獨善其身、達則兼濟天下的雙重理想和個性。戴密微主編《中國古典詩歌選集》1962 年在

巴黎出版，是法國漢學重要成果，其中選譯白居易詩 10 首，僅次於李白。專門的法譯本《白居易詩選》則出版於 1980 年代。

白居易詩歌英譯的第一人是英國漢學家翟理斯，他在 1883 年自費印刷、1884 年公開出版的《古文選珍》裡選譯了白居易的 10 首詩。最早介紹和評價白居易的西方學者也是翟理斯。在兩卷本《古文選珍》中，每個詩人均有簡介，其中《古文選珍》散文卷的介紹是：「白居易：中國最偉大的詩人之一，一生豐富多彩的政治家。升至高位後他突然被貶謫，放逐到偏遠之地，使他從此開始厭倦政治生涯。結香山九老會，與詩酒為伍。後來他被召回，官至兵部尚書。」詩歌卷則介紹說：「白居易，中國最偉大、最多產的詩人之一，一位仕途上有過正常起伏的成功的政治家。孩提時代很早熟，17 歲就得到最高學歷。」

此後，漢學大家亞瑟・偉利英譯有兩百多首白居易詩歌，因其流暢優美和著名的「跳躍韻」而成為英美文學的經典之作，他研究白居易的結晶之作，是《白居易的生平與時代》，不僅是西方最著名的白居易研究著作，也堪稱是一部有影響力的西方漢學研究經典著作。漢學家李豪偉（Howard S. Levy，1923～）陸續出版四卷本《英譯白居易詩歌》，其中後兩冊與詩人威爾斯（Henry W. Wells，1895～1978）合譯。1984 年，李豪偉還出版了《白居易與日本的回應》。

大衛・亨廷頓（David Hinton）、華茲生（Burton Watson）等也出版有英譯本《白居易詩選》，德語、荷蘭語、義大利語、俄語等其他西文語種的白居易詩文譯介研究情況，可參見拙撰《元白研究學術檔案》（武漢大學出版社 2018 年版）。目前來看，白居易詩歌外文譯本總數，是中國詩人之冠，影響也最大。因此，白居易不愧為世界級文化名人。

結語

　　為了系統梳理白居易這位世界級文化名人對後世文學的影響，有必要全面收集和整理相關文獻資料。為此，我徹查現存中外文獻典籍，歷經廿載春秋整理編著了676萬字的《白居易資料新編》，包括中晚唐至近代3,300多家作者，8,400多則敘述資料，參考書籍3,500餘種。除詩話、筆記、詩文集、地誌、碑刻、金石、史籍、年譜、家譜、日記而外，旁涉戲曲、傳奇、話本、彈詞、子弟書、章回小說，及釋道典籍、類書雜纂等各類記載，以對白居易生平思想及詩詞文賦等各類文學創作敘述之文獻為主，亦包括白居易之世系家族、行年事蹟、版本源流、作品整理、真偽考辨、字義疏證、典故詮釋、本事考證、鑑賞品評、背景介紹、詩意疏解、詩旨闡發等。白居易同代人與其之唱和酬贈，可以幫助了解其交遊等，亦在輯錄之列。這些文獻資料，有些是以白居易為主，有些是以白居易為參照，順帶提及。在處理方式上，相關度較高的唐宋文獻從寬，元明清文獻則嚴收。這樣規模的文獻蒐集和整理，就古代作家而言，目前尚絕無僅有。[70]

　　其體例特點有二：第一，謹依作者生年先後，以見其時代早晚、傳承之序；第二，述而有作，加以按斷，對所輯文獻與史實違訛者加以駁正，對與資料有關者加以辨析，對所輯文獻及作者加以說明，資料文字加以校勘，資料內容加以溯源。在此文獻整理基礎上的白居易接受史研究，可以拓寬和加深對這位廣大教化主影響力的了解，並有益於對其文學史地位的準確定位，自信會在接受史個案研究領域的廣度和深度上有所突破。

　　如果說拙著《元白詩派研究》意在梳理白居易之當代影響，那麼白

---

[70] 篇幅較大者，《蘇軾資料彙編》143萬字，《王維資料彙編》140萬字，剛剛出版的《杜甫資料彙編》380萬字，而李白尚皆不全。

居易接受史研究，則承之而下延，意在清理白居易的後世垂範和影響；透過評點、選輯、闡說等各類相關文獻的比對，來系統分析白居易其人其詩、其文其學的接受、傳播和影響。前賢有云，著書不如編書，推崇述而不作，其實也暗含一種價值判斷，即繼承高於出新。在大力提倡創新的今日，這種論調不免迂拙。然退一步講，就算是言必己出，畢竟難以詞詞語語皆君自造，出新終須來自推陳，何況「參考文獻」已成今之規範。眾多同儕推尊錢鍾書先生，而其代表作《談藝錄》、《管錐編》，即名為「錄」和「編」。這裡絕非強調文獻整理重過理論分析，收集整理只是起步，科學的分析、綜合的研究才是最終目的；但沒有文獻支撐的理論，恰似光鮮流麗的廣告，讓人不免懸心。理想之境應如有源之水、有本之花。個人成長歷程中，少影響老，童年經歷影響青年、中年和老年；但從群體考量，則恰恰相反，老影響少，前影響後。此乃傳統之統緒所繫。撰寫文學史，無非是要勾勒出歷代層累、前後影響的軌跡。「後之視今，亦猶今之視昔」（〈蘭亭集序〉），慨之深矣；而「已有的事，後必再有；已行的事，後必再行。日光之下，並無新事」（《舊約‧傳道書》），則話說得更為斬絕，但不無啟迪，亦頗堪玩味。考察前人在白居易研究領域留下的足跡，相信會對今日研究提供參考和借鏡，幫助大家加深對這位世界級大作家的了解，同時為白居易接受史造就堅實基礎。我相信，站在更為廣大的文化視野之下，白居易的傳播、接受與研究，將迎來前所未有的突破之機。隨著接受史研究的深入開展，白居易其人其文的魅力，必將獲得新的理解。

　　回顧起來，在白居易研究領域，筆者至今已經耕耘三十載。三十年河東，三十年河西，一點一滴，一絲一毫，一枝一節，一鱗一爪，一丘一壑，好像變化很大，但相對於1,200多歲的白居易而言，則如白駒過

隙，忽然而已。這三十年，筆者相繼出版了《元白詩派研究》、《元白研究學術檔案》、《白居易資料新編》，編注了《白居易詩賞讀》、《白居易詩品彙》、《白居易小品》，這幾部著作成編付梓，可謂備嘗「狂臚文獻耗中年」之況味。深感研究文獻者就像在地上走，研究理論者就像在天上飛。久行地上，倍加嚮往藍天，天地之間，更望找到一條自由之途，可以心輕如氣，隨雲逐天。遙想當年，20世紀之前天上飛機不多，學者還肯於在地上耐心耕耘；21世紀之前手機也不多，真正的學者尚俗務有限。回看今朝，昔日可以作為愛好自炫的文學和文學研究，漸被各種框架和理論所拴；藍天之上依然白雲朵朵，而藍天之下已白雲蒼狗。原來天地之間，並無自由之途，唯余手中如風箏之線，搖搖欲偏。嘆息之餘，未敢自怨自艾，樂天豈不云乎：「窮通不由己，歡戚不由天。命即無奈何，心可使泰然。且務由己者，省躬諒非難。勿問由天者，天高難與言。」姑且渺滄海之一粟，何妨寄靜觀雲氣之心於天地之間。

　　白居易的名句「野火燒不盡，春風吹又生」，後世所引，有將「野火」改為「野草」者，例如《東坡詩集注》引白樂天〈古原秋草詩〉即云「野草燒不盡，春風吹又生」（四部叢刊景宋本卷十），一字之易，而意境無別。近人袁思亮（1880～1940）亦有詩云：「君不見，平原野草燒不盡，又不見，醜樹合抱長山丘。無用之用天所寶，吾曹棄置寧煩憂。」（《乙丑七月廿一日散原丈書來言滿覺隴桂作花正盛越一二日將剪向街頭賣不得看矣余以廿三日午蒞杭州輿而往則萬花都盡僅寺宇及人家院落中偶有存者耳太息久之歸賦此詩呈同遊諸公》，《蘉庵詩集》卷上，《近代中國史料叢刊續編》影印湘潭袁氏家集本。據李開軍《陳三立年譜長編》，中華書局2014年版，第1,307頁，作於1925年）具有無用之用的野草，雖然

很不起眼，但生命力極其頑強。因為草根扎於泥土。即便乾旱缺水，也可利用光合作用製造所需養分。野草的呼吸效能較差，相對消耗的能量也就少。秋冬時節，為除野草而火燒，只是破壞了枯葉，而不能傷害其根。到了春天，野草就又煥發了生機。正如魯迅《野草‧題辭》所言：「生命的泥，委棄在地面上，不生喬木，只生野草」，「我以這一叢野草，在明與暗，生與死，過去與未來之際，獻於友與仇，人與獸，愛者與不愛者之前作證」。吸取著露與水的野草生生不息，是中華文化古今相承的最佳象徵。白居易的世界級影響力，以及與生生不息的中華文化之關係，正像野草與大地一樣，亦如李白名句「海風吹不斷，江月照還空」一般。中外與今古之間，造化之妙如此，頗堪深思。

當今社會，城市工業化速度加快，商品經濟迅速發展，生態失衡，環境汙染，資源破壞，個體的孤獨、焦慮、困頓等負情緒，日益蔓延；人與人之間的隔膜、疏離、對立的張力，日益加大。因此，對閒適安寧的渴望與追求，相應更為強烈。在白居易經歷了人生的宦海浮沉之後，還能以閒情雅趣來淡然相對，人如其名其字，樂天知命，安閒順事，其處變不驚的人生態度，善於自我調節的處世之道，其中所獨具的智慧富於啟迪，令人深思。白居易其人其詩所獨具的知足保和的人生觀念、閒靜適世的志趣選擇、和光同塵的哲學思想，如清風之息，明月之輝，正越來越顯現出令人珍惜的當代價值。白居易的時代，距今已經遙遠，他所生活著，並為之喜為之怒為之哀為之樂的環境，也已成為歷史陳跡，但他的詩文還活著，著述長存，沒有失去生命力，既屬於未來，也屬於當今，且其神日新。正所謂——

野草燒難盡，春風吹又生！

結語

參考書目

《白氏長慶集》，影印宋紹興刊本，文學古籍刊行社，1955 年 6 月

《宋本白氏文集》，北京：北京圖書館出版社，2017 年 12 月

《白氏長慶集》，《四部叢刊》影印日本那波道圓翻宋本，上海：商務印書館，1919 年

《白香山集》，《四部叢刊・白氏長慶集》排印本，上海：商務印書館，1933 年 12 月

《白氏長慶集》，影印臺灣文淵閣本四庫全書，上海：上海古籍出版社，1987 年 8 月

《金澤文庫本白氏文集》，川瀨一馬監修，東京：勉誠社，1983～1984 年

《白居易集》，顧學頡校點，北京：中華書局，1979 年 10 月

《白居易集箋校》，朱金城箋校，上海：上海古籍出版社，1988 年 12 月

《白居易全集》，劉明傑點校，珠海：珠海出版社，1996 年 11 月

《白居易全集》，丁如明、聶世英校點，上海：上海古籍出版社，1999 年 5 月

《白居易詩集校注》，謝思煒校注，北京：中華書局，2006 年 8 月

《白居易文集校注》，謝思煒校注，北京：中華書局，2011 年 1 月

《白香山詩集》，〔清〕汪立名編訂，《四部備要》本，國學整理社，1935 年 12 月

參考書目

《白氏諷諫》,光緒十九年武進費念慈影刻宋本《新雕校證大字白氏諷諫》影印本,上海:中華書局上海編輯所,1958年12月

《王鳳洲先生校選白樂天長慶集》,〔明〕王世貞輯,張學禮校訂,明萬曆三十一年徐氏寧壽堂刻本

《香山詩選》,〔清〕曹文埴選,北京:文物出版社,2020年7月

《白香山詩選》,佚名選編,上海會文堂民國石印本

《白居易詩》,傅東華選注,上海:商務印書館,1928年9月

《白居易詩選》,顧肇倉、周汝昌選注,北京:作家出版社,1962年12月

《白居易選集》,王汝弼選注,上海:上海古籍出版社,1980年10月

《白居易詩品彙》,陳才智撰,武漢:崇文書局,2022年4月

《白氏六帖事類集》,北京:文物出版社,1987年5月

《白居易散文校記》,羅聯添主編,臺北:學海出版社,1986年2月

《白居易小品》,陳才智編注,鄭州:中州古籍出版社,2020年12月

《白居易生活繫年》,王拾遺著,銀川:寧夏人民出版社,1981年6月

《白居易年譜》,朱金城著,上海:上海古籍出版社,1982年6月

《白居易家譜》,白書齋續譜,顧學頡編注,北京:中國旅遊出版社,1983年3月

《白居易評傳》,郭虛中著,南京:正中書局,1936年10月

《白居易傳論》,蘇仲翔著,上海:上海文藝聯合出版社,1955年4月

《白居易》，范甯著，上海：新知識出版社，1955 年 8 月

《白居易》，王拾遺著，上海：上海人民出版社，1957 年 3 月

《白居易》，陳友琴著，上海：中華書局上海編輯所，1961 年 12 月

《白居易評傳》，蹇長春著，南京：南京大學出版社，2002 年 5 月

《白居易研究》，王拾遺著，上海：上海文藝聯合出版社，1954 年 8 月

《白樂天研究》，堤留吉著，東京：春秋社，1969 年 12 月

《白居易研究》，花房英樹著，京都：世界思想社，1971 年 3 月

《白居易研究》，朱金城著，西安：陝西人民出版社，1987 年 4 月

《白居易研究講座》第 1～6 卷，東京：勉誠社，1993 年 6 月至 1995 年 12 月

《白居易研究年報》第 1～19 號，東京：勉誠社，2000 年 12 月至 2018 年 12 月

《〈白氏文集〉讀解》，下定雅弘著，東京：勉誠社，1996 年 10 月

《白居易集綜論》，謝思煒著，北京：中國社會科學出版社，1997 年 8 月

《以舊抄本為中心的〈白氏文集〉本文研究》，太田次男著，東京：勉誠社，1997 年 2 月

《白居易——生涯與歲時記》，平岡武夫著，京都：朋友書店，1998 年 6 月

《白居易論稿》，蹇長春著，蘭州：敦煌文藝出版社，2005 年 8 月

《白居易寫諷諭詩的前前後後》，靜永健著，劉維治譯，北京：中華書局，2007 年 10 月

參考書目

《白居易詩歌國際研討會論文選》,鄭州:河南文藝出版社,2009年3月

《白樂天》,下定雅弘著,東京:角川學藝出版,2010年12月

《白居易生平與創作實證研究》,文豔蓉著,上海:上海古籍出版社,2016年11月

《白居易研究 —— 閒適的詩思》,埋田重夫著,王旭東譯,西安:西北大學出版社,2019年6月

《白居易詩敘述彙編》,陳友琴編,北京:科學出版社,1958年10月

《白居易資料新編》,陳才智編著,北京:中國社會科學出版社,2021年1月

《元白詩選》,蘇仲翔選注,上海:春明出版社,1956年2月

《元白詩箋證稿》,陳寅恪著,上海:上海古籍出版社,1982年2月

《元白詩派研究》,陳才智著,北京:社會科學文獻出版社,2007年5月

《元白研究學術檔案》,陳才智編著,武漢:武漢大學出版社,2018年8月

白居易——醉吟先生的風雅日常：

江頭琵琶聲起，牡丹花開正盛，品味千年詩酒人生的真意

作　　　者：	陳才智
發　行　人：	黃振庭
出　版　者：	複刻文化事業有限公司
發　行　者：	崧燁文化事業有限公司
E-mail：	sonbookservice@gmail.com
粉　絲　頁：	https://www.facebook.com/sonbookss
網　　　址：	https://sonbook.net/
地　　　址：	台北市中正區重慶南路一段61號8樓

8F., No.61, Sec. 1, Chongqing S. Rd., Zhongzheng Dist., Taipei City 100, Taiwan

電　　　話：	(02)2370-3310
傳　　　真：	(02)2388-1990
印　　　刷：	京峯數位服務有限公司
律師顧問：	廣華律師事務所 張珮琦律師

-版權聲明-

本書版權為河南人民出版社所有授權複刻文化事業有限公司獨家發行電子書及繁體書繁體字版。若有其他相關權利及授權需求請與本公司連繫。

未經書面許可，不得複製、發行。

定　　　價：375元
發行日期：2025年01月第一版
◎本書以POD印製

國家圖書館出版品預行編目資料

白居易——醉吟先生的風雅日常：江頭琵琶聲起，牡丹花開正盛，品味千年詩酒人生的真意 / 陳才智 著. -- 第一版 . -- 臺北市：複刻文化事業有限公司 , 2025.01
面；　公分
POD版
ISBN 978-626-7620-81-6(平裝)
1.CST: (唐) 白居易 2.CST: 傳記
782.8418　　　　113020622

電子書購買

爽讀APP　　　　臉書